소유권

초대 교부들의 경제사상

찰스 아빌라 | 지음
김유준 | 옮김

기독교문서선교회

기독교문서선교회(Christian Literature Crusade: 약칭 CLC)는
1941년 영국 콜체스터에서 켄 아담스에 의해 시작되었으며
국제 본부는 영국의 쉐필드에 있습니다.
현재 약 650여명의 선교사들이 59개 나라에서 180개의 본부를 두고,
이동도서차량 40대를 이용하여 문서 보급에 힘쓰고 있으며
이메일 주문을 통해 130여국으로 책을 공급하고 있습니다.
CLC는 청교도적 복음주의 신학과 신앙을 선포하는
국제적, 초교파적, 비영리 문서선교기관으로서, 하나님의 뜻에 합당한 책을 만들고
이 책을 통해 단 한 영혼이라도 구원되길 소망하며
이를 위해 주님이 오시는 그날까지 최선을 다할 것입니다.

Ownership:
Early Christian Teaching

by
Charles Avila

translated by
You-Joon Kim

Copyright © 2004 Charles Avila

Originally published in English under the title as
Ownership: Early Christian Teaching by Charles Avila
Emerald Mansions 1508, Ortigas Center Pasig City,
1605 Metro Manila, PHILIPPINES.
Reprinted by permission.

All rights reserved.

2008
Christian Literature Crusade
Seoul, Korea

To

EUGENIO AND ELEANOR AVILA
my parents and first teachers

and to the memory of

VERNA GOLAMCO-AVILA

with gratitude and love

◆ 헌정문 ◆

나의 부모님이시며 첫 번째 스승이신
유진이오 아빌라(Eugenio Avila)와
일레아노르 아빌라(Eleanor Avila)께 드립니다.

그리고 감사와 사랑으로
베르나 골란코 아빌라(Verna Golanco-Avila)의
영전에 받칩니다.

Ownership: Early Christian Teaching

저자소개

찰스 아빌라는 필리핀 케손시와 타가이타이시에 위치한 Divine Word Seminary에서 신학을 공부했으며 전체 차석으로 사회철학 석사학위를 받았다. 그는 철학과 정치경제학, 그리고 사회학적 문제들에 관한 많은 논문과 저서를 기록했는데 그 가운데 『농민신학』(*Peasant Theology*)은 아시아와 유럽에서 8개 언어로 번역되기도 하였다.

그는 「필리핀 신문」(*The Philippine Chronicle*)의 고정적인 특별기고가이며, 필리핀 소규모 코코넛 농민조직협의회의 의장, 라뿌라뿌사건진상위원회(Rapu-Rapu Fact Finding Commission)의 부의장이었다. 국립식품안전부의 차관을 잠시 역임했고, 한때는 필리핀 코코넛 공사 사장과 연합 코코넛 재배자 은행의 이사장을 역임했다. 또한 그의 출생지(Tanauan Leyte)에서 시장으로 선출되었고, 이탈리아의 로마와 타이의 방콕에 있는 국제연합 식품과 농업기구의 고문이었으며 아시아와 태평양의 18개국에서 모인 민간 조직들의 개발 제휴를 돕는 아시아 개발 문화포럼의 사무총장을 지냈다. 멕시코 쿠에르나바카(Cuernavaca)에 있는 문서화에 관한 이종문화센터와 캘리포니아 샌프란시스코에 있는 식품개발정책기구에서 연구원을 역임했으며 영국 런던에 있는 사우스 매거진의 상근 작가였다. 대만 타오위안(Taoyuan)에 있는 토지개혁훈련기구에서 농업 개혁에 관한 강사를 역임했고, 필리핀과 국외의 여러 대학에서 강사로서 수많은 강연을 하였다.

그는 계엄령 시절 일시적으로 추방되었을 때, 자유 필리핀을 위한 운동을 설립하는 총회의 의장이었고, 니노이 아키노(Ninoy Aquino) 운동의 지도자였다. 또한 마르코스의 숨겨진 재산으로 알려진 것을 밝혀내는 연구팀장이었으며, 그 결과물들이 새너제이 보도뉴스(San Jose Mercury News)와 샌프란시스코 뉴스(San Francisco Chronicle), 그리고 뉴욕 빌리지 언론(New York Village Voice)에 실렸다.

독재정권 시절, 4월 6일 해방운동 도시 게릴라의 지도자로 가담해서 1984년 12월 4일에 사형선고를 받았던 그는 계엄령 이전에도, 여러 감옥의 내부 인사들에게 낯선 인물이 아니었다. 그들이 찰스 아빌라를 사회공의와 농업개혁을 위한 수많은 장외 활동들을 위해 10여 년을 부의장으로 보낸 전국적인 자유농민연맹으로 이끌어 주었기 때문이다. 그는 필리핀 국회의 농업 및 산업 노동자 회의에서 위원장도 역임했고 필리핀 학생 전국연합의 전국 고문을 두 번 역임했다. 또한 초기 환경 활동가로서 처음에 임업, 어업 그리고 농업에서, 나중엔 대기에 이르기까지 전체에서 활약했다.

현재 마닐라에 사는 찰스 아빌라는 코코넛 징세 재원 사건, 광산 문제 그리고 농민들 사건 등에 관여하고 있다. 그는 창조의 새로운 이야기를 밝혀내는 역사와 새로운 우주 철학에 대해서 끊임없이 공부하는 열정적인 학생으로서 살고 있다.

그의 이메일 주소는 avilacharles@yahoo.com이다.

추천사 1

"찰스 아빌라는 자신의 가장 중요한 저술 『소유권: 초대 교부들의 경제 사상』에서 토지 재산권에 관한 초대교회 교부들의 견해를 연구했다. 그는 이러한 가르침들을 로마의 재산권법과 대조시켰다. 아빌라는 라틴어와 헬라어로 된 수백 권의 초대 기독교 문헌들을 철저히 조사했으며, 초대 기독교인들이 소유권에 관한 로마법 개념, 특히 정복과 약탈을 통해 획득한 재산을 합법화한 절대적 토지법에 강력하게 반대했음을 밝혀냈다."

앨러너 하르초크, 〈토지권리기구와 국제연합 NGO〉 대표

"아빌라의 연구는 우리가 그 주제에 관해 사목서신을 준비한 것처럼, 미국 주교들의 자본주의와 기독교에 관한 특별위원회와 함께 나의 사역에 매우 유익하다."

피터 호사자, 코네티컷 주, 하트퍼드의 대교구의 보좌주교

"…우리가 미국 경제에 관한 주교들의 사목서신을 준비하는 데 있어서 가톨릭교회의 전체 사상에 매우 중요하게 이바지한 저술이다. 이 책은 모든 사회학 강의와 경제학 강의에서 읽혀야 한다."

존 이건, 일리노이 주, 시카고의 대교구 추기경

"찰스 아빌라의 책은 눈이 휘둥그레질 만하다. 초대 기독교 철학자들은 존경을 받을 만했고 매우 적절했다. 물적 재산의 사용은 자족(autarkeia)과 코이노니아(koinonia), 이 두 가지 원칙에 의해 결정되어야 한다는 것

이 그들의 사상이었다."

　　　　　　　　　　　보니파스 램지, 미국 가톨릭대학교 교부학 교수

"헬라어와 라틴어를 읽을 수 있는 사람들을 위해, 아빌라는 부록에서 미뉴판(Migne) 『교부총서』(Patrologia Graeca and Patrologia Latina)의 원전을 다시 인용하였다. 아빌라는 그것들을 한 권에 모아놓음으로 우리에게 큰 도움을 주었다. 탁월하게 유용한 책이다!"

　　　　　　　　　제라드 리드, 포인트 로마 나사렛대학교 철학및 종교학 교수

찰스 아빌라의 교부 원전에 대한 중대한 복구는 우리로 하여금 '가난한 자들을 위한 선택'이 새로운 신학적 유행이 아니라, 고대 기독교의 유산임을 상기시켜 준다.

　　　　　　　　　　　조 홀랜드, 세인트 토마스대학교 철학과 교수
　　　　　　　　　　　워싱턴 DC, 〈Center of Concern〉 연구원 역임

"교부들에 대한 아빌라의 주해는 매우 유용하다. 평화주의처럼, 재산에 관한 초대 교부들의 가르침은 아주 오랫동안 무시되어 왔거나 가려져 왔다. 그 주제에 관한 아빌라의 연구는 매우 의미심장한 것이다."

　　　　　　　　　　제임스 제닝스, 미국 가톨릭 주교총회 교육국장

"아빌라의 책은 초대교회 역사에 대한 전통적인 견해에 도전한다. 공동체적 경제학에 대해서 제시한 예수의 가르침은, 예루살렘을 제외하고는 초대교회에서 시행되지 않았다는 편견이 항상 존재해 왔다. 아빌라는 초대교회 교부들의 저술들을 조사하여 사유재산을 거부하면서도 공동체적 경제학의 일정한 형태를 지지한다는 놀랍게도 시종일관된 증언을 밝혀낸다."

　　　　　　　　　　　　　　　　　키스 하르더, 메노나이드 매거진

"교부들에 대한 이러한 철저한 해석은 저자가 필리핀 농민해방운동에 참여함으로 획득한 해석학에 근간을 두고 있다. 하지만 이것이 결코 학문

적 질을 감소시키지 않고, 실제로 그 연구는 고대 기독교 철학자들의 가르침에 대한 전통적 해석에 관한 다양한 학문적 질문들을 유발한다. 고대 로마와 초대 기독교를 연구하는 대학원생들에게 추천한다."

초이스 매거진

"이 책은 기독교인들이 그들의 근원으로 돌아가라고 도전하는 연구이다. 필리핀 사람인 이 책의 저자가 필리핀과 아시아의 다른 나라들에 농민 연합체들과 연맹들을 조직하면서 10년간을 보냈다는 것은 주목할 만하다."

게리 맥오웬, 애리조나 주, 투손의 은퇴한 프리랜서 작가

"이 책은 어떤 불의한 현상을 정당화하는 그 이면에 놓인 우상숭배적 위선을 생각나게 하는 감동적인 조언이다. 이 책은 전혀 구시대적인 것이 아닌 기독교의 주류의 귀중한 명문집이다. 특히 사회의 구조적 악을 합리화하는 사회 속에서 그들의 심화한 신앙적 가치들에 대한 매우 정제된 주석을 제공한다. 아빌라의 저술은 이러한 불균형을 교정하도록 도와준다."

데니스 굴렛,
인디애나 노트르담대학교 정치경제학 명예교수

"재산에 관한 우리 시대를 위한 예언자적이며 강력하면서도 혁명적인 교부들의 가르침을 환기시키는 책이다. 이러한 것을 재발견하며 반복하며 외치는 제3세계 아시아의 한 기독교인의 목소리로부터 마침내 이 책이 나온 것이다. 재산에 관한 교부들의 사상, 즉 그들의 신랄한 비판의 목소리는 지금까지 철저하게 비밀로 숨겨진 것이었다. 학문적으로는 아직 매끄럽지는 않아 도전함에 약간의 걸림돌이 있기는 하지만, 필리핀에서 농민들과 함께한 생생한 체험의 결실이다."

비탈리아노 고로스페, 예수회 신부,
필리핀 아테네오 마닐라대학교 신학과 교수

추천사 2

우리는 이 책을 통하여 대천덕 신부와 헨리 조지의 토지 정의 사상이 초대 교부들의 사고 속에도 그대로 들어 있음을 확인할 수 있다. 헨리 조지는 같은 별을 보는 사람들은 언제, 어느 곳에 있든지 그 별에 대해 같은 생각을 하게 된다고 말한 바 있다. 초대 교부들, 헨리 조지, 대천덕 신부는 성경적 토지법이라는 별을 보았던 사람들이다. 이 책이 한국교회 내에 성경적 토지법을 널리 알리는 선한 도구가 되기를 기대한다.

전강수, 경제학박사, 대구가톨릭대학교 부동산통상학부 교수,
〈토지+자유 연구소〉 소장, 〈토지정의시민연대〉 정책위원장

우리 현대인이 경험하는 기독교는 지극히 사적인 영역에서 심리학적 영역 안에 머문 것처럼 보인다. 그러나 기독교는 창조 세계의 질서라는 인류의 영속적 문명적 과제를 근본적으로 다루고 있다. 문명의 한 구성 요소로서 경제는 매우 중요한 것이다. 김유준 전도사가 번역한 이 책은 고대 교회로부터 기독교적 경제사상을 역사적으로 정리함으로써 기독교의 세계관이 매우 구체적일 뿐 아니라 영속적으로 지속 가능한 문명의 가치를 고려했음을 보여준다. 이는 현대의 기독교에도 시사하는 바가 큰 유용한 연구이다. 이 책은 현대 기독교가 기독교의 유산을 돌이켜 보고 또 나아갈 길에 분명한 조명을 받을 것이다.

박종현, 신학박사, 명지대학교 겸임교수/교목,
〈한국교회사학연구원〉 운영위원

하나님의 말씀은 구체적이고 실제적이다! 그러나 오늘날 교회의 말씀 선포는 너무나 모호하고 추상적이다. 말씀 선포의 이런 경향은 경제문제와 수많은 사람의 정신까지 병들게 하는 빈곤문제에서 더욱 두드러진다. 우리는 이 책을 통하여 초대 교부들이 경제문제에 대해서, 특히 빈곤문제에 대해서 얼마나 선명하게 말씀을 전파했는지 알 수 있게 된다. 만약 초대 교부들이, 부동산 투기를 통해서 부를 축적하고 그것을 하나님의 축복이라고 말하는 오늘날의 한국교회와 그리스도인을 본다면 뭐라고 말할까? 독자들은 이 책에서 그들의 생생한 목소리를 들을 수 있을 것이다. 그리고 우리가 어떻게 해야 할지도 알 수 있을 것이다.

남기업, 정치학박사, 성균관대학교 강사,
〈성경적 토지정의를 위한 모임〉 회장

"무신론적 유물론"에 기초한 공산주의가 권력투쟁의 소용돌이 가운데 끊임없는 숙청과 피 흘림의 공포정치를 가져오면서 사회 및 경제를 황폐화시키고 하나님을 대적했다면, "소유권"에 관한 고대 로마법에 뿌리를 둔 독점자본주의 또한 가난의 대물림과 인간의 노예화 및 착취, 그리고 풍요 속의 빈곤을 가져오면서 하나님의 공의를 훼손시키고 탐욕과 사치로 치장한 새로운 바벨론 체제를 확장시키고 있다. 점점 더 노골적으로 하나님의 통치와 겨루려고 하는 이 제도는 어쩌면 훨씬 더 교활하고 강력한 우상숭배(Mammonism)일 것이다. 초대 교부들은 토지와 재산의 소유에 대해 독점적이며 절대적인 관점으로 여기는 자들을 사실상 그들의 실제 생활에서 하나님을 몰아낸 무신론자들, 혹은 불경건한 자들이라고 가르쳤다.

제자도의 핵심은 "너희가 하나님과 재물을 겸하여 섬길 수 없다"(눅 16:13)는 예수님의 말씀에 순종하는 것이라고 한다. 새로운 부흥과 변혁을 지향하며 통일 한국을 위해 기도하고 있는 우리 교회는 이교도적인 로마법에 뿌리를 둔 소유권과 부(富)에 대한 개념과 결코 타협하지 않고―그것은 사실 카르타고를 통해 로마로 스며들어 온 바알법의 영향이었다!—오히려 정면으로 비판했던 초대 교부들의 성경적인 경제사상에 주목해야 한다. 특히 재산과 부(富)의 목적이 "자족과 코이노니아의 실행"에 있다는 교부들의 분명한 가르침과 도전에 귀 기울여야 할 것이다. 돈과 세상 권세와 타협함으로써 생명력을 잃어버린 우리 교회에 진정한 영적 권위와 능력을 회복하게 할 열쇠가 여기에 있는 것이 아닐까! 사회정의와 가난의 문제에 대해 성경에 기초한 하나님의 해결책에 오랫동안 목말라 하는 이 땅의 청년들과, 불의와 부패로 말미암아 여전히 고통당하는 눌린 자들의 신음과 분노에 대해 이제 우리 교회가 책임 있는 반응을 하며 일어서야 한다. "부흥"을 노래하며 기도하는 우리 교회는 또한 "희년과 코이노니아"를 선포하며 가난한 자들에게 기쁜 소식을 전해야 할 것이다!

불의한 지주제도와 부패로 말미암아 사회 양극화 문제가 극심한 필리핀에 찰스 아빌라와 같은 양심적인 신앙인들이 적지 않게 존재하고 있다는 사실에, 어둠 속에 타오르는 소망의 밝은 빛을 본다. 하나님이 창조하신 땅에서 추방당한 가난한 자들에 대한 그의 지속적인 관심과, 가난 및 이보다 더 끔찍한 빈부격차의 근본적인 원인과 해결책을 추적하는 가운데 어려운 원어와 씨름하며 초대 교부들의 경제사상을 파헤친 그의 노고에 진심으로 존경과 연대감을 표하고 싶다. 아무쪼록 이 책을 통해 자본주의와 사유 재산권 확보가 마치 성경적 경제법인 것처럼 터무니없는 오해를 하고 있거나 토지 및 소유권 문제와 직면하기를 회피하며 세상과 타협해 버린 많은 교회와 신자들을 각성케 하고 돌이킬 수 있도록 강력한 도전을 주게 되기를 기도한다. 부디 우리 교회가 성경과 초대교회 교부들이 한결같이 가르쳐 주는 희년의 토지법과 성령을 통한 코이노니아의 실행을 통해 새로워지고 진정한 부흥을 경험할 수 있기를 바란다.

끝으로 부흥에 대한 열망과 함께 우리 교회 안에 성숙과 공동체성의 회복이 절실하게 요청되는 이때 참으로 필요한 책을 성실하게 번역해 준 김유준 전도사에게도 깊은 감사를 드리며 "의에 주리고 목마른" 모든 이들에게 본서를 권한다.

"온전한 복음"(Whole Gospel)이 이 땅에 선포되기를 소망하면서…

권 요 셉, 〈예수원〉

목차

Ownership: Early Christian Teaching

헌정문 _ 5
저자소개 _ 7
추천사 1 _ 9
추천사 2 _ 12
저자서문 _ 18
역자서문 _ 31

제1장 소유권의 개념 _ 37
  1. 두 가지 접근법 _ 37
  2. 일반적 개념 _ 39
  3. 사유재산의 기원 _ 40
  4. 고대개념의 확산 _ 45
  5. 교부들의 사상 연구 _ 47

제2장 소유권에 관한 로마법의 이론과 실제 _ 51
  1. 로마법의 영향 _ 51
  2. 시초 _ 53
  3. 소유권의 본질과 재산 구별 _ 56
  4. 토지소유권에서 노예소유권으로 _ 60
  5. 교부시대의 사회경제적 상황 _ 63
  6. 저항, 체념, 몰락 _ 68

제3장 알렉산드리아의 클레멘스: 코이노니아적 목적 _ 73
  1. 본문 _ 75
    1) 재산의 목적인 자족
    2) 재산의 목적인 코이노니아
    3) 부(富) 사용의 한계

4) 모든 부는 만인을 위한 선물
    2. 요약 _ 87

제4장 대 바실리우스: 또 다른 명목의 강탈 _ 89
    1. 본문 _ 91
        1) 부자들은 도둑들
        2) 고리대금의 불의
        3) 빈곤 가운데에 사치의 불의
    2. 요약 _ 101

제5장 암브로시우스: 빈 몸으로 태어남 _ 103
    1. 본문 _ 105
        1) 모태와 무덤 안에서 모든 사람의 천부적 평등
        2) 다수의 비참한 신음을 가져오는 부유한 소수
        3) 땅은 만인에게 속함: 부유한 소수가 갖는 반환의 의무
        4) 다른 이들을 돕는 것은 하나님을 우리의 채무자가 되게 하는 것
        5) 가장 탁월한 그리스도인의 자질
        6) 재물을 자기 소유라고 주장할 때 우리가 공유하는 재물은 잃게 된다.
        7) 자연은 공동권리의 원천이며, 사적 권리를 허락하지 않는다.
        8) 그분의 태양은 모든 사람을 위해 떠오르며, 그분의 비도 모든 사람 위에 내리며,
           그분은 모든 사람에게 땅을 주셨다.
        9) 하나님의 절대주권을 강탈하는 것이 바로 부자들의 우상숭배다.
    2. 요약 _ 126

제6장 요한 크리소스톰: 너는 소유물에 사로잡혀 있다 _ 129
    1. 본문 _ 131
        1) 자신의 재물을 공유하지 않는 것이 강도행위다.
        2) "내 것"과 "내 것이 아님"의 의미
        3) 소유하는 것과 자신의 소유에 의해 소유되지 않는 것
        4) 다수의 가난한 사람은 게으르지 않다.
           소수의 막대한 재산 상속이야말로 불의하다.
        5) 부유한 소수는 모든 이에게 책임이 있다. 부를 축적하고 있는 방법에
           따라 살인자들로 분류될 수도 있다.
        6) 축적한 부의 근원은 틀림없이 불의할 것이다. 마치 자연이 스스로
           분개하는 것처럼, 사적 소유권은 적대관계를 가져온다.
        7) 가난한 자들이 부잣집의 개만도 못한 존재가 될 때, 하나님께서 주신

모든 인간의 존엄성은 어디에 있는가?
8) 재산의 분산이 소비와 낭비의 원인이며, 빈곤의 원인이다.
2. 요약 _ 153

제7장 아우구스티누스:
네가 소유하고 있는 것은 네 소유가 아니다 _ 157

1. 본문 _ 161
1) 몇 가지 용어 규정: 즐김, 사용함, 재산
2) 신정(神政) "공동체주의"란? 법은 도덕에 의해 규정되어야 한다.
3) 남는 재산은 다른 사람의 재산이다.
4) 네 것으로 나누어 준다고 생각하지 말라.
5) 사유재산은 손해다.
6) 네 자녀가 너의 창조주보다 오히려 너희 세습재산을 의지하지 않게 하라.
7) 사적 소유권은 수많은 불행을 초래한다.
2. 요약 _ 177

제8장 교부들의 답변: 이데올로기에 대한 논박과 대안적 제안 _ 181

1. 기독교 운동 _ 183
2. 소유권에 관한 교부들의 철학 _ 187
1) 부(富)는 본래 선하지만, 부유한 자들은 도둑들이다.
2) 공유물에 대한 개인적 소유는 강도행위다.
3) 상속: 훔친 재물의 양도와 축재
4) 반환
5) 사적 소유에 대한 정죄
6) 우상숭배로서의 사적 소유
7) 인류 평등의 확증: 공동 기원, 공동 자연, 공동 운명
8) 소유의 이중 목적: 자족과 코이노니아
9) 크리소스톰의 실천 프로그램
10) 기독교의 "사회적 탈피" 운동

결론 _ 213

미주 _ 218
주제색인 _ 234

저자서문

  이 책의 연구와 저술은 약 20년 전 필리핀에서 시작되었다. 다시 활기를 띠기 시작한 필리핀 농민운동에서 조직가가 된 가톨릭 신학생으로서 나는, 서로 다른 두 개의 세계에서 동시에 살아가는 나 자신을 발견했다. 종종 두 개의 다른 세계는 서로 무시했다. 평상시에 이 두 세계는 공공연히 적대적이었다.

  첫 번째 세계는 라틴어와 헬라어, 그리고 다양한 계보의 철학과 신학이 있는 신학교의 세계였다. 그곳은 여러 서적과 연구시간, 토론회와 기말보고서, 운동과 수양회 등이 있는 세계였다. 즉 하루에 다섯 끼니의 음식이 제공되며, 인문학과 과학의 발전을 위한 다양한 기회가 제공되는 안정된 세계였다. 어떤 사람은 "전인격의 총체적 발전"을 위해 잘 짜인 12년간의 "형성 과정"을 통해 "탁월한 사람이 되도록" 지속적으로 도전받았다. 이러한 사람은 "모든 사람 앞에서 모든 일에 자질을 갖춘 사제로서" 거창하고도 아주 진지한—되돌아보면 즐겁게 보냈지만—목적을 위해 이러한 오랜 훈련을 거친다.

  필리핀 사회의 상황에서, 그때나 지금이나 이러한 세계는 의심할 여지없이 특권층의 세계였다. 그러한 특권을 남용하는 것을 상징적으로 보여주는 것이 바로 값비싼 신학교 건물들과 광대한 토지들이었다. 그것들은 가난한 소작인들이 거주하는 일련의 시골촌락에 둘러싸여 있었다. 소작인들은 경제적으로나 문화적으로 궁핍했고 정치적으로도 학대받기 때문에 대부분 가난했다. 이들이 국민 대다수를 차지했고, 필리핀 사회의 "또 다른 세계"를 만들었다. 이러한 세계는 "무식하고, 게으르고, 미신적이며, 변화에 저항"하기 때문에 가난해진 사람들로 구성되었다고 소수 특권층은 인식했다. 특권층의 시각으로 나타난 그러한 입장은 대중매체와 수많은 교회, 그리고 대부분의 학계를 통해 의문의 여지없이 정설이 되었다. 즉 다수의 가난한 자들은 "항상 그래 왔기에", 현재의 부자들과 특권층들과 권력자들이 아무런 잘못이 없다고 확신한 것이었다.

사람들은 흔히 "아주 소수만이 매우 많이 가지고 있고 대다수는 매우 적게 가지고 있다"라고 듣거나, "소수의 부자들이 더 부유해지고 다수의 가난한 자들은 더욱더 가난해진다"라고 듣는다. 부와 빈곤에 대한 부인할 수 없는 사실들이 인용되었지만, 이 둘 간에 일어날 수 있는 인과관계에 대한 언급은 주도면밀하게 회피되었다.

지배적인 견해는 빈곤이 전혀 새로운 것이 아님을 강조했다. 농민들은 늘 가난했기에, 그들이 전반적인 경제성장이라는 느리지만 확실한 현실이 도래할 때까지 오랜 시간 동안 가난한 채로 남아 있을 것이라고 보았다. 전통적인 견해에 따르면, 우리가 개발도상국이었지만 결국에는 선진국이 되어 빈곤층을 사라지게 할 기회를 얻게 될 것이다. 물론 사람들은 예수님께서 친히 가난한 자들이 우리와 항상 함께 있을 것이라고 인정하신 것을 잊어서는 안 될 것이다. 그동안 부자들을 향한 기독교적 도전은 한층 더 인자하고 자비로운 사역에 참여하는 것이었다. "사회 정의"는 종종 진보적인 일로 취급되었지만, "선동하는 투쟁계층"에 대한 소송을 정지시켜 주었으며, 사유재산의 신성한 특성을 준엄하게 상기시켜 주었다.

공산주의자들, 사회주의자들 그리고 그 외 급진주의자들은 단순히 권력에 굶주려 가난한 자들을 착취한 자들로 간주하였다. 즉 합법적으로 구성된 당국에 대항해서 폭력적인 혁명을 일으키고자 농민들을 이용하는 자들로 치부되었다. 실제로 급진주의자들이 승리한 때에도, 사람들은 급진주의자들이 사유재산의 폐지를 주장하기 때문에 가난한 자들이 이전보다 더 가난해질 것이라고 경고했다. 게다가 기득권의 견해에 의하면 기독교는 계급 간에 미움과 반목이 아닌 사랑과 조화를 가르쳤다는 것이다. 기독교는 본질적으로 인간의 존엄성을 지켜주는 근본적인 수단으로서 사유재산의 "신성한 권리"를 인정했다. 심지어 대다수 사람이 아무런 재산도 소유하지 못했기 때문에 보호받을 수 있는 그러한 확실한 권리를 지니지 못했을지라도 인간의 존엄성을 지켜주는 근본적인 수단으로 사유재산을 인정했다.

따라서 성직자이건 평신도이건 간에 기독교 지도자들은 1950년대 초에 막사이사이(Magsaysay) 정권의 지원을 받아 공산주의자와 사회주의자가 이끈 무장농민 반란군(Huks)을 진압시킨 미국 군대에 협조했고 그들에게 노골적인 갈채를 보냈다. 무장농민 반란군의 패배로 필리핀의 공산주의자의 전망에 거의 관심이 없던 개혁적 가톨릭 활동가들이 "사회 개혁안"을 위해 국회에서 청원하면서 농촌 현장과 공장에서 조직을 갖추기 시작했다. 이때 "가난한 자들을 위해 무엇인가 행동하고자" 하는 관심 있는 그리스도인들은 두 부류로 나뉘었다. 한편은 자비 지향적 개혁안을 제시하는 사람들이었고 다른 한편은 가난한 자들을 조직하는 권력 지향적 운동을 하는 사람들이었다.

그러나 결국 이러한 사회 정의 지향적 가톨릭 조직가들은 "낡아빠진 마르크스주의자들"로 낙인찍혔다. 그러한 제안은 투옥된 공산주의자들과 사회주의자들보다 더 방심할 수 없는 위험한 사상이 되었다. 그들은 영감 있는 그리스도인이 될 것을 주장하기에, "계급 갈등을 조장하며", "사적 소유권의 도덕적이고 제도적이며 법적인 권리"에 제한을 두려고 하는 죄를 범하는 것과 동일하게 취급되었다. 사실은 그들이 급진적인 마르크스주의자들이 한 것처럼 아직 무장투쟁을 옹호하고 있는 것이 아니라, 특권층의 예측에 따르면, 그것은 단지 그들이 그렇게 행동하기 이전의 문제였다.

아무튼 1960년대 초반에 필리핀은 대다수의 빈곤을 해결해야 하는 요구로 법 제정의 압박 속에서 엄청난 논쟁에 홍역을 치러야 했다. 물론 그것은 단지 10년 전의 무장농민 반란군 진압에도 불구하고 폭동이 항상 일어날 것 같은 농민들의 격렬한 불안요소를 누그러뜨리기 위함이었다.

그 당시에 디바인 워드 신학교(Divine Word Seminary)의 한 필리핀인 교수이며 말씀의 선교 수도회(S.V.D.: the Society of the Divine Word) 소속인 호세 비센테 브라간자(Jose Vicente Braganza) 신부는 그의 철학

및 신학 강의를 접어두고 종종 가난한 자들의 곤경에 대해 강조를 하면서 필리핀의 경제와 정치에 대한 생생하고도 도전적인 토론을 하곤 했다. 굉장한 영성의 소유자이자 다양한 학문적 업적 속에 자기 분야에서도 탁월했던 브라간자는 교회가 가난한 자들과 동일시하는 인식이 너무나도 모자라 있음에 대해 끊임없이 비판했다. 브라간자에게 있어서 기독교는 굶주린 자들을 먹이고, 병든 자들과 옥에 갇힌 자들을 방문하고, 그 외의 "세속적" 과업들을 행함으로 마태복음 25장의 시험을 통과해야만 했다. 오래지 않아 그는 몇몇 학생들을 설득하여 그들과 함께 여러 곳곳의 필리핀 감옥에 있는 죄수들을 정기적으로 방문하였다. 우리가 신학교라는 면밀히 보호받던 세계에서 벗어나 다른 환경의 새로운 선생님들—즉 케손시(Quezon City) 감옥과 국립 교도소의 죄수들—로부터 배울 수 있었던 것은 굉장히 고무적인 변화였다.

죄수들의 이야기를 듣는 것이 필리핀 사회학의 실습 과정이었다. 예전에 소작인들이었던 그들은 자신들의 소유가 아닌 농장으로부터 쫓겨났기 때문에 도시로 이주하였음을 나는 알게 되었다. 지주들은 이러한 농장들을 기계화하면서 서서히 소작인들을 쫓아내고 있었다. 심지어 이러한 소작인들의 가족들이 오랜 세대에 걸쳐 그 땅을 경작했음에도 불구하고 쫓겨났다. 그러나 대부분 도시는 이전 소작인들에게 실업만 안겨다 줄 뿐이었고, 이전 소작인들은 도둑질과 같은 전형적인 소소한 범죄를 저질러 현재 감옥에 갇히게 되었다. 나는 많은 죄수의 친지들과 그들의 사랑하는 사람들의 행방을 알려주는 심부름꾼이 되었다.

그러나 우리가 방문하기 시작했던 한 감옥은 정치범들을 수용하고 있었다. 수용된 이들은 1950년대 초반에 필리핀 정부를 거의 무너뜨릴 뻔했던 그 악명 높은 무장농민 반란운동(Huk movement)의 사회주의 지도자들이었다. 나는 "살인, 강도, 방화 그리고 납치 등의 복합적인 반란죄"로 사형이나 종신형을 선고받은 그 유명한 지도자들과 금방 친구가 되었다. 하지만 이러한 범죄는 적법한 법령이 존재하지 않았다. 그래서 10년이 되기도 전에 그들은 감옥으로부터 안전하게 석방되었다.

그 사회주의 지도자들은 기존 언론이 그들을 묘사해 놓은 괴물 같은 존재로 보이지 않았다. 나는 그들의 높은 학식과 강한 확신에 찬 점잖은 성품에 깊은 감명을 받았다. 내가 나의 "새로운 대학"에서 배운 새로운 정보에 대해서 나의 동료와 토론을 하고자 신학교로 돌아올 때마다, "철저한 공산주의자들"이 나에게 사용했을 "능숙한 세뇌공작 전술"에 대한 경각심을 갖곤 했다. "한번 공산주의자는 영원한 공산주의자"라는 말을 나는 기억하고 있었다.

특별히 한 정치적 수감자는 이런 새로운 학생에게 아마도 열린 마음으로 대한 첫 번째 농민지도자로서 그 학생이 농민의 현실을 깊이 이해하도록 돕고자 했다. 그는 정부 감옥에 있었고 나는 나 스스로 칭송하는 신학교의 감옥에 있었다. 그래서 소개장 형식으로 그의 기록을 가지고 나는 필리핀의 전통적인 쌀의 주생산지인 센트럴 루손(Central Luzon)에 사는 농민 가족들을 방문하기 시작했다.

그러는 사이에 브라간자는 신학교에서 사회 정의에 관한 여름강좌를 열고자 무장농민 반란운동을 계승한 농민 조직, 자유농민연맹(FFF; Federation of Free Farmers)의 지도자를 초청했다. 그 사회주의 수감자들은 나에게 충고하길 자유농민연맹의 지도자는 "보수주의자"이긴 하지만 적어도 그 조직이 순전히 농민들로 구성되었기 때문에 그가 이끄는 운동과 가까이 지내는 것은 나쁜 생각이 아니라고 했다.

그래서 내가 신학교에 계속 지내면서 공부하는 동안에, 나는 "합법적이건 불법적이건" 가능한 한 모든 기회를 이용하여, 자유농민연맹의 후원 아래 합법적으로 재기하는 농민운동의 교육활동과 조직 활동에 참여했다.

농민들은 전국 지방에 흩어져 수천 개의 소규모 마을에서 대나무와 코코넛 잎으로 만든 집에서 살았다. 그들 중 대다수는 바다와 강가에서 고기를 잡으며 살았지만 대부분은 토지를 경작했다. 지금까지 수세기 동안 그 토지의 소유권은 소수의 농장주들(hacenderos)이나 지주들의 수중에 집중화되어 왔다. 그들의 자녀 중 일부는 학교에 다녔지만 아주 운이 좋아야 겨우 초등학교를 마칠 수 있었다. 더욱더 쪼들리는 경제 상황으로 말미암아 그들의 부모들이 예전에 그랬던 것처럼, 그들은 어린 시절부터 쟁기와 물소를 끌고 토지 경작에 전념해야 했다.

그들이 이런 생활과 일을 특별히 싫어했던 것은 아니다. 그들은 작물들이 자라며 열매를 맺는 것을 보면서, 그리고 태양의 내리쬐는 더위를 피해 진흙에서 뒹구는 물소를 바라보면서, 자연과 가까이하는 자신들의 생활을 사랑했다. 그러나 봉건적 지주제로 그들은 참을 수 없을 만큼 괴로움을 당했고 그것을 몹시 혐오했다. 누군가 다른 사람이 자신들이 경작한 땅을 차지했다.

추수 때가 되면 그들이 아무리 열심히 노동을 하고 아무리 시간을 투자해도 지주가 모든 수확물 대부분을 가져갔다. 그 지대는 노동자의 평균 이익의 잉여에서 나온 자본주의적 지대가 아니라 봉건적이며 자본주의 이전의 지대였다. 즉 그것은 지주들의 토지 소유권에 기초했으며 그 땅을 경작할 권리를 얻고자 농민들은 그들에게 의존해야만 했다. 농민들은 수확물의 아주 적은 일부분만을 얻을 수 있었고 늘 그래 왔듯이 그들은 전년보다 더 많은 빚을 지게 되었다.

만약 그들이 사탕수수 농장에서 종일 등이 굽도록 8-12시간 동안 일을 하고 40센트의 임금을 받는다면 그나마 정말로 다행일 것이다. 그들은 그보다 더 적은 임금을 위해 그들의 임신한 여인들이 들판에서 일하는 모습으로 말미암아 슬픔과 분노로 원통해했다. 그들의 자녀가 질병에 걸리면 그들의 괴로움은 더욱 증가하였다. 단순히 늘어나는 엄청난 빚 때문이 아니라 가족 중에 또 다른 죽음이 닥쳐올지도 모른다는 생각으로 고통이 더해졌다.

그들의 모든 시련과 고통 속에서 농부들은 단지 채무와 계속되는 빈곤뿐인 현실 대신에 지주제가 폐지되어 자신들의 토지를 소유할 수 있을 때에야 분명히 어느 정도의 저축과 남부럽지 않을 만큼의 의식주를 누릴 기회가 올 수 있음을 깨달았다. 그래서 지방의 다른 지역들과 다양한 시대 속에서 필수품도 없이 사는 필리핀의 농민들이 기본적인 도덕 문제를 제기하기 시작했다. 토지에 관련해서 공의로운 것이 무엇인가? 그들의 질문은 근본적으로 법적이라기보다는 도덕철학적인 것이었다. 그들은 권력을 지닌 부자들이 인정한 것이라고 해서 합법적인 것을 무조건 의심할 만큼 그리 고지식하진 않았다. 자신들이 옳다고 생각한 것을 시도하는 고통스러운 경험을 통해 농민들은 법이 제공하는 것이 반드시 공의로운 것을 반영하지만은 않는다는 것을 배웠다. 필리핀에서 권력가들은 중간상인들, 고리대금업자들, 관료들 그리고 산업가들처럼 막대한 자본주의자들이기도 한 거대 지주들이었다. 토지소유권은 다양한 종류의 자본을 소유하게 한다. 경제의 농업적 특성 때문에 토지에서 나오는 부(富)는 모든 부와 특권의 일차적인 원천이었다. 그래서 가난하고 억압받는 자들은 기본적으로 토지가 없는 신분이었다.

　내가 시골에 가서 거기의 농민모임이나 지역 교회의 격식에 얽매이지 않은 세미나, 망고나무나 코코넛나무 아래에서 담소를 나누는 자리, 혹은 농민운동에 의해 진행되는 어떤 "자체교육" 과정에 갈 때마다 동일한 근본적인 질문이 생겨 끊임없이 토론했다. 즉 "우리 조상이 전부터 경작해 왔고 우리도 경작하고 있는 땅을 우리는 왜 소유할 수 없는가? 그 땅은 당신과 내가 태어나기 전부터 거기에 있었다. 지주들과 우리가 죽게 되더라도 그 땅은 여전히 거기에 있을 것이다. 그 땅은 진정 누구의 것인가? 우리가 지난 전쟁 기간에 군인으로 징집되었을 때 우리는 '우리의 필리핀'을 위해 싸운다고 생각했다. 하지만 그 전쟁이 끝났지만 우리의 필리핀은 어디에 있는가? 부유하건 가난하건 우리는 모두 때때로 '우리의 아버지'라고 부르도록 배워 온 하나님께 기도드린다. 하나님께서 참으로 우리의 아버지이시라면 하나님께서 창조하신 모든 물건들은 가족의 물건으로 여겨져야 하지 않는가? 왜 그것들 모두를 공유하지 못하고 소수가 독점해야 하는가?"

　예상했던 대로, 나는 왜 농민운동이 이해관계나 사상주입을 통해 소수 특권층의 견해를 지지하는 사람들에 의해 멸시와 위협, 그리고 미움을 받는지 이해하기 시작했다. 나는 종종 저술가들이 "농민 문제"라고 언급한 것이 문자 그대로 농민들이 요구하는 문제임을 깨닫기 시작했다. 그것은 학술의 전당에서는 거의 발견될 수 없는 문제였으며, 교회의 설교단에서는 거의 들을 수 없는 문제였다. 또한 다량의 신문지면과 홍수처럼 쏟아지는 대중매체에서도 거의 다루어지지 않았으며 사법 재판부에서도 토지에 대해서는 거의 논의되지 않았다. 그것은 재검토의 대상으로는 거의 여겨지지는 않지만, 우리의 모든 생각의 출발점을 형성하는 "첫 번째 원칙들"의 수준에 관한 문제였다. 그 출발점을 넘어가는 것은 위험하고도 비현실적이었다. 그래서 소유권의 절대적 개념은 당연한 사실이자 정당한 것으로 간주하였다. 그것은 모든 입법부와 사법부의 논의에서 심지어 간혹 농민의 권리가 심의되고 있는 경우에도 암묵적으로는 절대적이었다. 또한 그것은 모든 논의의 최종 기준으로서 역할을 해왔다. 그것은 토지에 대해서 문제점을 제기하는 소작농들에게 "네 이웃의 재물을 탐내지 말라"고 답변하는 가톨릭 사제의 엄격한 충고에도 암시되어 있었다. 물론 소작농들은 그 지역교회가 재산 대부분을 가지고 있음을 알고 있었다.

  윤리 기관으로서의 교회는 단지 농민들이 제기하는 도덕적 질문에 대해서만 따뜻한 환영을 제공했을 뿐이다. 교회의 마음은 교회의 보화가 있는 곳에 있다. 즉 지주들의 기부금과 수세기 동안 검과 십자가라는 갖가지 방법으로 농민들의 토지를 빼앗아 쌓아놓은 부에 있다. 가난한 자들과 함께 몸부림친 극소수의 교회를 제외하고는 대부분의 교회가 부자들과 동일시한 기관임이 드러났을 뿐이다. 교황들의 사회적 회칙들조차도 창공에 떠 있는 추상적인 것으로 묶인 채, 필리핀의 상황과는 무관했고 적용되지도 않았다. 물론 회칙들이 전혀 기록된 적이 없었던 것처럼 완전히 무시되지는 않았다.

  언뜻 보기에 몇몇 선의의 주교들과 사제들은 가난한 자들에게 접근함에 "단지 말뿐이 아닌 행동으로" 보여줌으로 기존 매체에서 굉장한 평판을 얻었다. 그들은 모범적인 농장 설립과 소작농들을 위한 현대적 생산 방식의 확대를 주장해 왔다. "개발"은 이제 온정적 자선을 위한 새로운 이름이 되어 왔다. 하지만 농민들의 빈곤문제에 대한, 이 새로운 "해결책"은 소유권이라는 골치 아픈 농민 문제를 조심스럽게 회피했다. 그래서 예견했던 대로, "개발"의 혜택은 소작농들이 아닌, 생산에 "기여"한 것이라고는 토지를 소유한 것밖에 없는 지주들에게 모든 혜택이 예전 그대로 돌아갔다.

　소유권이라는 몸서리치는 문제를 제기한 소작농들은 공포와 불안 속에서 살게 되었다. 그들은 그 질문 자체가 분쟁을 의미한다는 것을 알았다. 어느 농민지도자가 말해 왔던 것과 같이 "십자가 없이 구원에 이르는 길은 아직 발견되지 않았다." 변화를 위해 저항한다고 비난받는 사람들이 모든 것의 가장 근본적인 변화, 즉 토지 소유권의 이론과 실제에서의 변화에 대해 요구하기 시작했을 때 분쟁이 생기지 않을 수 없었다. "기적의 쌀"(수확량이 재래종의 2-3배되는 신품종—역주)이라는 효과들, 화학비료들 그리고 그들의 빈곤 문제를 해결할 새로운 생산방식들이 나타났을 때, 미신에 사로잡혀 있다고 비난받는 사람들은 졸지에 모든 것에 대해서 가장 회의적이었다. 소위 게으른 사람들은 이글거리는 태양이나 집중 호우 속에서도 오랜 시간 동안 고된 노동을 계속했다. 그것은 그들이 분명한 강탈로부터 목숨을 부지하기 위해서였다. 즉 그들이 경작하고 있는 토지를 다른 사람들이 소유하고 있다는 사실로 말미암아 그러한 고통을 당하고 있었다. 그래서 무식하다고 손가락질을 받는 사람들은 교회와 정부에 의해 진행되는 아무리 많은 구제 사업들과 기술적 혁신들로도, 도덕적이며 철학적인 그리고 정치적인 문제제기를 해결할 수 없다는 것을 전문가들보다 더 잘 알고 있었다. 그들은 소유권에 관해서 무엇이 공의로운 지에 대한 더욱더 분명한 개념을 발전시킬 필요가 있음을 알았다. 그들은 집요한 투쟁 실천을 전개할 필요가 있다는 것도 알았다. 이 모든 것들은 더욱더 공의로운 보상이 널리 행해질 때까지 분쟁과 계급 갈등을 일으켰고, 사회에서 부자와 가난한 자, 가진 자와 못 가진 자 간의 근본적 분열로 때문에 냉엄한 전쟁을 가져왔다. 하나님께서 불의한 질서를 의도하지 않으셨다는 것을 농민들은 믿었기 때문에, 단지 그들이 더욱더 공의롭고 자비로운 사회 질서를 이룩하고자 투쟁하고 있었기 때문에, 그들은 "무신론적 공산주의자들"로 공공연히 비난받았다는 것을 알았다.

　그래서 나는 농민운동의 전략회의에 참여했다. 나는 여러 일 중에서 지방의 "도덕 지도자들", 의견 작성자들 및 그 밖의 선의의 정책입안자들이 승리할 수 있도록 제안하는 사람들에 대해 동의했다.

지금은 나의 "다른" 세계가 되어 버린 신학교에서 "철학 석사학위를 받고자" 논문을 쓰기 시작해야 한다는 부담이 있었다. 나는 농민운동을 지도하고 있는 변호사에게서 약간의 법률 서적을 받았다. 나는 그것들에서 대부분의 현대 법체계뿐만 아니라 필리핀의 재산법과 재산관습의 근간인 소유권 철학이 실제로는 로마법이라는 오랜 역사로 거슬러 올라간다는 사실을 배웠다. 대다수의 가난을 볼모로 소수에 의한 부의 축적을 합법화한 소유권 개념 그것을 발전시킨 것이 바로 로마법이었다. 내가 그 학위논문을 써야 했을 때 나는 로마 제국시대의 철학자 중에 소유권 개념에 관해서 언급한 중요한 인물이 누구인지를 고민하게 되었다. 교회사 강의시간에 우리는 "교부들"에 대해 소개를 받았고, 나는 고리대금에 대한 교부들의 비판들 중의 일부에 주목하게 되었다. 나는 교부들이 일반적인 소유권의 문제뿐만 아니라, 그러한 주제에 대해 더 많이 언급했을지도 모른다고 생각했다. 만약 그들이 그랬다면, 나는 그들의 사상을 내 학위논문의 주제로 삼았을 것이다.

대부분의 교수들은 내가 교부시대의 사상가들이 거의 관심을 두지 않은 주제를 추적하느라 시간을 낭비하고 있다고 경고했다. 나에게 지적한 "중대한" 신학적 질문들은 삼위일체, 그리스도의 신성, 마리아의 하나님의 어머니 그리고 물론 처녀성과 같은 도덕적인 것들이었다. 하지만, 브라간자는 내 생각이 가치 있는 것인지를 발견하는 유일한 방법은 라틴어와 헬라어 원전들을 꼼꼼히 연구하는 것이라고 예언적으로 말해 주었다. 오스트리아의 신부인 만프레드 뮐러(Manfred Mueller, S.V.D.)는 교회사 박사로서 친절하게도 내 논문심사를 도와주기로 승낙해 주었다. 또한 꼭 필요한 2차 자료인 독일어 저술들로 나를 도와주었고 대단히 많은 시간을 함께 의논해야 하는 일인 논문의 주심위원으로 나를 지도해 주었다. 피터 미셸(Peter Michel, S.V.D.) 신부가 라틴어를, 프레더릭 샤르프(Frederick Scharpf, S.V.D.) 신부는 헬라어에 대해 정확성을 기할 수 있도록 자상하게 지도해 주었다.

그래서 나는 "재산", "소유권" 그리고 그 외의 주제들을 참조하기 위해 미뉴(Migne)의 라틴어와 헬라어 『교부총서』(Patrologiae Cursus Completus) 383권 전집의 색인 4권을 이 잡듯이 철저히 조사했다. 오래지 않아, 내가 애쓴 시간과 노력이 정말로 가치 있는 연구였음이 분명해졌다. 초기 기독교 철학자들인 알렉산드리아의 클레멘스, 오리겐, 키프리안, 락탄티우스, 대 바실리우스, 나지안주스의 그레고리, 닛사의 그레고리, 요한 크리소스톰, 암브로시우스 그리고 특별히 아우구스티누스는 모두 당대 로마법의 소유권 문제를 다루었다.

내 동료 신학생들인 노엘 몽데야(Noel Mondejar), 케사르 마스카리냐스(Cesar Mascariñas), 플로렌시오 라구라(Florencio Lagura) 그리고 아르투로 바스테스(Arturo Bastes)는 내가 그랬던 것처럼, 우리가 사는 두 세계를 결합시키고자 하는 생각을 매우 흥미로워했다. 그래서 그들은 내가 이 책에서 다루고자 하는 적절한 구절들을 찾아주었고 철학자들의 고전 언어들을 사용할 수 있도록 복사하면서 라틴 철학자들과 헬라 철학자들의 모든 저술들을 한 페이지씩 조사하며 그 해 내내 굉장히 오랜 시간 나를 도와주었다. 또 다른 신학생인 에디시오 드 라 토레(Edicio de la Torre)는 건설적이고도 비판적인 토론으로 나에게 상당히 많은 도움을 주었다. 필리핀대학교와 아테네오 마닐라대학교(Ateneo de Manila University)의 사서들 역시 여러모로 대단히 많은 도움을 주었다.

학위논문이 완성되기도 전에 농민운동의 대표자들과 지도자들은 농민들의 주장이 더 많은 지지를 얻도록 사제들, 수도사들, 학생들 그리고 다른 의견 개진자들을 대상으로 우리가 주도한 수많은 세미나에서 그 사상과 교부들의 인용문들을 많이 사용하였다.

지난 16년 동안, 친구들은 내 논문을 "정식 책"으로 다시 쓰라는 요청을 자주 했다. 나는 항상 그 제안을 기쁘게 수락했지만 항상 해방운동과 관련된 수많은 긴급한 업무들로 인해 보다 중요한 그 계획은 뒤로 밀려날 수밖에 없었다. 더욱이 출판되지 않은 나의 학위논문의 실제적 사상들은 이미 수많은 세미나, 회의, 모임 그리고 농민운동과 관련된 사람들의 짧은 저술에서 꽤 많이 전파되어 그 역할을 충분히 해왔다. 그래서 나는 종종 출판된 책을 실제로 얻은 것과 같은 효과를 느낄 수 있었다. 그러나 결국 1981년에 뉴욕의 메리놀(Maryknoll)에 방문했을 때, 나는 오르비스 출판사(Orbis Books)의 편집장인 존 이글손(John Eagleson)을 만났다. 메리놀은 필리핀에 그 대부분의 구성원을 둔 미국선교본부가 있는 곳이었고, 결국에는 그들이 농민운동의 가장 철두철미한 지지자들 중 일부가 되었다. 존은 실제 출판을 할 수 있는 확실한 위치에 있었다. 우리의 만남의 시기가 그보다 더 좋을 수는 없었다. 이 시기는 필리핀과 미국 정부 양쪽의 합동진압기관들이 활동하고 있었기에 몇 달이 못 되어 나는 다시 지하운동으로 들어가야만 했다. 그것은 지난 10여 년간 수천 명의 농민조직가들을 투옥하고 살해한 마르코스 독재정권을 지원하는 미국에 대항한 혁명, 즉 근거 없는 "테러리즘" 때문이었다. 뜻밖에도 그때 나는 현재의 수많은 쟁점을 더 깊이 이해할 수 있는 로마 제국과 초기 기독교 사회 비평가들의 세계로 두 번째 여행을 할 기회가 생겼다.

아직 이름을 밝힐 수 없는 여러 곳곳에 있는 분들, 일시적인 안식처와 보호, 음식과 음료 그리고 참고 서적과 타자기 사용, 결실이 풍부한 토론과 제안 및 깊은 애정을 제공해 준 용감한 친구들, 두 말할 필요도 없이, 이러한 소중한 친구들의 도움이 없었다면 이 책을 결코 쓰지 못했을 것이다. 나는 특별히 뉴욕 아슬리(Ardsley)에 있는 모건 협회(Morgan Associates)에 깊은 감사를 드린다. 일리노이 주립대학의 로버트 벨라민 뉴맨(St. Robert Bellarmine Newman) 재단, 즉 루이 비탈레(Louis Vitale) 신부와 부르노 힉스(Bruno Hicks) 신부의 도움에 감사드리며, 캘리포니아의 프란체스코 수도회에도 감사를 드린다. 무엇보다도, 제니퍼 모건(Jennifer Morgan), 모린 모건(Maureen Morgan), 조셉 켈리(Joseph J. Kelly) 신부 그리고 로지 켈리(Rosie Kelly)가 베풀어준 엄청난 후원에 감사드린다. 그분들의 재정적, 도덕적 지원이 없었다면 이 책은 영원히 묻혀 있었을 것이다.

마지막으로 이 책을 출판할 때, 필리핀 소유권 구조에 이념적 변화라는 기쁜 소식을 제압하고자 정부가 총살한 에드거 좁슨(Edgar Jopson)과 스가랴 아가텝(Zacharias Agatep) 신부와 같은 많은 순교자의 소식을 새롭게 접했다. 게리 에스구에라(Gerry Esguerra), 카렌 타냐다(Karen Tañada), 콘라도 발웩(Conrado Balweg) 신부, 닐로 발레리오(Nilo Valerio) 신부, 닉 루이츠(Nic Ruiz) 신부, 시릴리오 오르테가(Cirilio Ortega) 신부, 브루노 오르테가(Bruno Ortega) 신부와 같은 투쟁적인 주창자 그리고 수천 명의 사람이 지하투쟁을 계속하고 있다. 그들 중 대다수는 수배되어 현상금이 걸려 있다. 더군다나 도리스 바프레이(Doris Baffrey), 보예트 몬티엘(Boyet Montiel), 마르 카노니고(Mar Canonigo), 게리 불라타오(Gerry Bulatao) 그리고 다른 수백 명에 이르는 수많은 정치적 억류자들은 최근 몇 년 동안 조금도 줄지 않았다. 그것은 오히려 최근에 필리핀의 비폭력 사도로 불리는 아퀼리나 피멘텔 2세(Aquilina Nene Pimentel, Jr.)의 체포 때문에 더욱 증가하였을 뿐이다. 하지만 의식 있는 민중의 민주적 정권이 마침내 사회의 소유권에 관한 이론과 실제에 변화를 가져다줄 기회를 획득하게 될 때, 새로운 정치질서의 도래를 위한 그들의 희생이 밝혀질 날이 올 것이라는 희망이 더욱 강하게 자라고 있다. 그래서 1,500-1,800년 전의 초기 기독교 철학자들이 뿌린, 아직 자라지 않은 변화의 씨앗들이 아마도 20세기의 마지막 20년 동안에 역사적인 열매를 맺을 것이다.

1982년 3월 뉴욕에서
찰스 아빌라

역자서문

　최근 한국사회는 불로소득을 통해 일확천금을 노리는 땅 투기, 복권, 도박 등 천박한 자본주의와 소유권에 대한 절대적이고 독점적인 개념이 만연되어 있다. 우주와 천체의 비밀을 밝힐 만큼 과학은 눈부시게 발전했고 국민소득 2만불이 넘는 경제적 진보를 이루었음에도 불구하고 여전히 사회 곳곳에는 절대적 빈곤과 극빈층이 존재한다. 원유, 곡물, 원자재 등의 가격상승과 치솟는 물가로 서민들의 생활고는 더욱 심해지고 있다. 사회 전반에 걸친 구조악과 부정부패, 뇌물수수와 정경유착 그리고 유전무죄, 무전유죄 등의 불의한 현실은 성실하게 땀 흘리며 일하는 모든 사람들의 근로의욕마저 상실시키고 있다.

　이러한 현실은 국내뿐만 아니라 세계적인 상황임을 알 수 있다. 지난 2006년 12월 UN대학 세계경제개발연구소의 연구 보고서에 따르면, 전 세계 성인 인구 중 약 2%가 전 세계 부의 50% 이상을 소유하고 있는 반면, 하위 50%의 인구가 소유하고 있는 부는 1%에 불과하다. 이렇듯 부의 편중 현상은 굉장히 심각한 수준이다. 의식주 등 인간의 기본권마저도 누리지 못하는 극빈층이 절대 다수에 이르며 인종과 종교 간의 갈등과 전쟁으로 인한 고통과 죽음, 그리고 마구잡이로 진행되는 삼림훼손과 생태계 파괴로 인해 하나님께서 창조하신 인간과 자연 모두가 신음하고 있다.

　이 모두는 사회곳곳의 불의한 체제뿐만 아니라, 근본적으로 재물에 눈이 먼 인간의 탐욕의 결과다. 인간의 탐욕과 죄악의 근본적 해결책이 예수 그리스도의 십자가 복음 안에 있음을 아는 그리스도인들은 구원의 영역을 개인에게만 국한해 왔다. 그래서 사회전반의 문제에 대해 빛과 소금의 역할을 감당하며 끊임없이 개혁해야 할 교회가 오히려 일반 언론으로부터 개혁을 요구받고 있는 실정이다. 통계청의 2005년 11월 기준 인구주택총조사 자료에 의하면, 천주교, 불교, 원불교는 10년간 인구가 증가했지만, 개신교만 감소하였다. 물론 수적 감소에 대한 여러 가지 의견이 있을 수 있겠지만, 분명한 사실은 타종교에 비해 기독교에 대한 신뢰가 현격하게 떨어졌다는 것이다. 교회가 하나님의 나라와 공의를 위해 예언자적 사명을 감당하며 고난을 받는 것이라면 당연한 일이겠지만, 천박한 자본주의의 폐단이 교회 안에도 그대로 들어와 개교회 성장주의나 개인의 안일과 성공을 추구하는 일에만 몰두해 비난 받는 것은 심히 부끄러운 일이다. 지난 군사독재 시절의 정치적 억압과 산업화에서 빚어진 소외층에 대해서 교회가 마땅히 감당했어야 할 예언자적 사명을 소홀히 한 결과이기도 하다. 폭등하는 집세로 인해 지하 셋방이나 판자집으로 내몰리는 서민들의 깊은 탄식과는 달리 교회는 초대형 규모로 급성장을 해 왔기에 세상은 더욱 차가운 시선을 보내는 것이다.

그 동안 한국교회가 영혼구원과 세계선교라고 하는 중대한 사명을 감당했음에도 불구하고 군사독재정권과의 타협, 사회적 약자에 대해 소홀히 해 왔기에, 지식인들은 물론 소외층까지도 교회에 대한 반감이 심해진 것이다.

그렇기에 한국교회와 그리스도인들이 이 시대를 분별하며 개혁할 수 있는 올바른 신학과 사상 그리고 구체적 실천의 지침이 더욱 절실한 때이다. 좀 더 적극적으로 가난하고 소외된 자들을 향한 구체적 구제는 물론, 사회 전반에 걸친 구조적 개혁이 절실히 필요하다. 기독교는 불의한 시대 속에서도 하나님의 주권과 공의를 선포해 왔다. 구약시대의 선지자들과 신약시대의 사도들, 그리고 초대교회의 교부들과 종교개혁 당시의 개혁자들 모두 그 당시의 국가와 신앙공동체의 심각한 문제와 비참한 현실을 바라보면서 탁상공론이 아닌 삶의 현장에서의 구체적인 회개와 개혁을 촉구했다. 한말 개화기에 열강의 틈바구니에서 삶이 점점 피폐해져가는 우리 민족을 위해 자신의 성공과 안일을 뒤로 한 채 고향을 떠나 이 땅에 와서 순교자의 삶을 살며 복음과 함께 사회개혁을 외친 선교사들 역시 그러한 분들이다. 우리는 이러한 고귀한 신앙의 그루터기에 서 있는 자들임을 기억해야 할 것이다.

　이 책은 필리핀에서 신학을 공부하던 저자가 이전과는 전혀 다른 세계를 경험하고 그것에 대한 충격에서부터 저술하기 시작한 것이다. 자신이 누리던 특권층의 삶과는 전혀 다른 세계, 즉 농민들을 비롯한 절대 다수의 빈곤과 억압된 불의한 현실을 직시하면서 저자는 사회 공의에 대해 그리스도인으로서의 진지한 고민과 대안을 제시하고 있다. 즉 초대교회의 존경받는 5명의 교부들(클레멘스, 바실리우스, 암브로시우스, 크리소스톰, 아우구스티누스)의 설교와 가르침들을 통해 그리스도인의 올바른 경제관이 무엇인지를 보여준다. 그 중에서도 특히 소유권을 중심으로 한 교부들의 목소리를 생생하게 전하고 있다.
　신자유주의로 인해 치열한 경쟁 속에서 빈익빈 부익부의 현상이 심화되는 가운데 적자생존의 법칙이 다스리는 금수의 세계와 같이 변해버린 이 시대의 사람들에게 초대교부들의 가르침은 분명한 삶의 지침과 통찰력을 제공한다. 로마법에서 비롯된 현대의 소유권은 대다수의 약자를 보호하기보다는 소수의 부유한 자들의 권익을 보장해 주고 있다. 그래서 교부들은 "합법이냐 불법이냐"가 아닌 "공의로우냐 불의하냐"에 초점을 맞추어 소유권의 본질과 의미를 다루고 있다. 교부들은 이 땅에 함께 사는 모든 인류가 하나님께서 베푸시는 동일한 혜택을 누리며 사는, 즉 천부인권을 지닌 고귀한 존재임을 밝히고 있다.
　저자는 초대 교부들의 경제사상을 스토아주의자들의 자연법 사상과 연결하여 논지를 전개한다. 초대 교부들은 로마법의 절대적이고 독점적인 소유권 개념에 강력히 대처하며 자신들의 삶에서부터 본을 보였다. 그리스도인들을 향해 교부들은 하나님의 말씀에 근거한 신앙윤리에 합당한 삶을 제시했으며, 일반 대중들을 향해서는 자연법 사상의 기초가 되는 보편적 이성에 따른 정당한 삶을 촉구했다. 초대교부들은 사유재산에 대한 폐해를 고발하면서도 사유재산 자체에 대한 부정은 하지 않았다. 하나님께서 선물로 주신 만물과 절대적인 부에 대해선 선하게 보았지만, 인간의 죄악과 탐욕에서 비롯된 상대적인 부에 대해선 죄악시 했다. 특히 교부들은 공유해야 할 천연자원과 토지에 대한 사유화에 대해서는 강력하게 비판을 했으며, 대토지사유제를 통해 인간의 생존권마저 박탈되어 결국에는 노예(familia)보다 못한 존재로 전락하게 됨을 지적했다. 이러한 현실 앞에서 초대교부들은 로마법의 절대적이며 독점적인 소유권을 거부하면서, 신앙과 이성에 합당한 자족과 코이노니아 그리고 공동체성을 통한 대안을 제시했다. 초대 교부들은 불의한 현실에서 공의를 외치며, 우리의 인생이 빈 몸으로 왔다가 빈 몸으로 돌아가는 나그네임을 상기시켜 주었다. 부자들이 자신만을 위해 재물을 쌓아 두거나 자녀에게 재산을 상속함으로 썩어지는 창고가 아닌, 영원히 썩지 않는 창고, 즉 가난한 자들의 마음속에 재물을 쌓아 둘 것을 권고했다.

   종교개혁 이후에 비교적 깊이 연구되지 않는 초대교회 교부들의 가르침, 그 중에서도 소유권에 관한 초대 교부들의 대담한 선포는 현대 그리스도인들의 극단적 개인주의는 물론, 한국교회의 개교회 중심주의라는 현주소를 부끄럽게 할 것이다. 또한 교부들의 소유권에 대한 참된 본질과 의미 파악을 통해 우리는 그 너머에 있는 하나님의 놀라운 코이노니아와 사랑이 넘치는 공동체의 비결을 찾게 될 것이다.

   이 책의 출판을 허락해 주신 「기독교문서선교회」(CLC) 박영호 목사님과 편집해 준 편집부에 감사를 드린다. 교회사 연구의 학문적 통찰력을 깨닫게 하시고 부족한 제자를 늘 사랑으로 지도해 주시는 이양호 교수님의 감수에 감사를 드린다. '예수원'에서 토지법 사상을 가르치며 이 책의 추천사를 기쁘게 써주신 권요셉 장로님께 감사를 드린다. '성경적 토지정의를 위한 모임'과 '토지+자유연구소'를 통해 이 땅에 하나님의 공의를 전하는 전강수 교수님과 남기업 박사님의 추천사에 감사를 드린다. 교회사 연구와 학원선교사역에 귀한 본이 되는 박종현 박사님의 추천사에도 감사를 드린다. 이 책의 번역을 제안한 박창수 형제님께 고마움을 전한다. 덕분에 자본주의와 사회주의의 한계를 뛰어넘는 제3의 경제체제, 즉 희년의 토지법에 기초한 지공주의 사상을 접하게 되어 감사하다. 역자의 교정을 도와 준 윤석기 형제와 친동생 김효준에게도 고마움을 전한다. 그리고 늘 옆에서 사랑으로 격려하며 교정을 도와준 아내 유은주에게 진심으로 감사의 마음을 전한다.

역자가 헬라어와 라틴어 원전을 다시 확인하면서 충실하게 번역하고자 했지만, 이 책에 미흡한 부분이 있다면 독자의 너그러운 이해를 부탁드린다.

2008년 4월 연세 동산에서
김유준

Ownership: Early Christian Teaching

제1장

소유권의 개념

> 그러면 "내 것"과 "내 것이 아닌 것"의 의미는 무엇인가?…그것은 세상에 수많은 전쟁을 가져온 냉혹한 논쟁이다.
> —요한 크리소스톰

> 어떤 사람은 인간의 법으로 "이 토지는 내 것이고, 이 집도 내 것이며, 이 종도 내 것"이라고 말한다. 그래서 이것은 황제들이 만든 인간의 법이다.
> —히포의 아우구스티누스

1. 두 가지 접근법

소유권을 이해함에 근본적으로 다른 두 가지의 접근법이 있다. 일반적으로 사람들은 소유권에 대해서 그것의 실제 법률적 장치들을 언급하면서 서류상으로 확인할 수 있는 기록에 대해 논의한다. 그들은 소유권을 다음과 같이 말한다. 소유권은 역사를 통해 내려오는 분업과 생존의 현실적 수단에 있어서 성장의 여러 단계와 함께 형태가 변하는 사회학적인 현상이다. 또한 이 현상은 개인 간의 계약과 관계를 규정하고 묵인하고 금지하는 확실한 인간의 법으로 지배된다. 그래서 노예제의 경제이든, 봉건제나 자본주의 경제체제이든 상관없이 사회가 부를 생산하는 방법으로서의 기능 가운데, 소유권을 인정하고 유지하는 방법을 정의하는 것은 법과 관습이다. 또한 민사상의 의무와 형사상의 책임, 손해배상 그리고 잘못된 진술을 할 경우에 적합한 절차를 포함한, 법적 소유권의 의무와 권리를 정의하는 것도 법과 관습이다.

그러나 소유권에 대한 이러한 순전히 실제적, 사회적 그리고 법률적 관점이 전부는 아니다. 철학적이며 도덕적인 관점으로 불릴 수 있는 다른 접근법이 있다. 4세기 후반에 요한 크리소스톰이 "그러면 '내 것'과 '내 것이 아닌 것'의 의미는 무엇인가?"라고 묻고, 이것이 "세상에 수많은 전쟁을 끌어들인 냉혹한 논쟁"이라고 했다. 그는 소유권을 이해함에 도덕-철학적 접근법을 말한 것이었다. 이것은 20세기의 제3세계 소작농이 시작해야 할 것이다. 이러한 접근법은 단순히 그 사실들을 고찰할 뿐만 아니라, 문제제기를 하며 그것의 의미를 추구하고 있는 것이다. 소작농들의 질문도 역시 본질적으로는 도덕-철학적이다. 즉 "지주(地主)가 '이 토지는 내 것'이라고 주장할 때, 단지 그의 고조부모처럼 먼 조상으로부터 물려받았다는 이유로 그는 정당하게 그 토지 전부를 절대적이고도 영구히 소유한다는 뜻인가?"

의심의 여지없이, 20세기 소작농과 주후 4세기 도덕적 지도자는 공히 소유권에 관해서 실제 법률적 현상으로 질문하고 있는 것이 아니다. 그들은 실제적 소유권이나, 소유권의 의미에 관해서 질문하는 것도 아니다. 그들도 모든 것에 대해서 너무나도 고통스럽게 잘 알고 있다. 오히려 소작농들과 요한 크리소스톰은 소유권의 개념이 어떠해야 하는지를 추구하고 있는 것이다. 그들은 소유권의 가장 깊숙한 의미 "안에" 있는 본질과 목적, 즉 살아 있는 정신을 찾고자 한 것이다. 그들의 관점은 단지 실제적인 것이 아니라, 도덕적이다. 그들은 논리적으로 실현되었거나, 현재의 실천과 제도들에 의해 총체적으로 폭로된 도덕-철학적 이론을 추구한 것이다. 참으로 존경받을 만한 몇몇 사람들에 의한 이런 강력한 권리를 어떻게 즐겨야 하는 지의 표상을 찾듯이, 사실 그들의 질문은 이러한 근본적인 이상의 이면에 있는 심오한 이유를 찾고자 한 것이다. 그들은 소유권의 윤리적, 도덕적 철학이 어떠한 것인지를 질문하고 있다.

2. 일반적 개념

소유권의 일반적 개념은 모든 사람에게 잘 알려져 있다. 사전이나 대백과사전, 역사서나 과학 학술지에서 그 용어는 단순히 "네 것", "내 것", "그의 것", "그녀의 것", "그들의 것" 그리고 "우리의 것"을 뜻하는 일상적인 말을 의미한다. 그것은 물적 재화(財貨)-그래서 이제는 "재산", "어떤 것을 소유함"으로 부르는-에 대한 독점적이며 자유로운 처분권을 나타낸다. 소유권은 "자유로운 사용권과 사용하지 않는 권리를 가진 물적 재화의 독점적 소유를 즐기는 개인의 권리"로서 이해된다.[1] 어떤 사람들은 "다른 모든 사람은 배제하고 특정한 사람에게 속한 권리로 그가 원하는 대로 즐기며 행동할 수 있는, 심지어 법이 허락하는 한 망가뜨리고 파괴할 수 있는 권리를 지닌 부동산이나 동산의 주인"으로서 소유권을 규정한다.[2] 소유권이란 용어의 이러한 일반적인 이해는 하나의 관계인데, 사람과 소유된 물건과의 관계라기보다는 오히려 소유하고 있는 사람과, 소유자가 소유물을 배제하거나 양도하는 다른 사람들과의 관계이다.

그래서 소유권은 "자신의 물건을 처분하는 배타적인 권리"[3]로서 이해된다. 즉 다른 모든 사람을 배제하여 자신에게 속한 것으로 스스로 확보하는 것이다. "처분한다는 것"은 "유지하고, 변경하고, 양도하고, 매각하고, 사용하고, 소비하고, 심지어 파괴함"[4]을 의미한다. 소유권 자체의 권리는 비록 시민법과 같은 외부적 원인이나 사랑과 같은 고차원적인 명령의 요구에 의해 제한이 있을 수도 있지만, 무제한적이다. 그것은 본래 "배타적인" 권리이기에, 거기에는 배척할 사람이 아무도 없는, 흔히 이해하듯, 권리가 존재할 수도 없고, 존재하지도 않는다.[5] 그래서 예를 들어, "이의자는 내 것" 혹은 "이 토지는 내 것"이라고 말할 때, 감각적으로 그것은 네 것도, 그녀의 것도, 그의 것도, 그들의 것도, 공동의 것도 아닌 오직 "내 것"임을 표명하고 있다는 뜻이다. 결국 그것이 내 것이기에, 그것을 내가 원하는 대로 할 수 있다. 즉 내가 그것을 마음대로 사용할 수 있으며, 마음대로 소비할 수 있다. 그것이 토지라면, 토지가 "내 것"이기 때문에 내가 하고 싶은 대로, 다른 사람들이 경작하게 할 수도 있고 휴경하게 할 수도 있다.

결국 독점권과 제한 없는 처분권이 흔히 사용되는 용어인 소유권에 관한 주된 요소들이다.

3. 사유재산의 기원

인류학자들과 민족학자들이 현존하는 가장 오래된 부족으로 여기는, 필리핀 민다나오의 습한 숲에서 사는 타사다이족(Tasadays)은 굉장히 제한된 어휘를 가지고 있다고 알려져 있다. 예를 들어, 그들은 사랑이란 단어는 가지고 있지만 미움이나 전쟁이란 단어는 없다. 재산을 뜻하는 단어도 없다. 역사학자들은 소유권의 개념이 "역사상의" 사람들 사이에서 알려지지 않은 때는 없다고 추정한다. 그것은 인류가 생존의 수단으로 언제부턴가 만들기 시작한 것이다. 인류는 곧 생계 수단에 알맞은 소유권의 개념을 갖기 시작했다. 즉 의식주와 다른 생필품 등 생계를 유지하는 데 요구되는 것이면 무엇이든지 만들어야 했기에, 그들 사이에서 노동을 분업하는 방식으로 상응한 것이다.

세계 다른 지역에서처럼, 아주 초기 아시아에서는 소작농들이 마을에서 자신들의 생필품을 생산하는 공동의 방식을 받아들이면서 토지 공동소유를 형성했다. 개인이나 혈육이라기보다는 오히려 친족이 세운 지도자와 함께 결속된 생산의 기본 단위가 마을이었다. 그래서 누구도 기본적인 생계 수단인 토지에 대해서 "이것은 내 것"이라고 생각하거나 언급하지 않았다. 오히려 모든 사람은 토지를 모든 사람이 사용하기에 "우리의 것"으로 이해했다.

많은 아시아권 문화는 "우리의 것"에 대해 두 가지 독특한 의미를 포함했다. 예를 들어, 필리핀에서 누군가가 "배타적인 우리의 것"임을 뜻하는 '아민'이란 말을 사용하면, 다른 사람을 배제하고자 자기 마을에 공동으로 소유한 토지들을 언급한다. 또는 특정한 마을이나 촌락(baranggay)이 있든 없든 모든 사람이 문자적으로 이해하는 총괄적인 의미에서 "우리의 것"을 뜻하는 '아틴'이라 말을 사용할 수 있다. 그래서 몇몇 토지는 '아민'(배타적인 "우리의 것")이지만, 강들은 '아틴'(총괄적인 "우리의 것")이다.

대부분 마을은 근거리에 있든 원거리에 있든 어떤 왕이나 황제에게 공물을 바친다(필리핀처럼 어떤 지역에서는 식민지 시대에 강압적으로 그들에게 공물을 바치게 함으로 공물이 무엇인지 알게 된 사람들도 있다). 하지만 원래 공물 교환에서 외부세력은 경제적, 정치적, 또는 종교적 도움을 제공했다. 즉 스리랑카에서의 저수지 건설, 남미에서의 침략 세력에 의한 약탈로부터의 보호나 종교시설의 설립과 유지 그리고 일정한 사회의 다른 상징적 합법화 등을 제공한다. 그러나 생활필수품을 생산하는 공동의 방법을 유지하는 가운데, 공물은 개인의 세금이 아니라, 마을단위 전체의 책임이었다. 생계 수단인 소유권이 공동적이었던 것처럼 과세도 공동적이었다.

처음에는 생계수단의 공동 소유권이나 공동 소유가 지배적인 관점이었다가 점차 그 이후에 개인적인 사유재산의 개념이 생겨난 것이 분명하다. 인간 자신을 위한 권리와 자신의 능력을 사용하는 것에 관한 인간 의식의 발전의 정확한 시기를 알려줄 수 있는 역사가는 아무도 없다. 혹자는 그것이 도구와 장식을 생산하는 인간의 능력이 발전해 이뤄낸 것으로 추측할 수도 있다. 그러나 자기 자신이 수고한 열매나 자신의 능력을 발휘함으로 생겨난 생산물을 즐거워하는 자신의 권리에 대해 발전된 개념이 그 이전에 존재했을 리가 없다. 만약 내가 나의 것이라면, 나의 노동력은 내게 속한 것이고 내가 만든 것은 "내 것"이다. 나 자신처럼 내 주변의 사물들은 내가 만들었기 때문에, 또는 그것을 만든 사람이 내게 넘겨줬기 때문에 내게 속한 것이다. 후자의 경우, 선물로 직접 받은 것이든 내가 만든 물건과 교환했든 그리고 자신의 손으로 직접 만든 것이나 다양한 장소와 시간 속에서 다른 사람들의 손길을 통해 간접적으로 받은 것이든 상관없다. 모든 경우에 인간 각자의 노동과 수고로 때문에 그들은 생각 속에, 그들의 노동에 대한 "자신의" 생산물에 대한 권리를 부여한다.[6]

사유재산에 관한 이러한 윤리적 기초를 위한 추론은, 자신이 수고한 산물에 대한 개인적 권리를 엄밀하게 보호하고자 사람이 만들지 않은 사물은 아무도 독점할 수 없다고 하는 대다수 사람의 초기 사상이었다. 단지 "거기에" 있는 사물은 누군가가 정당하게 독점할 수 없다. 그것은 토지와 물과 그밖의 유사한 원천들과 같은 자연의 혜택물이나 천연의 생산요소들은 누구의 공로나 노력, 혹은 창작에 기인하지 않기 때문이다. 양식을 모으는 종족들에게 있어서 토지는 단순히 사적 소유권에 속한다고 보지 않기에, 토지는 매매나 교환, 처분을 할 수 없다.[7] 토지는 모든 사람의 삶의 터전이자 근원이 되어야 하기에, 토지의 개인 소유권에 대해선 의문의 여지없이 불가능하다.

벨기에의 정치경제학자 에밀 드 라블리(M. Emile de Laveleye)의 연구에 의하면 다음과 같다.

> 모든 원시사회에서 땅은 종족의 공유재산이었고 모든 가족들에게 주기적으로 분배해 주었기에, 모든 사람은 자연의 혜택으로 자신의 노동을 하며 살수 있었다. 자신의 힘과 지식에 비례해서 각자 편안하게 지냈다. 어쨌든 생계수단이 박탈된 사람이 없었고, 세대를 거듭하면서 불평등이 증가하는 것도 대비했다.[8]

농업의 발전은 필연적으로 경작한 소산물로 인한 독점적인 즐거움을 혼자만 누리고자 하는 토지에 개인의 권리 인식을 수반했어야 했다. 그럼에도 자연의 혜택의 안식처같이 토지는 모든 사람의 사용을 위해 공동으로 개방되어야 한다는 윤리적 관점이 원시사회 속에서 계속 퍼져 나갔다.

종종 토지는 생산물의 주어진 방법에 따라 특정한 발전 단계에 적합한 실제적 고려의 대상으로서 생산 단위에 따라 구획된다. 그럼에도 생산 단위들이-이러한 단위들이 개인들이든, 가족이든, 확장된 부족이든 간에-누리는 토지에 관한 권리는 중대하게 제한된다. 모세의 율법처럼 양도(소유권 처분) 금지나 게르만 민족의 경우처럼 주기적인 재분배에 의해서이다.

영국의 역사가 힐러리 벨록(Hilaire Belloc)은 인간이, 결코 피할 수 없는 "땅의 동물"이라고 말했다. 즉 토지 없이 인간은 살 수 없다. 사람이 소비하는 모든 것과 사람이 존재하는 모든 조건은 궁극적으로 토지에 속한 것이다. "만물의 첫 조건은 생존하기 위한 기본적 공간인 토지의 점유가 있어야 한다."[9]

양식을 모으는 시기와 생계수단의 생산물을 처음 소출할 때에도 초창기의 인류는 개인적 토지소유권의 불의함을 매우 교훈적으로 인식해 왔다. 모든 사람의 삶의 터전이자 근원인 토지에 대한 몇몇 개인독점은 부를 박탈함으로 생산자들에게서 몰수하는 것으로 여겨졌다. 반면 아무것도 생산하지 않는 소유자들은 마음대로 사치스런 소비를 했다. 생산자들은 자신들이 소출한 것에 대해 부분적 혹은 전체적 권리가 거부되었다. 몇몇 사람은 토지-누구도 만들지 않고 자연의 선물로서 단지 "거기에" 있었던-를 경작할 허락의 대가로서 다른 사람들의 노동으로 만든 소출을 사유할 수 있었다. 결국 토지소유권은 지주들에게 토지에 대한 노동력의 소유권을 가져다주는 것이 문제다. 물론 모든 사람이 생존해야 할 터전이자 근원인 토지에 대한 소유권은 그들 스스로 사람들을 소유하고 있는 것과 거의 다를 바 없다.

그래서 헨리 조지(Henry George)는 재산에 관한 역사를 고찰하면서, 토지에 대한 사유재산은 필연적으로 노동자들의 노예화를 가져온다고 명료하게 주장했다. 노예의 본질은, 마치 황소가 계속 경작할 수 있도록 생명을 유지해 주듯이, 노동자로부터 노동생산물을 위해 일할 수 있도록 해

주는 최저생계 수준도 보상해 주지 않고 빼앗는 것이다. 그러므로 몇몇 개인에 의한 토지소유권은 다른 사람들과 생산자들로부터 그들의 소출을 손쉽게 약탈하는 것이다.

이 책에서 체계화하고자 하는 것처럼, 초대 기독교 철학자인 교부의 사상은 동일한 진술을 한다. 토지소유권은 소유하지 못한 사람들을 생존 때문에 소유자들을 위한 노예로 전락하게 한다.

그래서 상당히 깊게 이해할 수 있도록, 지구의 모든 나라와 대륙에 사는 모든 종족과 민족은 자신의 노동으로 인한 소출에 개인적인 독점적 권리를 확보하면서 **본래** 토지에 대한 권리를 공동의 권리로 보았다.[10] 그들은 노동을 통해 생산한 물건과 어떤 인간의 노력이나 공로에 기인하지 않고 단지 자연의 무상 선물로 형성된 물건과의 실제적이고 자연적인 구분을 인정하면서, 소유한 물건의 본질에 따라 소유권이 결정되어야 함을 알았다. 결과적으로 노동 생산물은 분명히 자유로운 땅이나 노동의 환경과는 구별되었다. 각자가 노동할 수 있는, 자신의 필요를 위한 저장소로서 공급되어야 하는 재료와 천연자원은 구별된다.

그러면 어떻게 토지의 개인 소유권이 설명되는가? 교부들은 이미 12-13세기 이후의 정치경제학자들에게 연구와 분석의 길을 열어주었다. 역사적으로 폭력과 억압, 전쟁과 정복, 혹은 외부적 약탈에 의해 생기는 토지의 사적 소유권이 퍼질 때마다, 그것은 항상 권리 침탈의 결과였다고 교부들은 말했다. 침탈하는 이러한 폭력적인 행동의 시대 속에서 영리한 사람들은 미신과 종교와 법의 사용을 강화했다.

사유재산의 집중은 로마시대의 아주 초기에 시작되었고, 토지의 절대적이고 독점적인 개인 소유권에 대한 근본적이고 합법적인 개념이 실제로 세워졌다. 이것은 노예제, 봉건제 그리고 자본주의(거짓 사회주의나 국가 자본주의를 포함하여)의 기본 형태로 지금까지 연속적으로 내려온 경제 체제들과 개념이 동일하다. 현대 문명은 본래 고대 로마로부터 유래한 이러한 구시대적인 소유권 개념을 아직 버리지 않고 있다. 사실상 이것은 빈익빈 부익부를 가져오는 오늘날 세계적 위기의 중요한 원인 중 하나다.

4. 고대개념의 확산

사실 현대의 법적 제도들은 오래된 공동권리의 몇 가지 유산들을 보존하고 있다. 영국의 고대 "공동권리들"이 적절한 예로서 이슬람법과 심지어 몇몇 사회주의 제도들에서도 발견되며, 적어도 이론상으로 주권 국가에 국민의 공동권리를 대표하는 "두드러진 토지소유권"의 개념이다. 법적 전문용어에서 "부동산"과 "동산"의 구별은 이론과 실제에서, 그 본질 자체가 공동의 재산과 누군가의 노동의 대가로서의 재산이라는 고대의 실제적 구별이 전해져 내려왔다.

그러나 이러한 모든 것들은 오늘날 생명력을 잃어버린 유물에 지나지 않는다. 한편 사적 소유권의 개념을 포함하고 있는 로마법의 원리들은 토지소유권뿐만 아니라 부(富)가 계속 생겨나는 형태 등 소유권 이론과 실제에 관한 현대 법체계에 상당한 영향을 끼쳤다. 여기에서 계속 생겨나는 부란 원래 토지로 말미암아 살아가는 대가로서 정당하게 누릴 수 있는 권리를 빼앗겨야만 했던 노동자들의 생산물을 착복함으로 축적된 것이다.

그래서 상해 임시 대법원의 한 판사는 법학도들에게 "그것의 근원을 고려하지 않고는 인간의 법을 실제로 알 수 없다"[11]고 했다. 또한 최근의 대법원 판사인 벤자민 카도조(Benjamin Cardozo)의 언급에 잘 나타나 있다. "말하자면 심문이 있는 모든 판결에서 암묵적인 것은 대체로 법의 기원과 목적에 관한 철학이며, 비록 가려져 있지만 진실 속에서 최종 판결하는 철학이다. 그것은 최종 상고 법정으로 예비해 놓으면서, 토론하고 다른 사람이 수정하고 또 다른 사람이 기각하는 하나의 조를 이룬다…한 가지 입장으로 서두르거나 또 다른 입장으로 신중하게 처리하는 변호사나 판사 모두 그것이 항상 그로 하여금 앞이나 뒤로 추진시키는 철학이라는 것을 인식하지 못한다."[12]

소유권에 관한 제3세계의 입법부와 사법부의 암묵적인 철학은 절대주의와 완전히 독재주의 개념과 같은 로마법 개념의 방식으로 재산에 관한 합법적인 권리로 해석한다. 그래서 제3세계의 입법부와 대법원은 "근본적인" 토지 개혁 프로그램을 불법적인 것으로 선언할 수 있다. 경건하고 투쟁적인 교회 지도자들을 포함해서, 허버트 스펜서(Herbert Spencer)와 존 스튜어트 밀(John Stuart Mill)에서부터 이 세기의 수많은 여러 사회 사상가들에 이르는 "개혁주의" 철학자들은 자연의 혜택에 대한 사적 소유권이 본래 사회적으로 불의하다는 생각을 멈추게 하지 않으면서 "사회 정의" 증진을 부르짖는다. 그래서 교부들의 사상은 이미 오래전부터 만약 공유물(Koina), 즉 생산물에서 공동의 천연자원들이 개인에 의해 사유 된다면 거기에는 실질적 정의, 혹은 빈곤 철폐가 있을 수 없다고 주장했다.

"지주들에게 정당한 보상"이라는 제목으로 스펜서, 밀 그리고 다른 학자들은 단순히 지주들이 그들 자신을 위해 지대 가운데 사유했던 노동자들의 생산물을 정부 조세를 통해 보상받도록 했다. 반면 초대 기독교 철학자들에 의하면, 자연의 혜택을 빼앗는 소유자들의 도둑질은 쟁기나 소도둑처럼 그 행동이 일단락되는 것과는 다르다. 그것은 노동자들이 과거와 현재에 생산한 것들을 강도질하는, 날마다 새롭고도 끊임없는 약탈이다. 자명한 일이지만, 자연의 혜택으로 발생한 지대는 소유자들이 이바지한 것이 전혀 없기에 소유할 수 없다. 노동자들이 작년과 재작년에 약탈당하였기 때문에, 올해와 내년에도 약탈당할 것이라는 이유를 교부들은 알지 못했다. 최악의 경우, 교부들의 생각 가운데에서도, 이렇게 강탈하고 있는 소유자가 소유하고 있다는 사실만으로 그들이 정당한 권리도 없이 이전에 강탈해 온 약탈에 귀속권을 획득했다고 법과 윤리로 선포했다.[13]

재산-지배 사회라는 명확하지 못한 철학은 가진 자들 사이에서 뿐만 아니라, 가지지 못한 자들 사이에서도 의심스럽게 수용된 것임을 알 수 있다. 필요에 따라 모든 사람은 때때로 "재산은 신성한 것이다"라는 적절한 표어를 끌어들여 비판적인 견해를 짓눌러 버렸다. 로마법에서 온 이 생각은 정말로 자원의 적당한 사용과 부의 생산물과 자유의 획득을 위해서도 필수적인, 모든 사람을 위한 최선의 것으로 생각되었다. 소수 사람이 소유하고 있는 재산에 대한 이런 신성불가침성 때문에, 법으로 확증되고 정부권력으로 공인되며, 심지어 소유권을 박탈당한 대다수에 의해 그것이 수용되는 분위기다. 그러나 분명한 점은 결국 용기 있고 깨어 있는 양심적 목소리들이 나오고 있으며, 정치적으로 의식 있는 움직임이 박탈당한 사람들과 억압받는 사람들 사이에서 충분한 계기를 마련하고자 모이고 있다.

5. 교부들의 사상 연구

로마 제국의 역사적 시기에서도 매우 대담하고도 식견 있는 양심적 지도자들이 있었다. 솔직히 그들은 재산을 잃고 쫓겨난 수천의 참혹한 탄식들을 유산계급의 냉담한 세상에 대변하는 선지자들이었다. 그때 그들은 도전하며 설득했지만, 자신들이 이해하고 있는 기독교와 재산 소유권에 대해 널리 퍼진 이론과 실제 사이의 윤리적 갈등에 대해 더 심오하고 확고한 판단을 하고자 항상 노력했다.

그러나 전통적으로 교부들로 불리는 이러한 사상가들과 지도자들은 이것만 빼고 모든 면에서 존경을 받았다. 그들은 수세기에 걸쳐 그리스도인들은 물론 다른 사람들에게까지 철학과 신학의 초석을 놓은 거장들로서 존경을 받아왔다. 예를 들어, 영국의 서양철학사학자인 버트런드 러셀(Bertrand Russell)은 역사상 밀라노의 암브로시우스와 히포의 아우구스티누스의 영향력을 능가하는 사람은 거의 없다고 했다. "거의 천 년이 지난 후에야 비로소 기독교계는 다시금 학문과 문화에서 그들과 견줄만한 인물들을 배출한 것이다."[14]

그런데 교부들의 소유권 이론에 관한 탁월한 작품이 주목받지 못한 것이 이상하다. 이것은 수세기 동안 그들을 성인으로 숭배해 온 교회들과, 다른 분야의 연구와 업적에서 그들의 다양한 공헌들로 인해 매우 감사해 온 문명의 잘 숨겨 온 비밀로 남아 있었다. 사실 교부들이 비판하며 대체하고자 했던 소유권에 관한 로마법의 이론과 실제의 영향력이 가장 현저했다. 이 로마법이 교부들의 엄청난 비판적 외침들을 잠재운 이래로 모든 기독교 시대를 통한 주도권을 유지해 왔다. "가톨릭교회가 교리를 위해 증거로 내세우는 기독교 고전의 모든 저술가들을 하나의 통일성으로 이해하려고 하는 교부학 저술들은 역사학의 방법론적인 원칙에 따라 저술들을 다루면서" 교부들의 사상인, 소유권에 관한 도덕철학을 위한 여지를 전혀 남겨두지 않았다.[15]

대부분 초기 기독교 철학자들은 "사회적 이론"에 있어서 아주 전문적이지 않았던 것이 사실이기에, 그들의 방대한 저술 전체에 걸쳐 흩어져 있는 관련된 문장들을 분석해야 한다. 그럼으로써 재산과 부, 그들이 마땅히 되어야 한다고 생각하는 개념, 실제로서의 소유권에 대한 그들의 사상에 대해 철학적 일치에 이를 수 있다. 사실상 그들은 사회생활에서 신앙이 철학보다 우선이었기에, 자연히 그들의 저술에서 신앙으로 주요한 사상을 펼치며, 신앙의 눈으로 사회를 인식하고자 강조점을 두었다. 이런 의미에서 많은 고대 사상가들처럼 순수한 철학자들은 아니었다.[16] 그들은 설교가들, 도덕 사상가들, 교리주의자들이었다. 그들은 비록 헬라 사상의 영향을 받았지만, 세속적인 철학을 부차적이며 부수적인 것으로 여겼다. 그들은 목회자들로서 사람들을 생명의 길로 인도하고자 한 것이지, 단순히 생명에 대한 지적인 토론을 한 것이 아니었다. 그러나 그들의 설교집과 논문들 전반의 방대한 주요저작들과 단편들 전반을 통해 흩어져 있는 부, 빈곤, 자선 그리고 재산에 관한 윤리적 개념은 그 시대 사람들의 생활을 위한 이상적 실천 제도로서 소유권을 중요하게 취급한 것은 의심의 여지가 없다.

우리가 사는 20세기 후반에 소유권에 관한 절박한 문제는 본질적으로 후기 로마 제국 시대의 이러한 기독교 철학자들이 직면한 문제와 동일한 것이다. 소유권의 개념은 이미 충분히 발전했다. 생산 수단의 발전과 노동의 분업의 다른 단계에 따른 소유권의 구체적인 역사적 형태는 오늘날과는 다르다. 그래서 소유권에 대해서 가르친 이러한 도덕 철학자들의 저술에 대한 사회역사학적 연구는 단지 학문적 추구가 아니며 단순한 과거에 대한 여행도 아닐 것이다. 그 연구는 문맥 속에서 관련된 구절들에 대한 철학적 분석을 위해 부수적 도구로서 언어학의 원리들과 역사 사회경제학 조사 발견을 사용한다. 초기 기독교 철학자들이 직면한 소유권의 문제는 오늘날에도 실재하며, 이 시대에도 절박하게 질문하는 것이다. 그것은 지중해 지역의 소수의 위대한 철학자에게서가 아닌, 전 세계의 수백만의 사람들에 의해 요청되고 있다.

18세기 후반부터 사회주의 저술가들은 공동 소유권에 대한 그들의 이론을 입증하고자 교부들의 권위를 인용하기 시작했다.[17] 20세기로 전환되면서 존 라이언과 같은 가톨릭 저술가들은 이것에 자극되어 반박하면서, 교부들의 가르침이 사적 소유권의 현실적 실행과 일치하는 방법으로 해석해야 한다고 주장했다.[18] 마찬가지로 1908년 오토 쉴링(Otto Schilling)은 교부들의 사상에 따른 재산에 관한 교리 연구를 출판했다. 라이언의 연구처럼, 쉴링의 연구는 우리가 사는 현대의 지배적인 자본주의 입장을 대변했다. 하지만 20년 후, 머사이어스 라로스(Matthias Laros)는 쉴링의 연구에 대한 신빙성에 의문을 제기했고, 1963년에는 프란츠 클뤠베르(Franz Klueber)와 합류하게 되었다. 클뤠베르는 쉴링의 연구를 "반(反) 사회주의자 증오심"에서 비롯된 "오해"라고 비난했다. 즉 쉴링은 "재산에 관한 전통적인 가톨릭 교리를 약화시키는 경향을 없애고자 했으며, 개인주의적으로 희석시키고자 했다"는 것이다. 라로스에 따르면, 클뤠베르는 소유권 문제에 관한 교부문헌 연구는 다시 연구되어야 한다고 결론지었다.[19]

1980년 컨츄리맨(L. W. Countryman)은 연구를 통해 부와 재산에 관한 초기 기독교적 관점들에 집중했던 지난 세기의 문헌사(文獻史)에 대해 상세하게 논의했다.[20] 그러나 안타깝게도 컨츄리맨의 연구는 비록 쉴링의 저작을 언급했지만 그리 방대하지도 않고, 라로스와 클뤠베르의 저작들도 참조하지 않았다. 컨츄리맨은 교부시대의 많은 저술들이 우리에게 초대 기독교에 대한 설명보다는 19-20세기의 정치적 투쟁에 대해서 더 많은 가르침을 준다고 제시한다.

그래서 그는 셜리 잭슨 케이스(Shirley Jackson Case)와 같은 결론을 짓는다. 즉 현대적 바람들에 어떤 희생을 치르더라도 초대 교인들의 생활을 역사적 자료들의 맥을 통해 새롭게 고동치게 하는 것이 해석의 적절한 기능이라는 것이다.[21] 다행히, 초대 세계의 사회적, 경제적 그리고 정치적 상황에 대한 우리의 지식은 천재적인 수많은 과학적 역사가들의 계속된 주요한 공헌 덕분에 최근 들어 놀라울 만큼 증가했다.[22] 그들의 업적은 초대 기독교의 사회문화적 상황과 정치경제적 상황에 대한 초대 기독교 철학자들의 저술들을 확고하게 자리매김시켰다. 이러한 저자들이 제공한 새로운 자료들을 이용하면서, 비록 위에서 언급한 주제들에 대한 저술들이 부족하지만, 다음 장에서 우리는 그 당시부터 지금까지 변한 것이 거의 없는, 그 당시 로마법 상황에서의 사적 소유권의 이론과 실제에 관한 초대 기독교의 위대한 교부들의 주장이 무엇인지를 살펴볼 것이다.

소유권에 대한 문제를 다룬 교부저술가 중에서 재산, 부, 노동, 공의, 자비, 자선 그리고 사회관계에 대한 논제에 적어도 양적으로, 지금까지 남아 있는 가장 위대한 공헌을 한 다섯 명을 특별히 선정했다. 다섯 명은 모두 동서 로마 제국을 대표하며 주후 2세기 후반부터 5세기 중반까지의 인물들이다. 즉 알렉산드리아의 클레멘스(Titus Flavius Clemens Alexandrinus, 150-211/216년경), 카파도키아에 있는 가이사랴의 대 바실리우스(Basilius Magnus of Caesarea, 330-379년경), 밀라노의 암브로시우스(Ambrose Mediolanus, 339-397년경), 요한 크리소스톰(Ioannes Chrysostomus, 344-407년경) 그리고 히포의 아우구스티누스(Augustine of Hippo, 354-430년경)다.

제2장

소유권에 관한 로마법의 이론과 실제

대 토지제가 이탈리아를 파멸시켰다.
—플리니우스

이탈리아에서는 맹수들도 쉴 수 있는 그들만의 거처와 잠자리를 가지고 있지만, 이탈리아의 권력을 위해 싸우며 죽어가는 당신들은 공기와 빛을 제외하고는 아무 것도 가진 게 없다. 그것만은 당신이 빼앗길 수 없는 것이기에. 당신들은 아내와 자녀와 함께 가정도 집도 없이 배회하고 있다.
—티베리우스 그라쿠스

1. 로마법의 영향

"로마법"에 대한 언급은 가장 부담스러운 일로서, 심지어 고대에도 대부분의 서민에게 제대로 알려졌을 리가 없는, 법률적이고 법학적인 사안들이 부분적으로나마 남아 있다.[1] 적어도 기능적으로 소수의 가진 자와 다수의 농민과 소작인까지 모두 관련된, 법에 대해 가장 친숙한 부분은 아마도 절대적이고 독점적인 개인 소유권의 원칙으로 된 재산에 관한 법이었다. 우리의 연구 목적에서 중요한 그 원칙은 오늘날까지 거의 본래적인 권리로 지속되어 왔다.

오늘날의 세계에서 로마법의 영향력은 실제로 서양의 모든 법학도에게, 그래서 세계 대부분의 법학도에게 일상적인 연구주제다.

로마법은 잉글랜드(스코틀랜드가 아닌)와 스칸디나비아를 제외한 서구 유럽의 모든 법적 제도의 바탕을 이룬다. 유럽 이외의 루이지애나와 실론(스리랑카), 퀘벡과 일본, 아비시니아(에티오피아)와 남아프리카 등 매우 다양한 지역의 법이 로마법에 확고히 기초한다. 심지어 잉글랜드와 영국계 미국인의 나라들의 법도 로마법의 영향이 상당하다.[2]

루이지애나 주가 노예제 실행을 합법화하고 규정하고자 연구했을 때, 필연적으로 로마법이 지침이 되었다. 그래서 1824년 루이지애나의 민법과 그보다 이른 1808년의 법률은 로마법과 대동소이하다.[3]

식민정책이 도래하기 전, 남미와 필리핀의 대부분 마을은 토지에 대해 **공동**권리를 행사했기에, 사람들은 공동 소유로 간주했다. 토지의 법적 권리 개념이 있는 스페인 사람들이 들어오고서 개인적 소유권이라는 로마법의 개념이 소개되고 전해졌다. 그래서 원주민들은 스페인 사람들에 의해 광활한 토지를 빼앗김으로 법적인 개념을 인식했다.

개인적 토지소유권에 의한 이점을 논의해 보면, 많은 마을 지도자들은 정복하는 외국인들을 모방하기 시작했고 마을의 공유지를 지도자 자신의 이름으로 등록했다. 이렇게 로마법의 소유권 개념은 공동의 사업으로 식민지 약탈자들과 지역 지도자들을 연합시킴으로 식민정책의 급속한 군사적 성공을 강화했다. 이러한 수많은 지도자는 개인적 토지소유권을 취득하는 쉬운 편법으로 주민들의 노동 생산물을 착복하기 쉬운 제도로 만들기에 수월했다. 힘 있는 침략자들을 등에 업은 마을 지도자들은 주민들에게 이제 이렇게 말한다. "법에 따라 이 토지들은 더이상 마을의 소유가 아니다. 이제는 내 소유다. 너희는 내 손에 있는 이 증서가 보이는가? 이것이 토지에 대한 '권리'이기에, 이제 이 증서가 여기의 모든 농장이 나의 소유임을 증명해 준다. 그러나 내가 허락해 준 대가로 너희가 나에게 정기적으로 지대를 납부한다면 토지를 계속 경작하도록 허락해 줄 것이다. 우리는 규칙과 법을 따라야 한다."

2. 시초

그러나 고대의 로마로 돌아가 보면, 우리는 토지가, 혹은 적어도 대토지가 개인적으로 소유되지 않았던 때가 있었음을 알게 된다. 전승에 의하면, 로마를 세울 당시 로물루스(Romulus)는 모든 시민들에게 2유게라(iugera; 1유게라는 1/4헥타르로서 약 800평에 해당함-역주) 중 한 세습지(heredium; 유산으로 물려받은 토지-역주), 혹은 한 부지를 분배했다. 그러나 공동경작이라는 약간의 특별한 형태가 없었다면, 2유게라(iugera)는 거의 한 가족을 부양하기에도 충분하지 않은 토지였다. 그래서 세습지(heredium)는 공동 사용을 위한 공유지로 보유하면서, 양도할 수 없는, 단지 약간의 자작 농지를 분명히 제공했다. 고대 로마의 용어에서 "곡창지대는 공동의 권리가 있었다."[4]

전쟁과 정복을 통해 이 공유지는 점차 확장되었다. 그러자 귀족 가문들이 처음에는 불법적으로(관습과 달리) 그들이 정착한 부동산을 공유지로부터 분할해 상속했다. 귀족들은 고대 로마의 귀족들이었다. 그러나 초기에 그들에게 토지에 대한 권리를 부여한 것은 가문 좋은 귀족이나 귀족사회가 아니었다. 그러한 권리를 부여한 것은, 어떤 가문을 귀족과 귀족사회의 신분으로 끌어올린 공유지의 단순한 착복이었다.

원래 토지에 대한 사적 소유권과 소유는, 본래의 자작 농지의 범위 안에서 살아야 했던 평민들로부터 귀족들에게 돈이나 다른 정확한 봉사와 지대를 준, 모두에게 공동으로 속한 것이다. 이제는 이러한 평민들이 토지를 사용하고자 할 때마다, 그들이 원래 공유지였던 곳을 사용하기 위해 새로운 소유자들에게 허락의 대가를 지불해야 함을 알게 된 것이다.

어떤 학자들은 평민들과 귀족들 사이에 원래 인종상의 차이가 있었다고 주장한다. 이 가설에 의하면, 평민들은 라틴 원주민들이었고, 귀족들은 에트루리안(Etruscan) 정복자들이었다. 다른 학자들은 평민들이 그들이 인종적 혈통 차이가 없는, 소위 "대가족"이라 불리는, 원 토지소유자들의 부양가족이나 가신(家臣)이 된 단순한 사람들이었다고 주장한다.[5] 그러나 의문의 여지없이 두 신분 간의 차이와 갈등의 중심에는 토지소유권의 문제가 있다. 바꿔 말하면, 원래 계급 갈등은 사실상 사회경제적이며 또한 정치적이다.

분명히 두 계급이 하나의 국가를 형성했다. 소규모의 자작농으로서 평민들은, 방대한 토지 구획을 통해 대 토지소유자들이 된 귀족들처럼 하지는 않았지만, 분명히 지역에 토지 경계를 설정했다. 그리고 평민들은 귀족을 지지하는 거대한 군대를 만들어 주전 396년에 베이(Veii; 현재는 Veio로 불리는 로마 북서쪽 약 16km지점의 고대 에트루리아 도시-역주)의 정복과 함께 시작된 로마의 세계 정복을 가능케 한 것이다. 그래서 처음부터 애국심은 갈등하는 두 계급을 연합하기에 충분한 강력한 정서적 결속력이었다.

그러나 이러한 전시(戰時)의 연합은 전쟁이 끝난 평화로운 일상의 시기에는 계급 간의 혼란만을 가져올 뿐이다. 그것은 정복의 전리품인 새로운 공적인 토지들도 몹시 가난한 평민들이 자유롭게 출입할 수 있는 공유지로 남겨지기보다는 귀족들의 권력에 의해 독점되기 때문이다.

로마 정부는 아주 초기부터 특별히 귀족 세력을 지지하는 구성원들이 지배했다. 왕은 자신의 역할을 행정관료, 원로원(senex)으로 잘 알려진 원로들의 의회 그리고 평민회(concilium plebis)를 통해 수행했다. 평민회는 전쟁을 치르기 위한 결정들로, 단기적인 문제들은 거의 논의하지 않았다. 그들은 군인이자 농민들이었다. 그들은 정치적 결정을 하는 사람들이 아니었다. 매번 그들은 전쟁에서 돌아오면, 그들의 얼마 되지도 않는 농장이 적군들에 의해 짓밟히고 파괴되어 황폐해진 채로 있었다. 반면 귀족들은 그들이 부재중일 때에도 노예들을 통해 농장 일이 계속되었다. 그래서 전쟁은 평민들을 궁핍하게 만들었고, 그들은 종종 귀족들로부터 강압 속에서 땅을 빌려 모든 것을 처음부터 다시 시작하곤 했다. 하지만 귀족들은 로마 정부가 정복한 넓은 토지를 임대하거나 살 수 있는 돈이 있었기 때문에 전쟁으로 풍요해졌다. 그들은 원하는 만큼의 많은 노예를 사들일 수도 있었는데, 값싼 노동력을 사용하는 것보다 비용이 더 적게 들었을 뿐만 아니라, 병역(兵役)에서도 제외될 수 있었다. 그래서 농장들을 계속해서 돌볼 수 있었다. 결국 평민들은 점점 더 빚에 시달렸고 예전보다 더욱 비참한 빈곤과 더 심한 종속에 빠졌다.

전승에 의하면—일부 역사가들은 전승이 전해 내려오는 이야기의 혼합으로 된 역사라고 말한다—평민들은 스스로 협회나 조합을 조직했고, 집회를 열어 호민관(tribuni)이라는 관리들을 선출했다. 그들의 논의는 귀족들이 지배하는 정부에서 그들이 결정해야 하는 경제적, 정치적 요구들에 대한 사안들을 자신들을 위해 명확히 하는 것이었다. 경제적인 영역에서 그들의 요구들은 공유지와 채무자들의 법률에 관한 문제에 집중되었다. 평민들은 권세 있는 귀족들이 점점 더 독점하고 있는 공유지를 사용하기 원했다. 그들은 또한 더욱 헤어 나올 수 없는 심각한 빚에 쪼들릴 때, 검으로 생명을 위협하며 노예로 만드는 협박을 없애고자 했다. 이러한 점에 부합하여 평민들은 정치에서 행정관직(즉 집정관, 비상시 독재집정관, 집정관을 보좌하는 재무관 그리고 사제들)에 대한 귀족들의 독차지를 공공연히 비난했다. 그들은 민회의 결정이 그들을 고려해서 법률적 효력을 지닌 정부에 관철되길 요구했다. 그래서 그들은 귀족 신분에서만 소유권을 공고히 하고자 귀족들과 평민들 사이의 결혼을 금지한 것을 비난했다.[6]

평민들의 첫 번째 분열은 주전 494년에 일어났다. 평민들은 로마 전체에서 소외되었지만, 약간의 특권들이 인정되고서야 나아졌다. 아벤티누스 언덕(Aventine Hill)의 토지를 가난한 시민들에게 분배해 주었고, 모든 평민들의 연합 혹은 협회와 함께 호민관이 인정되었다. 호민관들은 평민들을 후원하고 보호할 수 있는, 특히 행정관들의 부당한 처벌에 대항할 수 있는 지원권(auxilium)을 가졌다.

하지만 소유권의 절대적인 특성은 말할 것도 없이 그대로 남았다. 소지주와 대지주 모두가 소유권을 받아들여서 정복당한 노예들을 구별했다. 그래서 평민들과 귀족들 간의 투쟁은 12표법으로 알려진 법률이 제정됨으로 일시적인 해결이 될 때까지 계속되었다. 계급 간의 결혼 금지가 사라졌고, 평민들은 이론적으로 로마정부의 행정관직을 수행할 자격을 갖게 되었다. 집정관의 권력으로 평민 중에서 군사적 호민관을 선출할 수 있었다. 그러나 실제로 주전 400년에 두 명의 평민들만이 선출되었고, 호민관직이 폐지된, 주전 400-367년까지 일곱 명만이 뒤를 이었다. 토지소유권에 대한 엄청난 확산을 가져오기 위해 시행한 두 계급 간의 결혼이 얼마나 많이 있었는지는 기록이 없다.

10년간 토지분배에 대한 격렬한 사회불안이 있은 후에, 일종의 제한된 토지 개혁이었던 리키니우스(Licinian) 법안이 367년에 제정되었다. 소유권은 사실상 절대적이었지만, 점차 더 많은 사람에게 그 소유권이 부여되었다. 게다가 공유지에 대한 개인적 점유를 1인당 500유게라(약 320에이커)로 제한했다. 그들은 이미 그것을 살 수 있을 만큼 부유했기 때문이다. 결국 대지주들은 과거에 노예의 값싼 노동력만을 사용했던 것을 대신해서, 이제 합법적으로 그들의 농장 일부분에 일용직들이나 소작농들을 고용하게 되었다.

3. 소유권의 본질과 재산 구별

이러한 모든 투쟁을 통해, 로마법은 흔히 절대적 소유권 개념이라 불리며, 절대적 권리를 주장하는 정당화(vindicatio)로 지배했다. 이 개념에 의하면 "소유권은 물질적인 사물을 관리할 수 있는 무제한적 권리이며, 사물이 어디에 있든지 그것을 가진 사람이 누구이든 간에 상관없이 이 권리를 지닌 사람은 누구나 자신의 소유"라고 주장할 수 있다.[7]

소유권은 신성불가침적이었다. 철학적으로나 이론상으로 지배권(dominium), 또는 재산(proprietas)으로 불리는 이 소유권의 힘은 실제로는(예를 들어, 공법에서 제공해 주듯이) 비록 약간의 제한이 있었지만, 거의 무제한적이었다. 마치 부채와 노역처럼 유형이든 무형이든 "그것은 내 것이다"(Meum est)라고 말할 수 있는 사람은 그것을 "자기가 원하는 대로 소유하고(habere), 점유하고(possidere), 사용하고(uti), 누리고(frui), 행할(licere) 수 있는" 힘을 갖고 있었다.[8]

로마법에서 재산 혹은 소유된 사물은 경제적이지, 단순한 물질적인 개념이 아니다. 그것은 부의 한 요소인 자산을 의미한다. 그래서 노예소유는 인법(人法)이 아닌 물법(物法; ius rerum)으로 규정했다. 노예들은 자산 혹은 경제적 재산이었기 때문이다.

로마법은 바다와 공기가 만인에게 공유물(res communes)이라는 상식적인 윤리 개념을 지니고 있었다. 로마법에서는 해변이 공동의 것으로 여겼을 뿐만 아니라, 보통 아무도 거기에 집을 지으려고 하지도 않았다. 만약 누군가가 정부의 허가로 집을 지으려면, 해변이 아닌 곳에 집을 소유할 수 있었다. 그러나 토지 사유가 시행되면서, 다른 토지는 공유물의 합법적 범주에 포함되지 않았다. 그래서 우리 시대처럼 초기 로마 시대에는 사회에서 유력한 실제 경제적 세력 관계들을 반영하는 데에만 이데올리기적 개념이 도움 되었다. 반면에 이데올로기적 개념이 그러한 세력 관계들을 강화시켰다. 교부들의 사상에서 명백히 약탈—초기 귀족들의 토지 강탈로 시작되어 대규모 사유 농지까지, 혹은 로마 제국 말기의 대토지까지 이어져 내려오는—이라고 불렸던 것이 로마법의 지배권 개념에 의해 확고하게 합법화되었다. 소유권은 그 뒤에 어떤 권리도 없는 궁극적인 권리로서, 다른 모든 권리들을 합법화시켜 주는 권리이지만, 그 자체는 다른 합법화를 요구하지 않는다. 때때로 분명히 실제 효력이 전혀 없는 단지 무상의 권리(nudum ius)였다.⁹⁾ 하지만 그것은 여전히 지배권이었다. 그것은 사용하고 즐기고, 남용할 수 있는 권리(ius utendi fruendi abutendi)였다.¹⁰⁾

로마법은 물건에 대한 절대적 소유권을 취득하는 여러 다양한 양식들을 제공했다. 양도인과 피양도인이 법무관의 얼굴 앞에서 진행하는 정식 장악행위(mancipatio)-혹은 동등한 법정 양도(in iure cessio)-가 있었고, 피양도인이 물건에 대해 이의를 제기하면, 양도인은 맞소송하는 것을 억제했다.¹¹⁾ 적군에게서 탈취한 재산을 포함해서, 이전에 아무도 점유하지 않은 물건(토지, 맹수들, 해변의 보석들 등)을 선점(occupatio)하는 양식이 있었다. 다른 사람의 포도로부터 자신이 만든 포도주처럼 새로운 물건을 창작하는 가공(specificatio), 그리고 판자에 색을 칠하듯이 큰 물건에 작은 물건을 변경할 수 없게 더하는 첨부(accessio)가 법적 취득의 또 다른 방식들이었다. 마지막으로 어떤 사람이 다년간 계속해서 물건이나 토지를 점유하여 누렸을 때 발생하는 사용취득(usucapio)이 있었다.

점유의 개념은 대단히 정제되었다. 원래 그것은 물건에 대한 물질적 관리를 의미했고, 법적으로 보호받던 것이었다. 하지만 물건을 점유한 사람이 개인적으로 혹은 몇 가지 대리를 통해 행사할 수 있었다. 그래서 점유는 지주가 자신의 소작인들을 통해 경작하는 부재 토지 보유권을 의미했고, 그 소작인들은 지주의 허락으로 그 땅에 거주했다.¹²⁾

고대 로마에서는 이런 다양한 취득의 양상에 상응하는, 재산에 관한 다양한 구별들이 있었다. 주된 재산 구별은 수중물(手中物; res mancipi)과 비수중물(非手中物; res nec mancipi)이었다. 수중물은 사회에서 정식으로 인정된 개인에 의해 그 지배권이 있는 물건들이었다. 수중물은 재산을 실제로 움켜지는 행위를 포함한 장악행위라는 정식 절차에 의해서만 명의가 변경될 수 있었지만, 반면에 비수중물은 단순한 양도(traditio)에 의해 명의가 변경될 수 있었던 물건들이었다. 몇몇 학자들은 장악행위 절차 자체에서부터 본래 토지는 수중물로 분류될 수 없었다고 결론지었다. "그것은 토지의 장악이 불가능하고, 적어도 손에 잡히지 않기 때문이다…그리고 사적 소유권이 불가능한 토지는 본래 수중물에 포함될 수 없었기 때문이다."[13]

평민들이 귀족들과 대항하던 계급투쟁의 시기에 12표법에서는 가축을 포함한 토지, 노예, 짐수레를 끌고 짐을 나르는 짐승들 그리고 땅에 빌붙어 사는 비참한 노역들이 수중물에 속한다고 성문화했었고, 반면 다른 모든 물건들은 비수중물에 속한다고 성문화했었다. 로마 제국의 교부시대에 이르러 점유에 대한 이러한 두 가지 형태의 구별이 소멸하였다. 점유방식의 구별 없이, 점유할 수 있는 거의 모든 물건에 절대적 소유권의 개념이 남아 있었다.

왜 평민들은 물건에 대한 이러한 상태를 변화시키고자 하지 않았는가? 그 이유는 20세기의 초기 농민운동들과 다를 바 없는 자세로, 그들이 수고한 것에 대해 소유권의 개념으로 적어도 어느 정도 보증해 줄 것이라는 소규모 지주들의 신뢰에 기인했을 것이다. 소규모 지주들은 대규모 지주들의 눈치 빠르고 탐욕스러운 토지 강탈로부터 소유권이 충분히 보호해 줄 것으로 생각했을 것이다. 그래서 우리가 살펴본 대로, 토지에서의 사유재산 인정을 점차 거부하는, 초창기 관습으로의 복귀를 위한 평민운동에 대한 증거가 전혀 없다.

수세기 후에, 율리우스 카이사르(Julius Caesar)와 그 이후 로마의 타키투스(Tacitus) 장군이 교전했던 게르만족은 토지에 대한 개인적 점유를 자작농지로만 인정했지만, 토지 자체는 모두 공동체가 소유하고 경작을 위해 매년 재분배하는 것이었다.

로마법 시대에 와서 충분히 발전되었고, 로마인들은 주로 공동체로 정착해 살면서, 농경과 군사를 병행했다. 그래서 그들이 살면서 생산하는 이러한 독특한 방식에 있어 필수적인 특정한 부류에 법적으로 특별한 자격을 부여했다. "토지, 그곳에서 경작하는 노예들과 짐승들, 그리고 공공도로에서 떨어진 토지나 물이 없는 토지에서는 경작할 수 없는 불가피한 도로와 물의 권리들, 그리고 전쟁에서 사용되는 말들이다."[14]

4. 토지소유권에서 노예소유권으로

고대 로마 전반에 걸쳐, 기본적 생계수단과 부의 생산은 농경이었다. 수공업과 상거래가 존재하기는 했지만, 부차적이었다. 가족의 자급자족을 위한 식량생산이 판매를 위한 생산보다 훨씬 더 중요했다. 가족농장의 목적은 식탁을 위한 음식, 의복을 위한 아마섬유와 양털, 가구와 연장을 위한 가죽과 목재 그리고 당면한 필요들을 위한 여러 즉각적인 생산품을 제공하는 것이며, 단지 소량의 잉여생산물만을 남겨 팔 수 있었다.

하지만 소수에 의한 대규모 토지사유가 상황을 변화시켰다. 대토지사유자들은 다른 유용한 물건들을 생산하는 장인(匠人)들과 상인들—상인들의 거래는 상품과 재료가 부족한 곳에 이용할 수 있도록 해주는 것이었다—에게 판매할 수 있는 엄청난 양의 잉여생산물을 남길 수 있었다. 이제 대토지사유자들에게 이익을 가져다주는 대량의 잉여생산물은 물론 단순한 소유권의 결과였다. "그곳의 열매들은 토지소유자에게 속한 것이다." 그래서 대토지사유자들이 전혀 생산하지도 않고 획득한 잉여생산물에 의해 수공업과 상업의 증대가 이루어졌고, 계속해서 상권 중심부에 사는 잘사는 지주들에 의해 새로운 불평등까지 초래되었다.[15]

그러나 특별히 대규모인 경우의 토지소유권은 그것을 경작할 노동력이 없으면 무용지물이었다. 첫 번째 노동력은 가족이다. 적당하게 넓은 토지보유로 인해 가족의 노동력이 충분하지 않을 때, 보통 추수 때나 일시적이고 예외적인 도움의 형태로 임금노동자들이 와서 도와주었다. 하지만 초기에 자유로운 노동자의 충원은 극히 적었다. 노동자들은 자기 가족들이 있었고, 그들만의 토지가 있었다. 경작할 수 없을 만큼 큰 토지를 소유한 가족의 요구로 강요할 때만 영구노동력을 대개 공급할 수 있었다. 그래서 고대 로마에서 점점 더 광활한 토지소유권으로 노예들에 대한 취득과 소유권이 불가피하게 일어났다.[16]

초기에 대부분의 노예는 가정의 하인들이었고 일반적으로 심각한 학대를 받지도 않았다. 그들은 주인의 가족(familia)에 포함되었고, 주인의 하인(famuli) 그리고 본래 그의 아내이며 자녀였다. 로마 왕정 초기(주전 753-509)에, 가장(paterfamilias)은 실제로 자신의 아내와 자녀를 소유했다.[17] 하지만 가족의 자급자족의 필요를 위해서는 한정된 인원이었기에, 생산 활동은 주인을 포함해서 가족 모두가 함께 일했다. 매일 가정의 노예들을 포함해서 주인과 가족 구성원들 모두의 연합은, 후대에 인간의 존엄성을 일깨웠다. 이러한 노예들은 그들의 노동에 "적절한 동기부여"가 되었다. 그들은 거기에서 자기 자신의 번영도 누릴 수 있을 뿐만 아니라, 그들 자신의 이익에서 가족의 번영을 가져다주는 것임을 알면서 노동했다.

하지만 몇몇 소수에 의한 계속된 대규모 토지사유로, 전쟁과 정복을 요구하는 목소리가 급속히 증가했다. 점차 더 많은 노예와 토지까지 요구되었다. 물론 로마군대의 중심부는 자유로운 농민군이었다. 그들은 고국을 위해 전쟁터에 나갔던 자작농이자 시민권자들이었다. 그들이 파괴된 농장으로 돌아왔을 때, 그들 중 다수는 도시로 피난을 가 수공업자나 부랑 노동자(Lumpenproletariat)가 되었다. 부랑 노동자 중에는 종종 순전히 생존을 위해 많은 무리가 강도떼가 되어 소소한 죄를 범했다. 이들은 범죄 때문에 쫓겨 다니다가 붙잡히게 되면 십자가 처형을 받거나 노예가 되었다.

그러나 이러한 새로운 부류의 노예 신분은 비교적 다정한 가정의 옛 노예 신분과는 달랐다. 대토지와 광업에 있는 노예들은 그들의 주인들을 위해 금전의 형태로 이익을 내고자 일했다. 더는 당면한 가족의 소비를 위해 물건들을 생산하는 것이 그들의 목적이 아니었다. 그들은 가정에서 이제는 가족(familia)의 일원이 아니었다. 주인의 집과 떨어진 그들의 일터 때문에 그들 다수는 주인과 노예 공동체와의 모든 인간관계가 끊어졌다. 노예 신분은 이제 순전히 이익을 위해서 존재했다. 그래서 노예들은 가능한 한 생산할 수 있는 많은 양의 일을 떠맡게 되었고, 그들은 겨우 생존할 수 있을 정도의 음식과 의복을 받았다. 실제로 주인은 옛 노예를 계속 잡아두기 위해서, 새 노예를 사들일 때에만 가끔 지출을 했다.

과연 일용품 같은 노예 노동은 "적절한 동기부여" 없이 일이 수행되었고, 자유농민들이 했던 노동과 달리 전혀 생산적이지 않았다. 그러나 노예들은 값싼 노동으로 다른 생각을 할 겨를도 없이 거의 죽을 지경으로 착취당했다. 그들은 실제로 그들의 절대적 소유자들을 위해 자유농민들이 남기는 잉여생산물보다 엄청나게 많은 양을 생산해야 했기 때문이다. 대규모 토지에 사는 노예들은 농경기의 경작뿐만 아니라, 휴경기에도 일을 해야만 했다. 그들은 천을 짜고 가죽을 만들면서, 쟁기들과 항아리들을 만들었다. 종종 이런 작업들로 생긴 잉여생산물들로 시장에서 형편없이 싼 가격이지만 이익을 내곤 했다. 이것은 자유농민들에게 상당한 경제적 손실을 주는 것이었으며, 유력한 자유 수공업자들의 발전을 저해하는 것이었다. 더욱더 많아지는 노예들로 인해 토지소유가 확장되면서 만들어진, 늘어난 잉여생산물들은 새로운 생산 수단의 발전에 적용되지 않았다. 새롭고, 더욱 발전된 도구들을 전혀 사용할 수 없었다. 노예들은 이미 개발된 작업 방식들조차 적용할 수 있는 꾸준한 보상이 없었고, 새로운 기술을 받아들이는 것조차 어려웠다. 그들은 또 다른 사람들을 학대하였는데, 가축들이나 그럴싸한 도구들에 그들의 분노를 터뜨렸다. 종종 잔혹한 학대로, 그들은 주인들을 증오할 뿐이었다. 그들의 수중에는 단지 가장 유치한 도구들만 가질 수 있었다.[18]

막대한 부를 누리고자 하는 토지소유자들의 목적은 단지 사치와 쾌락, 그리고 온갖 형태의 낭비를 마음껏 하고자 함이었다. 자유노동자들 사이에서 발전된 수공업과 상업은 노예나 향유, 그림과 조각, 사치스럽고 현란한 건축물과 같이 사치스런 품목들이었고, 대토지 지주들이 또 다른 향락, 사치 그리고 과시를 위해 경쟁적으로 주문하는 것들이었다.

절대적 소유권 개념에 기반을 둔 노예경제의 수익성은 이웃 농민의 토지를 빼앗아 착취하는, 토지 확대를 위한 새로운 압력을 의미했다. 동시에 노예 신분의 성장과 자유농민들의 수적 감소로 로마군사력이 약화되었다. 노예들은 징집되지 않았다. 그들은 부자들의 토지들을 경작하기 위해 후방에 남았다. 물론 수많은 전쟁을 통해 군인이면서 농민인 신분층이 소멸되었다.[19] 생존자들은 극심한 어려움에 부닥친 그들의 옛 농장을 경작하게 위해 돌아왔다. 자신들의 생계에 필요한 식량 가격은 적은 추수로 인해 폭등하였고, 그 다음 해의 좀 나아진 추수는 소규모 농민들이 원가를 돌려받을 수조차 없는 매우 낮은 가격에 내놓을 수밖에 없었다. 그래서 인구가 증가하는 가운데, 그들은 읍이나 도시로 내몰리면서 거지 신세가 되었다.[20]

고대 로마의 지주들은 절대적 소유권의 힘을 통해 "모든 면에서 부를 착취할 만한" 독점권의 영역을 받았다. 하지만 바로 그 절정기에 로마 사회는 멸망이 예고되었다. 노예경제의 쇠망(衰亡)은 로마군이 승리하는 가운데에서도 이어졌다. 로마군의 승리는 또한 자유농민체제 쇠망의 직접적인 결과였다. 사람들은 노예경제의 이러한 쇠망이 강력한 자유농민경제-국가의 문명화된 사리추구에 의해 지시된-의 부흥을 가져다줄 것이라는 기대를 했었다. 그러나 그렇지 못했다. 대규모 사유 농지의 소유자들은 자신들의 절대적 토지소유권을 간단히 포기하려는 의도가 없었다. 그렇게 하는 것은 그들의 권세와 특권을 자발적으로 내주는 것과 같은 것이었다. 또한 이것은 사회의 거대한 경제영역이 한 번도 예측할 수 없었던 것이었다.

5. 교부시대의 사회경제적 상황

로마 제국의 경제에서 농업은 그 특권층에 의해 계속 유지되었다. 농업은 원거리 국가 세입의 가장 중대한 부분이었고, 국가재원의 가장 방대한 부분이었다. 도시의회나 교회들, 원로원과 교황청 그리고 모든 전문가층에 옮겨진 잉여생산물 중에 거의 90%가 농경지 지대에서 비롯된 것이고, 단지 10% 정도만이 말, 정원, 창고, 목욕탕 그리고 제과점 등 모든 종류의 도시 자산에서 비롯된 것이었다.[21]

국가에서 활동하는 의원들은 봉급을 받았고 게다가 그들의 방대한 농경 세입은 단순한 토지소유권에서 비롯된 것이었다. 신임 의원들은 관직으로 말미암아 자신들의 자손들이 대토지사유자들이 되는 것을 당연시하고 토지 보유를 증대하면서, 봉급과 다른 직무의 부수입으로 그들의 재산을 만들었다.

크든 작든 사유지들은 종종 흩어져 있었기에, 대다수 다양한 면적으로 분리된 농장들이었다. 하지만 대토지소유자들은 인근 농장들을 사들임으로써 그들의 사유지들을 통합시키고자 하는 경향이 강했다. 가문이 전통이 있고 부유하면 할수록 그들은 사유지들을 대규모 농장들로 구성했다. 이러한 사유지들 중 일부는 여러 도시가 점유한 땅보다 더 넓었다. 기독교 공동체의 관대한 후원자인 어느 흑인의 전기 작가는 그녀의 많은 사유지 중 하나가 각각 400여 명의 노예가 있는 62개의 작은 마을들과 함께 근사한 별장을 포함하여 "바다에서 산림까지" 펼쳐져 있다고 묘사한다. 그녀의 전기 작가가 언급한 대로, 많은 교회의 부에 대한 거룩한 무관심으로 대규모 사유지들을 기부한 흑인은 교회에 수익을 주기 위해 방대한 재산들을 부유한 구매자들에게 팔았다. 하지만 그녀는 자신의 선행이 소작농들의 수고로 되었다는 것을 알지 못했다.[22]

초기에 존재해 왔던 것처럼 교부시대에, 토지소유권은 귀족을 만들었고, 귀족은 토지소유권과 부와 권력을 강화시켰다. 대박해가 지나간 후, 많은 교회 성직자들은 토지보유자층에 속하게 되었다. 교회들은 3세기 초기부터 재산을 취득하기 시작했다. 처음에는 교회가 대개 느슨한 상호협동조합의 법적 개인으로 예배장소와 매장지만을 취득했다. 원시교회에서 성직자는 그들의 거룩한 사역들과 함께 다른 직업을 통해 그들의 생계를 꾸려야만 했다. 그러나 3세기 중엽까지 지주 그리스도인들의 막대한 헌금이 들어오면서, 주교들과 사제들은 전임사역자들로 교회봉사를 하기 시작했고 그들의 성직록에서 사례를 받기 시작했다. 4세기에는 황제들이나 후원자들의 유산과 헌금의 결과로, 실제로 원거리 사유지들을 획득하였다. 이탈리아의 25곳 이상의 도시에서, 시칠리아의 2곳의 큰 도시에서, 아프리카의 7곳에서, 그리스의 2곳 그리고 안디옥, 다소, 알렉산드리아,

두로, 키루스의 수많은 곳에서, 또한 로마교회에 속한 모든 곳에서 교회 토지들이 발견되었다. 6세기 말에서 7세기 초, 대 그레고리 교황의 때까지 교회는 사르디니아, 코르시카, 갈리아 그리고 달마티아의 광대한 토지를 보유했다. 콘스탄티노플의 대성당은 결국 토지 관청을 세웠고, 트라키아, 기독교의 "소아시아"(오늘날의 터키) 그리고 근동에는 부주교 관구에 상응하는 부서들로 나누었다. 콘스탄티노플은 여전히 이집트에 다른 토지들을 가지고 있다.[23]

한때 성직자들은 우수하고 전문적인 신분이었는데, 성직자 대다수가 토지소유자들이 되었다. 사실 그 당시 농경사회에서 모든 전문직들은 토지소유자층에 대다수 넘어갔다. 토지소유자들은 도시 관청, 법원, 교회, 의학, 교수 그리고 군대에 들어갔다. 더욱이 그들의 노후를 보장해 주기 원했던 출세한 전문가들은 그 당시 가장 안전한 투자인 토지에 투자하고자 했다. 그것은 또한 그들에게 실제 노동을 하지 않아도 부를 획득하게 해주었다. 왜냐하면 토지에서 생산된 대부분의 열매를, 단순한 소유권이 정당하게 확증해 준다는 절대 소유권의 개념 때문이다. 결국에는 433년부터의 입법으로 유언 없이 죽은 성직자의 사유지를 교회에 넘길 것을 규정했다. 470년에 황제의 칙령은 장래의 모든 시간을 위해 제도적 교회의 토지소유로 인한 부를 보증해 주면서, 교회 재산의 소유권 처분을 금지했다.[24]

하지만 토지는 그대로 내버려둘 때 불모지가 된다. 토지는 경작되어야만 한다. 그런데 토지소유자들은 항상 영구적인 노동자들을 구하고 있었다. 노동자들의 고된 수고가 토지소유자들의 수입을 보장해 주었다. 주후 2세기 이후, 로마 제국이 군사적으로나 패권이 쇠락할 때, 일상품의 공급이 부족하듯이 노예들을 구하기가 더 어려워졌고, 더 비싸졌다. 실제로 가끔 온순한 로마인이 아닌 죄수들이 헐값에 시장에 나왔다. 그러나 일반적으로 노예소유는 값비싼 제안이 되었다. 그럼에도 불구하고 토지소유자들은 토지에 요구한 권리를 포기하지 않으려고 했다. 몇몇 소유자들은 경영을 축소했지만, 일반적인 추세는 자영농들에 토지를 임대해 주는 것이었다. 농노제는 세습이었기에, 물론 가장 유력한 지주들은 노예들이 자녀를 낳게 함으로써 자신들의 노예자산을 유지할 수 있었다. 하지만 이러한 시기에도 남성 노예들은 자유 소작농들과 자작농들의 딸들과 결혼하면, 이러한 결혼을 통한 후손들은 흔히 농노-소작농의 신분으로 상승했다.

노예들의 신분 상승으로 인해, 자유 부동산 보유자들이나 자작농들은 농노들(coloni)이라고 불리는 노예와 비슷한 신분으로 전락했다. 엄밀한 의미에서 농노들은 노예들이 아니었다. 그러나 그들은 토지에 속박되어 있었다. 그들의 소작은 선택의 문제가 아니었다. 디오클레티아누스(Diocletian) 황제 시기부터, 국가의 징집과 조세 징수를 수월하게 하려고 농민들을 그들의 마을에 등록시켰다. 소작농들도 이러한 부분을 위해, 지주에 의해 좌우되는 국가에서 절대 소유권의 정신과 일치하는, 농장과 지주에 의해 등록되었다. 그래서 국가의 재정적 근거는 소작농들의 남녀 주인들의 재산으로 여기는 매우 많은 "자유" 소작농들의 등록으로 생긴, 유산계급의 소유권 이익과 결합하였다. 농경 노동자의 공급이 감소되면서, 지주들은 소작농들이 그들의 농장을 버리고 떠나는 것을 금지하는 이러한 법률제정을 물론 환영했다.

그 후에도, 더는 국가의 고유한 재정적 근거가 아닌 요소임에도, 발렌티니안(Valentinian)과 테오도시우스(Theodosius) 황제는 모두 소작권의 영역이 계속되도록 통치했다. 황제들의 칙령은 다음과 같다.

> 농노들을 출생법으로 제한하라. 그래서 그들이 비록 신분상 자유로운 몸으로 태어났을지라도, 그들이 태어난 땅의 노예들로 간주하며, 그들이 원하는 곳으로 떠나거나 거주지를 옮길 권리가 없게 하라. 그러나 지주는 후견인으로서의 돌봄과 주인으로서 권위로 그들을 다스릴 권리를 누려라.[25]

그들의 경제적 이익이 대부분 정치적 결단에 의해 제공된다는 것은 의심할 여지가 없었다. 통치하는 귀족사회의 구성원들은 지주 계층에 속했다.[26] 이러한 합법화에 대한 피상적인 분석조차도 인구의 대다수를 차지하는 농민의 이익이 없는 것이 오히려 이상하다는 것을 쉽게 드러내 준다. 소농들은 아무런 관심도 전혀 받지 못했고, 농노들(매여 있는 소작농)은 오로지 지주의 이익에만 알맞게 다루어졌다. 그래서 직간접적인 독점적 입법을 좌우한 것이 바로 절대적 소유권이었다. 30년간의 취득시효 이후에 지주들의 소유에서 농노들을 자유롭게 하는 법에서조차 그 전문에서 인정했는데, 그 전문은 농노들의 자손이 팔레스타인 관리들에 의해 갈취당하고 있었기 때문에 법제화된 것이었다.[27]

그 영내 전체나 일부에 사는 모든 농민들은 국가에서 소외되었다고 느끼는 그들의 불만을 알릴 수 있는 공회(公會)조차 거의 갖지 못했다. 그들은 정치적 힘을 전혀 가지지 못했기에 소유권의 힘은 그들의 것이 아니었다. 반면, 지주계층은 국가 정책에 직접적 영향력을 행사하는 원로원의 귀족들일 뿐만 아니라, 속주에 살면서 국가 정책의 직접적 영향력을 누리는 중소 지주들이었다. 그들은 속박된 농노-소작농(colonus) 신분과 노예 신분을 구별하면서, 스스로 최상의 선택으로 자신들의 구성원 중에서 시의회들과 속주의회들을 채웠다. 그래서 그 계통은 그들이 본 것처럼 참으로 좋았다. 예를 들어, 농노는 법정에서 소송할 수 있는 권리가 전혀 없었다. 주후 396년부터 소작농들도 그들의 지주들을 상대로 법적 행동을 하는 것이 금지되었다. 초기시대에는 실제로 로마의 주교도 될 수 있었던 노예가 이제는 그의 남녀주인의 동의 없이는 사제서품도 받을 수 없었다. 409년에 이러한 금지는 소작농들에게까지 확대되었다.[28]

소작농들은 그들이 소유하지 않은 토지에서 자신들과 가족들이 살아갈 수 있는 사용권으로 많은 대가를 지불했다. 지주들은 포도원에서 일하는 소작농들에게 보통 소출 중 2/3에서 3/4을 바치라고 요구했다. 대부분의 다른 지주들은 수확량의 50%를 요구했다. 일은 힘들었다. 그들은 18-19세기의 과학혁명과 산업혁명과도 멀리 떨어져 있었다. 외바퀴 손수레와 같은 단순한 도구조차 아직 알려지지 않았다. 마구(馬具)는 아직 발명되지 않았기에, 말보다 훨씬 느린 황소를 경작에 사용해야 했다. 물방아는 존재했지만, 아직 흔치 않았다. 추수는 크고 작은 낫을 가지고 손으로 했다. 황소들로 알곡을 얻는 비경제적 생산방식도 원시적인 자동 수확도 기후가 아주 좋지 않아서 수확을 가장 빨리해야 하는 갈리아 주에서만 사용되었다. 매년 범람으로 비옥해져 1년작이 가능했던 이집트의 나일 강 유역을 제외하고, 제국 대부분의 농지는 건지 농장이었기에 2년에 한 번 수확할 수 있었다. 오직 고된 쟁기질과 괭이질로만 토양이 부드러워졌고, 잡초들이 제거되었으며, 습기가 보존되었다.

게다가 소작료 지불로, 대토지 사유지의 소작농들은 지주들의 가족 농장에서 노동봉사를 했다. 다음은 요한 크리소스톰이 마태복음 설교에서 안디옥의 지주들을 비판하며 언급한 것이다.

> 지주들은 농민들에게 점점 견딜 수 없을 만큼의 많은 소작료를 부과했고, 고된 노동을 요구했다…농민들이 서리와 비가 내리는 추운 겨우내 온종일 고생하면서도 빈손으로 돌아오며 일과를 보낼 때보다 더 비참한 장면이 어디 있겠는가! 또한 부채로 인해 이러한 비참함이나 굶주림보다 더한 공포와 두려움 가운데, 토지 관리인들, 압류, 독촉장, 체포 그리고 피할 수 없는 강제노동으로 고통을 받았다.[29]

6. 저항, 체념, 몰락

때때로 농민저항이 일어났지만, 지주계층들이 복무하고 있는 국가의 잘 조직된 군사력의 진압으로 인해 대체로 변변찮은 것이었다. 주후 386년 리바니우스(Libanius)는 기록하길, 소작농들을 진압해야 하는 문제가 생기면 지주들이 쉽게 군사적 도움을 받을 수 있었다고 한다.

일부는 그들을 노예들처럼 다루었고 만약 터무니없는 요구에 동의하지 않을 경우, 몇 마디의 말을 한 후 군인이 쇠사슬을 가지고 그 땅에 나타나 그

들을 감옥에 가두었다.[30]

 이러한 사태를 위해서 대규모 지주들은 종종 자기 소유의 군사들이나 부켈라리이(bucellarii)라고 불리는 일단의 무장한 사병들을 거느리고 있었으며, 그들의 사유지 안에 감옥도 가지고 있었다.
 여전히 농민저항은 전체적으로 알려지지 않았다. 스파르타쿠스라는 이름이 과거의 노예반란의 정신과 실재를 상징한다면, 농민저항은 2세기 후반에서 4세기 초반까지 지속된, 갈리아와 스페인의 농민집단에서 유지되고 확산된 반란들의 전형이었다. 농민집단의 두 지도자인, 앨리아누스(Aelianus)와 아만두스(Amandus)는 국가에서 "권력 찬탈자들"이라고 불릴 만큼 충분한 성공을 거두었다. 일부 지역에서 로마 관리들을 쫓아내고 토지들을 몰수했다. 농민들은 군대를 보유했을 뿐만 아니라, 정의의 법정을 세웠다. 그들을 대항해서 전군의 대대적인 작전이 개시되었고, 농민집단(Bacauda; 켈틱어로 추정)은 국가의 은어로 "도적"을 의미하게 되었다. 이렇게 완강한 농민운동의 특징과 목적 그리고 조직적 정치에 대한 기록이 거의 없는 것은 애석한 일이다.[31]
 4세기 중엽, 로마의 북아프리카였던 "아프리카"에서도 지주들과 대금업자들에 대항한 농민저항운동이 있었다. 도나투스주의자들에 영향 받은 농민들이 가톨릭 지주들을 저항하여 일어났다.
 무장 반란보다는 더 일반적인, 이러한 모든 운동들에서 공통적으로 보이는 것은 운명론적 태도나 가능한 곳으로의 도피이다. 농민들은 전부 시골 현장을 피해 도시들로 가서 거지나 부랑 노동자들이 되었다. 그들이 보기에 식량을 구하려고 시골의 소작농으로 남아 있을 수만은 없었다. 세금, 지대세, 강제노동 그리고 토지에 속박되는 등 수많은 종류의 압제에 시달렸다.
 자신들이 식량을 생산하면서도 식량생산 자원인 그 땅은 소유하지 못하여 종종 그들 자신의 소출에도 접근할 수 없었다. 그들 대부분이 먹을 식량이 부족한 시기에는 대규모 지주들이 비축했거나 국가 곡물창고에 보관해 놓은 도시에서 밀을 얻을 수 있었다. 그래서 굶주린 경작자들은 자신들이 직접 생산했지만, 지주들과 세금징수원들이 무자비하게 빼앗아 간 식량을 구걸하려고 도시로 모여들었다. 밀라노의 암브로시우스는, 기근의 시기에 도시로부터 모든 비거주자들을 추방하라는 부유한 귀족들에게, 이러한 사태를 통렬하게 항의했다. 그들이 자신들이 원하는 대로 하고 싶다면, 그들의 주교가 지적하여 적어도 사리에 맞는 이기심을 실천해야 한다고 했다. "그렇게 많은 경작자가 굶주리고 그렇게 많은 농부가 죽는다면, 우리의 곡물 공급은 선을 위해 파괴될 것이다. 우리의 일용할 양식을 정상적으로 공급하는 사람들을 배제하고 있기 때문이다."[32]

암브로시우스가 이런 말들을 한 지 2세기도 못되어, 경작자들이 버리고 떠난 경작지의 최소한 1/5이 터무니없는 조세와 지대세로 소모되었다. 때때로 제국의 정부는 풍작이 수년간 지주들의 조세경감을 인정함으로 회복되는 것이라고 믿게끔 스스로 속여 왔다. 이러한 방식으로 그대로 믿고, 그들은 자신들의 이익을 농장 개선에 고무적으로 사용할 수 있었다. 하지만 주된 "개선"은 지주들이 투자한 것이기에 노예들과 농노들이 딸린 토지들을 새로 사들이는 것이었다. 그래서 결정된 개선은 생산성이란 의미에서 최소한의 보답을 뜻하는 것이었다. 노예들은 장려금이 없었고, 농노들은 그들의 신분의 특성상, 값을 수 없는 빚을 지고 있었기에, 비옥한 토지를 가시덤불로 변질시키는 무성한 잡초를 제거하거나, 생산을 회복시켜 관리인의 기대를 충족시키는 데 필요한 실제적 개선을 하면서, 일평생 배수시설을 유지하며 살았다.

시골 토지에서는 도시에 사는 부재지주층이 뜻하지 않은 또 다른 압력을 행사했다. 그들의 생활양식, 즉 자신들의 배에 쓰이는 목재와 화려한 교회의 지붕을 위한 목재, 그 외의 건물들을 위한 목재와 같은 것에 대한 요구가 계속되었다. 제국의 광범위한 목욕탕을 위해, 주로 묘목인, 목재 연료의 막대한 소모와 더불어, 목재를 찾는 새로운 요구가 전반적으로 막대한 산림벌채를 부추겼다. 산림이 벌거숭이가 되면서 계절에 따라 증감하던 작은 계곡들이 점점 급류가 되어서 토양과 그것을 덮고 있던 돌멩이와 자갈들을 휩쓸어 갔다. 산림벌채는 우리가 논의하는 시대의 사람들에게는 오히려 덜 복잡한 개념이었던 것으로 보인다. 물론, 아무래도 우선은, 2세기에서 5세기까지, 생태학적 파괴가 아직은 그리 심각하지 않았기 때문이다. 하지만 그것은 이미 문제가 되어, 농민들이 그들의 농장을 떠나가야 했던 원인이기도 했다.

결국 끊임없는 연작(連作)의 결과로 토양의 황폐화가 토지를 떠나가게 했던 또 다른 이유이기도 했다. 하지만 락탄티우스(Lactantius)의 논거가 가장 중요한 것을 남겼다. 즉 조세와 지대세로 고갈되었어도 소작농들이라는 자원들이 있었기에, 황폐화되어 가시덤불로 변한 토지를 경작할 수 있었다. 다시 말해, 농업의 몰락은 토양의 황폐화보다는 오히려 그 토양의 경작자들의 피폐에 기인한 것이다. 그토록 열심히 토양을 경작해도 다음해에는 아무것도 남지 않는 체제는 정말 진저리나는 일이 되었다. 절대적이고 배타적인 토지소유권에 대한 로마법의 이론과 실제는 이제 천 년 이상 동안 시험해 보았고, 전반적으로 문제가 많음이 밝혀졌다. 이제는 이러한 사상을 비판하면서 더욱 공의롭고, 더욱 인간다운 대안을 제시하는, 과감하고 명쾌한 의견들에 귀를 기울여야 할 때이다.

이러한 의견들은 이미 주어져 있었다. 그것이 바로 주후 100-750년의 교리와 도덕의 지도자들로서 그들의 공동체를 섬겼던 교부들과 위대한 기독교 철학자들의 목소리였다. 이제 기존의 사상은 무너졌고 새로운 사상이 제시되었다. 다시 들을 만한 가치가 있는 이러한 목소리에, 그들이 살던 시대가 아닌, 오늘에 집중하여 귀를 기울이라.

Ownership: Early Christian Teaching

제3장

알렉산드리아의 클레멘스:
코이노니아적 목적

알렉산드리아의 클레멘스의 생애에 대해서 알려진 것이 많지 않다. 그는 주후 150년경에 아테네에서 태어났다. 기독교로 회심한 후에 그는 이탈리아, 시리아 그리고 팔레스타인으로 여행했다. 하지만 이집트의 알렉산드리아에서, 그 도시의 교리문답학교의 교장인 판테누스(Pantaenus)로 인해 그의 방황을 멈추었다. 평범한 학생에서부터 클레멘스는 곧 그 신학교에서 교수가 되었다. 그의 교수활동은 그 신학교를 문 닫게 한 셉티미우스 세베루스(Septimius Severus) 치하의 박해가 시작되던 202-203년에 끝났다. 그러자 클레멘스는 이전의 제자들과 함께 기독교에서 '아시아'라 부르는 카파도키아로 피신을 가서, 거기에서 주후 211-216년 사이에 죽었다.

클레멘스는 기독교 학교의 선구자로 불려오고 있다.[1] 그가 바로 처음으로 기독교 교리를 고대 헬라 세계의 다른 사상들과 업적들에 직면하게 한 사람이다. 그의 저술은 상당한 범위에 걸쳐 두드러진 특색이 있다. 거의 모든 페이지마다 신, 구약성경을 인용하면서도 그리스 시인들, 극작가들, 철학자들 그리고 역사가들에 대해 끊임없이 언급하고 있다.

이러한 모든 저작 속에서 클레멘스가 의도한 바는 탁월하게 목회하는 것이었다. 그것은 무엇보다도 그가 "교육가이자 영혼을 일깨우는 훌륭한 선각자"였기 때문이다.[2] 그는 알렉산드리아가 지중해의 활발한 상업 중심지였던 시절에 살았다. 지중해는 그 당시 부와 번화한 시장으로 변화된 곳이었고, 그곳의 박물관과 도서관, 특히 암모니우스 사카스(Ammonius Saccas)와 롱기누스(Longinus)와 같은 학자들, 그리고 유대인들을 위한 필로(Philo)의 학교와 같은 학교들이 있었기에 지적 생활의 중심지이기도 했다. 주후 200년경, 클레멘스와 다른 학자들, 즉 발렌티누스(Valentinus), 카르포크라테스(Carpocrates) 그리고 바실리데스(Basilides)와 같은 영지주의자들의 활동을 통해 알렉산드리아는 급격하게 빛나는 새로운 지적 중심지가 되었다.[3]

새로운 종교가 고대 헬라 세계에 침투해 갈수록, 그 교리에 대한 체계적이면서도 이해하기 쉽고 정확한 표현에 대한 요구가 점점 더 느껴졌다. 더 많은 지식층이 회심하면 할수록, 그러한 예비 신자들을 그들의 여건에 맞게 가르쳐야 할 것과, 그러한 목적을 위해 교사들을 훈련해야 할 것에 대한 필요성이 더욱더 요구되었다. 그래서 신성한 학문의 학교인, 신학 교리학교들이 생겨났다. 이러한 학교들은 동방 기독교에서 먼저 세워졌고, 알렉산드리아의 신학교가 가장 유명했다.

클레멘스의 저술-특히 『교육자』(Paidagogos)-은 대부분 교육에 관한 문학적 기록과 알렉산드리아의 교리문답학교에서 한 연구였다. 그의 다른 주요 작품인 『권면』(Protreptikos)과 『잡문집』(Stormata)은 『교육자』와 함께 3부작을 이룬다.[4]

클레멘스는 이집트가 강하고 부강한 주변 환경에 대접받던 시절에 살았다. 부유한 알렉산드라아인들, 헬라 관리들 그리고 종종 알렉산드리아인들과 그들의 관리들과 같이 이집트의 토지를 소유한 수천 명의 상인이 온 지방에 흩어져 살았다.[5] 명목상 군인들이지만 정확히는 토지소유자들인, 대단히 많은 지방 유지들도 있었다. 농업, 공업 그리고 수송에서 원주민들의 노동이 지역 경제의 주요 생업을 형성했다. 원주민들은 정치적 행정을 공유하지 않아서 노동 단위들-농민들, 기술공들, 선원들, 그 외-을 간편하게 조직하였다.

지주계급은 그들의 자산에 침해를 받는 마을에서는 규정대로 살지 않았다. 사실상 그들의 토지는 폭넓게 산재해 있었다. 그들 대부분은 실제로 그들의 흩어진 여러 구획의 토지를 감독하기가 더 쉬웠던 큰 도시에서 살았다.

예를 들어, "교양 있고" 부유한 자 중에서 몇몇이 참석하는, 교리문답의 "학교"로 불리는 『디다스칼레이온』(Didaskaleion)과 같은 클레멘스의 저술을 통해, 알렉산드리아에 있는 사치와 악덕이 넘치는 부유한 중심지에 대해 잘 알 수 있다. 또한 "행복하고 부유하며 화려하다"라고 가장 칭송을 받던 이집트에서도, 클레멘스는 부와 사회질서, 그리고 구원과의 관계에 대한 문제를 고찰했다.[6] 하지만 그는 상대적인 부에 대한 공격을 집중하면서도, 다음과 같이 부에 대해 공격한 사람들과 분명히 거리를 두었다.[7] 즉 그는 궁핍이 본질적으로 칭찬할 만한 자기해방의 행위라는 견해를 공감하지 않았다.

1. 본문

"교육자" 혹은 "가정교사"의 의미가 있는 『교육자』(Paidagogos)는 『권면』(Protreptikos)의 속편이다. 『교육자』는 세 권으로 구성되어, 이미 "권면"을 듣고 기독교 신앙을 갖게 된 사람들에게 이야기한 책이다.

교육자의 1권은 교사로서 신적 로고스의 역할에 대한 일반적인 특징과 논의들이 있다. 2권과 3권은 의식주와 가구, 음악과 춤, 여가와 오락, 목욕과 기름 부음, 부부생활 그리고 부에 대한 생활의 모든 면들을 위한 윤리철학으로 구성되어 있다.

1) 재산의 목적인 자족

첫 번째 본문이 있는 2권은 다른 사람들이 가난한 사회 환경에서 호화로운 일부 사람들의 동정에 대해 집중적으로 다루었다. 클레멘스는 이러한 상황에서의 사치는 불의하다고 생각하면서, "은으로 된 소변기들과 투명한 설화석고(雪花石膏)로 만든 응접실 그릇들을 갖다 놓는" 부자들의 "터무니없고도 철저히 어리석은" 실례들을 제시하였다. 그래서 그는 다음과 같이 계속 이어갔다.

자신의 구원을 걱정하는 사람들은 이것을 그들의 첫 번째 원칙으로 여겨야만 한다. 즉 모든 재산은 우리가 사용하려고 있는 것이고, 모든 소유는 누구나 약간의 물건으로도 얻을 수 있는 자족을 위해 있는 것이다. 자신의 창고에 쌓아두며 즐거워하는 사람들은 탐욕 가운데 있는 어리석은 자들이다. "일군이 삯을 받아도 그것을 구멍 뚫어진 전대에 넣음이 되느니라"(학 1:6)는 성경 말씀이 떠오른다. 그러한 자들은 자신이 추수한 것들을 모아 저장하지만, 자신의 부를 누구에게도 나누어 주지 않으므로, 더욱 비참하게 된다.[8]

클레멘스는 "자신들의 구원을 걱정하는 사람들"에게 경고하고 있다. 그런데 이것은 공덕(功德)의 문제가 아니다. 그것은 객관적인 사실에 직면한 문제이자 실제적 요구이다. 그래서 재산에 관해서는 첫 번째 원칙으로 마음에 생각하고 있었다. "크레 프로에일레페나이"(Chrē proeilephēnai)는 문자적으로 "예상해야 하는"이나 "미리 판단하는"이란 뜻을 지닌다. 의미하는 바는 **태도**에 관한 것이다. 부에 대한 적절한 태도를 의미한다.

클레멘스는 "사용"을 "보유"와 대조시킨다. 그는 재산이 사용하려는 것이지 보유하거나 보관하기 위한 것이 아니라고 말한다. 보유는 재산의 목적이 아니라, 수단이다. 즉 재산은 "자족(autarkeia)을 위한 것으로, 약간의 사물을 누구나 획득할 수 있는 것"이다.

자족(autarkeia)은 동사 "자족하다"(autarkein)에서 온 단어로 "무엇이 본질적으로 충분한 상태"를 의미한다. 그래서 그것은 만족과 독립을 의미한다. 스토아주의자들에게 자족은 다른 사람들에게 신세를 지던 상태에서 개별적으로 지내면서 스스로 결정하는 자기신뢰를 의미했다. 즉 외부 현상에 관해서 자신의 도덕적 자기 확신 속에서 독립적으로 지냄으로 타인을 섬길 수 있는 자유로운 상태이다.[9]

클레멘스의 저술에 영향을 끼친 스토아학파에 관해 연구한 학자들은 『교육자』(*Paidagogos*)가 에픽테투스(Epictetus)의 교사인, 스토아학파 무소니우스(Musonius)의 논문에 많은 영향을 받았다고 지적한다.[10]

하지만 자족의 아주 엄밀한 의미는 실제로는 다르다. 그것은 본래 상대적인 용어이기 때문이다. 일반적으로 그것은 인간의 존엄성과 조화로운 삶을 이끄는 능력 있는 삶의 기준을 의미한다. 클레멘스에게 있어서 자족이 목적이기에, 재산의 소유나 보유는 그러한 목적을 위한 단순한 수단에 불과했다. 만약 재산의 보유 자체를 목적으로 삼으면서 즐거워하는 사람들은 "어리석은" 자들이다.

스토아학파 용어에서 "어리석은"(atopos) 것은 "참으로 현명한 사람"(ho alēthōs sophos)에게서 구체적으로 나타나는 것처럼 도덕성으로부터의 일탈로 묘사되곤 했다. 결국 도덕적으로 선한 행동은 "인간의 이성적 본성에 걸맞은 아주 심사숙고한 행동"이다. 그래서 클레멘스는 그들이 오로지 수단으로만 존재하는 목적으로 다루었기에 탐욕스런 "어리석음"이라고 불렀다. 그들은 모든 재산(pasa ktēsis)이 "자족을 위한" 것(autarkeias de charin hē ktēsis)-즉 수단-이라는 사실을 직시하려고 하지 않았다. 이것은 같은 구절의 또 다른 줄에서 더욱 분명하게 증명해 준다. "그 용도가 유용한 사물은 사치를 목적으로 해서는 안 된다. 왜냐고? 내게 말해 보라, 만약 식탁용 칼이 은으로 장식되지 않았거나 상아로 만든 손잡이가 없으면 잘라지지 않는가?"[11]

2) 재산의 목적인 코이노니아

『교육자』(*Paidagogos*) 2권 13장은 부자들의 사치-특히 보석, 진주 그리고 그러한 것들에 대한 그들의 애호-에 대한 신랄한 비판으로 시작한다. 클레멘스는 그들의 우매한 가치 기준을 꾸짖으면서, 대신 그들에게 성경에서 진주로 불리는 하나님의 말씀(Divine Logos)을 제시한다(마 13:46). 그러면서 그는 이의를 제기했다. 결국 부유한 자들은 다음과 같이 말한다.

A. "왜 우리는 하나님께서 만들어 주신 것을 사용할 수 없는가? 나는 이미 그것들을 소유했는데, 왜 내 맘대로 그것들을 즐기지 못한단 말인가? 우리를 위해 만들어진 것이 아니라면 그것들이 누구를 위한 것인가?" 그러한 말들은 완전히 하나님의 뜻을 무시하는 자들에게서만 나올 수 있다. 무엇보다도 그분은 우리에게 물과 공기와 같이 없어서는 안 될 것들을 제공하시지만, (금과 진주처럼) 불필요한 것들은 땅과 바다 속에 숨겨 놓으셨다.[12]

B. 무엇보다도 그분 자신을 공유하심으로, 그분의 말씀(Logos)을 모두에게 동일하게 보내주시며 만물을 모든 사람을 위해 만들어 주심으로, 우리 인생에 코이노니아를 가져다주신 분이 하나님 자신이시다. 그러므로 모든 것은 공동의 것이며, 부자들은 보다 큰 몫을 차지하려고 해서는 안 된다. 그래서 "내가 사물을 소유하여 넉넉히 가지고 있는데도, 왜 나는 그것으로 만족하지 못하지?"라는 표현은 인간으로서 마땅하지도 않고 어떤 공동체의 감정을 나타내는 것도 아니다. 오히려 "나는 사물을 소유하고 있는데, 왜 나는 궁핍한 사람들과 그것을 나누지 못하지?"라는 다른 표현이 있다. 그러한 표현이 온전한 것이며, "네 이웃을 네 몸과 같이 사랑하라"는 명령을 이행하는 것이다.

C. 어리석은 욕망으로 돈을 쓰는 것은 지출이 아니라 오히려 파멸을 가져오는 것이다. 하나님께서는 우리에게 소유물들을 사용할 수 있는 권한을 주셨지만, 나는 그것이 오직 필요한 범위에서만 사용되어야 함을 인정한다. 그분은 그것들이 공유물로 존재하길 원하신다. 수많은 사람이 빈곤 속에서 노동하고 있는데, 어떤 사람이 사치스럽게 산다는 것은 분명히 불합리하다.[13]

이러한 문장에서 문제점을 제시한 클레멘스는 우리가 살펴본 대로 절대적 소유권 개념을 주장하는 자들은 마치 오늘날 대부분 현대 서양법체계에서처럼 로마법을 "합법적"으로 수용한 사람들이다. 재산에 대한 이러한 사상으로 인해, 소유는 곧 물질적 사물을 통제하는 무제한적 권리를 갖는 것을 의미했다. 사실 사물을 소유한 사람들은 그 물건에 대한 권리를 아무도 증명하지 못하는 한, 그것을 어떻게 소유하게 되었는지는 알려줄 의무가 없었다. 그래서 사물에 대한 소유자로 한번 여겨지면 그 물건을 그들이 하고 싶은 대로 할 수 있었다. 소유권은 질적-그들의 재산을 소유자들이 하고 싶은 대로 할 수 있는 의미에서-으로나 양적-능력 있고 명석한 사람들이 엄청난 재산에 그들의 능력과 명석함을 과시할 수 있는 의미에서-으로나 절대적인 것으로 여겨졌다.[14]

클레멘스는 부에 대한 소유권이 부를 자기 뜻대로 사용하는 권리가 되어서는 안 된다고 지적한다. 오히려 그것을 하나님의 뜻대로 사용해야 한다. 그는 절대주의자들의 태도를 언급하면서 "그러한 말들은 하나님의 뜻을 완전히 무시하는 자들에게서 나올 수 있다"고 말한다. 그래서 성경신학자인 클레멘스는 우리에게 재산에 관한 성경적 개념을 언급한다.

하지만 클레멘스는 마치 스토아학파의 헬라 고전 학자처럼, 그는 성경학자로서, 심사숙고하게 이러한 권면을 시작하는 부분에서 말하는 태도나 정신을 하나님께서 왜 참으실 수 없는지 사람들이 알 수 있도록 보여주고자 노력한다. 첫 번째, 그는 하나님께서 질서 가운데 우리가 살아가는 데 필요한 "필수품"(ta anangkaia)들을 제공하셨다는 것에 주목한다. 반면에 진주, 금 그리고 "필수적이지 않은 다른 물건들은 하나님께서 땅과 바다 속에 감춰 두셨다"라는 것이다. 진정한 스토아학파 전통에서, 우리의 저술가는 가치를 판단하기 위한 자연스런 사실과 사건들에 호소하고 있다. 10여 년 전에 스토아학파 황제인 마르쿠스 아우렐리우스(Marcus Aurelius)는 같은 방법으로 도덕적 결론들을 내렸었다. "너는 우주의 여러 곳곳에서 질서 가운데 함께 일하는 작은 식물들, 작은 새들, 개미들, 거미들, 벌들을 보지 않느냐?"라고 그는 질문했다. "또한 너는 인간이 해야 할 일을 억지로 하면서, 너의 본성에 따라 해야 할 일을 서두르지 않고 있지 않은가?"[15] 동일한 문체로 클레멘스는 그것들이 필수적이기 때문에 구하기 쉬운 물건이라고 주장했다. 우리가 본문의 C부분에서 살펴본 대로, 이것은 당연한 가치체계를 인식해야 한다는 주장이자, 부자들이 "빈곤 가운데 노동하는 수많은 사람"의 희생 속에서 사치를 위한 욕망의 눈이 멀지 않도록 스스로 노력해야 한다는 주장이다.

재산에 관한 정당하고 합리적인 윤리를 위한 클레멘스의 논쟁에서 언급된 두 번째 상황은 인간의 연대책임에 관한 사실이다. 우리는 교제나 공동체, 코이노니아를 하도록 하나님께서 만들어주신 동일한 인생이다.

코이노니아(koinōnia)는 코이노네인(koinōnein)에서 온 추상명사이다. 그 동사는 참여하거나 나누다는 의미이기에, 명사는 참여나 나눔을 의미한다. "동무", "참여자"(koinōnos)는 다른 사람과 사물을 진실로 공유함을 함축한다. 그 어근은 공동 사업을 함께하는 단순한 동료(hetairos)-동업자(sunergos) 혹은 중립적이며 일반적인 "분배자", "관여자"(metochos)-와 달리, 특별히 친밀한 관계를 표현할 때 잘 사용된다. 코이노네인(koinōnein)은 다른 누군가가 소유하고 있는 것을 "공유하는" 것만을 의미하지 않는다. 그것은 다른 사람이 소유하지 못한 나의 물건을 다른 사람과 "공유하는" 것도 의미할 수 있다.

그렇기에 코이노니아는 친교를 의미하며, 친밀한 결속을 내포한다. 그것은 그러한 관계로 주거니 받거니 하면서, 주고받는 상호관계를 함축한다. 그래서 예를 들어, 그것은 헬라 세계에서 친교에 대한 최상의 표현으로 간주된 결혼관계나 깊은 우정관계를 특징지을 때 사용되었다.[16]

만약 우리가, 클레멘스가 코이노니아를 사용한 특별한 방법을 연구한다면, 그가 스토아학파의 방법과 유사한 의미로 사용하였음을 발견한다. 우주를 역동적이며 통합된 전체로 간주하는 스토아학파에게 코이노니아는 인간뿐만 아니라, 하나님 혹은 더 높은 우주와 인간 간의 관계도 포함할 수 있다. 스토아학파는 인간됨은 곧 사회적 존재가 됨, 즉 누군가가 자신을 탐구하려면 타자(他者)를 탐구해야 한다고 평가했다. 거기에 자신의 합리적 요소로서 각각의 인간을 스스로 적응시킬 수 있는 유일한 이성

(Logos)이 존재하기 때문이다.

　스토아학파에게 있어서, 자연법은 근본적으로 보편적 이성(Koinos Logos)의 개념에 놓여 있다. 모든 인간은 서로 밀접하게 관계되어 있어서, 모두가 동일한 기원과 운명이 있으며, 모두가 동일한 법 아래 있으며 한 국가의 시민들이다. 왜냐하면 모두 동일한 이성(Logos)을 공유하기 때문이다. 따라서 모두는 보편적 이성(Koinos Logos)-즉 코이노니아(koinōnia)-에 따라 행동해야 한다. 세상 자체는 인간과 다른 모든 존재들의 코이노니아며, 이러한 코이노니아의 법과 요구에 대한 무조건적 복종의 불가피성이 존중되어야 한다.

　그러나 우리 본문으로 돌아오면, 클레멘스의 윤리적 고찰이 스토아학파의 영향보다 성경적 영향을 훨씬 더 받았음을 발견하게 된다. 바울은 신약성경에서 코이노니아를 그리스도를 믿는 신자들과 그분의 복에 대한 신앙적 교제("참여")로, 또한 신자들 간의 상호교제로서 사용하였다(고전 1:9; 12:12-31; 히 2:14; 벧후 1:4). 클레멘스는 "하나님께서 스스로 자신을 공유하심으로…그분의 말씀을 모두에게 동일하게 보내심으로…모두를 위해 만물을 만드심으로 우리 인생에 코이노니아를 가져다주셨다"고 말함으로 동일한 개념을 포함한다.

　이제, 바울의 사상에서 그리스도와의 교제는 필수적으로 공동체의 상호 교제로 인도된다. 그래서 그가 사용한 동사, "공유함"이란 개념의 코이노네인(koinōnein)에서 종종 "나누어 줌"이란 개념이 간과된다(몬 1:17; 빌 4:15; 갈 6:6; 고전 9:11). 그래서 로마서 15:26과 고린도후서 8:4에서 이상적인 용어인 코이노니아는 궁핍한 공동체 구성원들을 위해 돈을 모금하는 것이 되었다!

　코이노니아에 대한 클레멘스의 결론은 바울의 결론과 다르지 않다. 왜냐하면 인간은 다른 사람들과의 코이노니아 속에서 존재하기 때문이다. "**그러므로**, 모든 것은 공동의 것이며 부자들은 보다 큰 몫을 차지하려고 해서는 안 된다." 일반적으로 부의 목적은 자족하기 위함뿐만 아니라 동등하게 코이노니아-사치스러움을 탐닉하는 소수의 부자와 "빈곤 가운데 노동하는 수많은 사람" 사이의 차별을 철폐하는 동등한 교제-를 촉진하기 위함이기도 하다.

스토아주의자들에게 하나님, 이성, 운명 그리고 자연은 하나였고 동일했다.[17] 하나님은 "사물을 만들어 내기 위해 방법론적으로 진행하는 창조적인 불"이나 "벌집을 통해 스며 나오는 꿀처럼" 사물 안에서의 세력으로 여겼다. 스토아학파는 하나님을 섭리적 존재이자 만물의 이익을 위해 세상의 모든 것들을 통치하는 아버지로서 설명했다. "노예여, 너는 제우스가 그의 조상을 위해 소유한 너 자신의 형제와 함께 태어나지 않았는가? 또한 너는 본래 동일한 하늘의 조상, 동일한 씨의 아들로서 태어나지 않았는가?"[18] 클레멘스의 제자인 오리게네스(Origen)는 후에 언급하였다. "그들은(스토아주의자들) 비록 섭리적 존재 자신이 지시한 존재와 동일한 본질이라고 말했지만, 그럼에도 불구하고 그들은 그가 완전하며 그가 지시한 것들과는 다르다고 말했다."[19]

클레멘스의 삼위일체(triadology)는 후기 정교회의 삼위일체 교리의 선구이며, 그의 이성은 "영광스러운 말씀이 인간 본성을 통해 위대한 새로운 가치로 거듭나며 받아들여진 것"이다.[20] 본문 B에서 "모든 사람을 위해 만물을 만드시면서, 무엇보다도 그분 자신이 공유하심으로 그리고 우리에게 그분의 말씀을 동일하게 보내심으로, 우리 인생에 코이노니아를 가져다주신 분이 바로 하나님 자신이시다." 클레멘스의 이중적 언급은 (1) 하나님의 내재적 삼위일체의 삶인 코이노니아(자신을 공유하시는)를 내포하며, (2) 하나님 자신의 생명의 본을 따라, 하나님께서 그분의 말씀(Logos)-코이노니아가 존재하며 점점 더 이루어지는 생명-을 통해 창조하신 모든 생명을 내포한다.

윤리학 영역에 실재에 대한 이러한 비전을 적용하면서, 클레멘스는 누군가가 자신의 "소유"이기 때문에 재산을 자기가 하고 싶은 대로 멋대로 사용하는 것은 비인간적(ouk anthrōpinon)이라고 했다. 하나님께서는 인간을 타인과 함께 필연적으로 코이노니아하며 사는, 사회적 존재로 만드셨다. 온전한 인간(anthrōpinon)으로 행동하려면 "사회적인"(koinōnikon)

방법, 혹은 공동체 정신으로 행동해야 한다. 분명한 소명은 재산에 관해 만연되어 있는 절대주의자들의 개인주의적 로마법의 정당화를 몰아내는 것이며, 만물이 모든 사람을 위해 공유하는 방법으로 유지되면서, 소유권에 관한 새로운 원리를 받아들이는 것이다.

클레멘스에 따르면, 이러한 태도를 보이며 이러한 방법으로 행동하는 사람은 "완전한"(teleios) 사람이다. 스토아주의 용어에서 사람이 완전하다(teleios)는 것은 보편적 이성에 따라 자신의 의식적 일치의 덕에 의해 완전한 의무(kathēkon teleion)나 정당한 행동(katorthōma)을 수행하는 사람이다.[20] 그리스도인인 클레멘스는 사람이 완전한 것은 "'네 이웃을 네 몸과 같이 사랑하라'는 명령을 성취하기" 때문이라고 더 깊이 있게 말한다.

C구절에서 클레멘스는 코이노니아의 근원은 모든 만물을 절대적으로 다스리시는 하나님께서 "우리의 소유물들을 사용할 수 있는 권한(exousia)을 우리에게 주신 것"에 있다고 진술한다. 그러나 이 권한(exousia)은 절대적인 것이 아니라, 필요한 경우(mechri tou anankaiou)에만 가능하다. 필수품(Anankaion)은 여분이나 과다한 것(peritton)과는 다르다. 물질적 부를 사용할 수 있는 인간의 권한은 제한적이다. 즉 모든 사물이 공동으로 사용되기(tēn krēsin koinēn einai bebouleutai)를 바라시는 절대적인 주님의 의도시다. 인간의 소유권은 본질적으로 코이노니아를 촉진하기 위함이다.

"빈곤 가운데 노동하는 수많은 사람이 있는데도 사치스럽게 사는" 소수를 인정하는 상황, 즉 코이노니아를 반대하는 것에 대해 클레멘스는 단순히 터무니없는(atopon) 것으로 간주했다. 그것은 인간의 사회적 본성을 거부하기 때문에 터무니없을 뿐만 아니라 몰인정한 것이다. 소유의 권리를 "공유하는" 의무인 역동적인 실재로서 간주하지 않고, "유지"하거나 "보유"하기(keimai, "그대로 놓여 있음," "쓸모없게 놓여 있음") 위한 정적인 질서로 고정하고 있기에, 그것은 "질서에 어긋난" 터무니없는 것이다.

3) 부(富) 사용의 한계

『교육자』(Paidagogos) 3권 7장과 8장에서, 클레멘스는 사람의 생계를 위해 적당한 물건으로 만족해하며 사는 "검약"에 대해 다룬다. 그는 값진 물건들, 옷들 그리고 그 당시 경제 침체로 인해 발생될 문제를 대비해 가정의 물건들을 예비로 쌓아두는 것과 같은 형태로 부를 축적하는 관행을 통렬히 비판한다.

> A. 발이 신발의 척도인 것처럼, 각 사람의 물질적 필요가 각자 소유해야 하는 척도이다. 과다한 것은 무엇이든지 몸에 부담이 된다…성경은 실제로 "자신의 부유함이 사람의 영혼을 구속한다"(잠 13:8)고 선언한다. 즉 사람이 부유하면, 자신의 부를 나눔으로 구원을 얻을 수 있다.[22]

> B. 검약은 대단한 부유함이다. 왜냐하면 그것은 물건이 필요할 때 돈을 전혀 억지로 지출하지 않으며, 필요가 있을 때에는 언제든지 지출할 수 있는 성품이기 때문이다.[23]

이 본문에서 클레멘스는 지나친 부를 "보유"하거나 "보관"해 두는 것에 대해 명백히 반대하면서, 물질적 부를 사용하는 권리에 대한 "공유" 측면을 다시 한 번 강조한다. 더욱 의미심장하게 그는 상식을 벗어나거나 상상을 초월하여 부를 추구하고 사용하는 것에 대해 자연의 경계나 한계가 있음을 지적한다. 신발의 용도는 자신의 발에 맞고 편해야 하기에 자기 발보다 너무 큰 신발을 신으려는 것은 어리석은 것처럼, 모든 사람은 필수적 소용의 한계가 확고하고도 분명하다는 것과, 함께 공유하는 것이 모든 사람의 관심이 되어야 한다는 것을 깨달아야 한다. 그래서 물질적 부의 쌍생적 목적인, 자족과 코이노니아는 유력해질 것이다.

4) 모든 부는 만인을 위한 선물

『어떤 부자가 구원받을 것인가?』(Quis Dives Salvetur? 혹은 Tis Ho Sōsomenos Plousios?)는 마가복음 10:17-31에 관한 설교다. 그것은 알렉산드리아 학파의 상징적, 혹은 영적 해석을 사용한다.[24] 그는 어떤 비난에 대해서도 맞서고자 부자들의 면모를 자세히 살펴보았다. 클레멘스는 자신들의 부를 위해 부유한 자들을 칭송하는 자들이 단순한 아첨이나 비굴함보다 더 심각한 죄를 범하는 것이라고 단호하게 꾸짖으면서 이 설교를 시작한다. 이런 종류의 아첨은 특별히 교활한 것이다. 자신의 부를 위해 부유한 자들을 칭송하는 것은 그들을 더 심한 오만 속에 빠뜨리는 결과를 가져올 것이다.[25] 그러면서 그는 계속 설교한다.

A. 어떤 사람이 생필품이 부족할 때 그는 아마도 심령이 상하여 더 고상한 일들을 생각할 겨를도 없을 것이다. 그는 어디에서 어떤 방법으로든 이러한 생필품을 얻고자 굉장히 애를 쓴다. 반면에 풍족히 소유하고 있는 사람은 어떻게 하면 그가 도와야 할 사람들이 찾아오지 않으면서 아무 걱정 없이 지내며 자신의 소유를 더 유용하게 할 것인가 고민한다. 물질을 지닌 사람이 아무도 없다면 사람들 가운데 공유할 것이 뭐가 남겠는가?[26]

B. 주님께서 자신들의 필요를 인정해 주신 것은 바로 이러한 상황에서다. 즉 함께 공유하고, 목마른 자들을 마시게 하고, 배고픈 자들에게 빵을 주며, 행려자들을 맞이하며, 헐벗은 자들을 입힐 것을 주님께서 그들에게 명령하신다. 그런데 만약 소유한 재산이 없어서 이러한 필요들을 충족시킬 수 없다면, 주님께서 재산을 나누어 주라고 명령하시는 것 말고 허락하신 것이 무엇인가? 공유해도 되고 공유하지 않아도 되는 것, 그것이야말로 불합리의 극치일 것이다.[27]

C. 소유물은 소유로 인해 생긴다. 재산(Goods)은 그 자체가 선하기(good) 때문에 그리고 인간의 선을 위해 하나님으로부터 공급받았기에 재산이라고 불린

다. 사실, 재산은 수중에 있기에 물건이나 사용하는 도구처럼 마음대로 처분할 수 있다…너희는 부를 공의롭게 사용할 수 있다. 그것이 공의로운 섬김이다. 하지만 그것을 잘못 사용한다면 그릇된 섬김이 된다. 그것의 본질은 섬기려는 것이지, 지배하기 위한 것이 아니기 때문이다.[28]

D. 하나님의 선물로서…소유물을 지닌 사람은…자신의 소유를 위해서라기보다는 오히려 자기 형제의 이익을 위해서 그것들을 소유하고 있음을 알게 된다…천국의 유업을 받을 준비가 된…주님의 복을 받은 사람이다.[29]

E. "불의의 재물로 친구를 사귀라. 그리하면 없어질 때에 저희가 영원한 처소로 너희를 영접하리라"(눅 16:9). 그래서 어떤 사람이 완전히 자기 소유로서 개인적 이익만을 위해 그것들을 소유하면서 궁핍한 사람들을 위한 공동 창고에 가져다 놓지 않을 때, 모든 소유물은 본질상 불의하다고 그분은 선언하신다. 하지만 이러한 불의로부터 성부와 함께 영원한 처소를 누리는 사람들에게 구원을 베푸는 공의와 구원의 행위를 수행할 수 있다.[30]

한편, 이 본문에서 클레멘스는 자신들의 물질적 재산이 악하며 가난이 본래 미덕이라고 가르치는 사람들—본래 목적이 절대적인 무소유라고 설교하는 자들—에 대해 논쟁을 하고 있다.[31] 다른 한편으로 그는 그 당시의 절대적 소유권 개념을 가진 자들에 대해서도 공박을 한다. 그러면서 그는 물질적 부에 대한 타당한 윤리적 관점이 있어야 함을 제시한다.

첫째로, 클레멘스는 사람들에게 물질적 재산이 분명히 필요하다고 말한다. 그것을 부정함으로 그들은 굶주림 속에서 "어떤 방법으로든지 어디서든지" 물건을 구하고자 했으며, 그러므로 "고상한 일들을 쉽게 무시하는" 결과만 가져왔다. 하지만 이것은 자신들을 금욕주의자로 과시함으로 절대적인 무소유를 전파하는 자들의 바로 그 목적을 좌절시켰을 것이다.

더욱이 물질적으로 공유할 것이 아무것도 없기에, 더는 공동으로 공유하자는 코이노니아를 주장할 수도 없었다. 의식주의 절대적 무소유를 실천하면서, 굶주린 자들을 먹이고, 헐벗은 자들을 입히며, 유리하는 자들에게 쉴 곳을 마련하는 것이야말로 "불합리의 극치"였다. 물질적 재산의 사용은 필수적이다. 이것들은 "하나님으로부터 공급받은" 것이다. 그것들은 "공급자이신 하나님"으로부터 말미암은 "하나님의 선물들"이다.

클레멘스는 같은 어원을 가진, "재산"(chrēmata), "유용한"(chrēsima) 그리고 "사용"(chrēsis)이란 단어를 쓰면서, 이렇게 주장한다. "재산은 선하기 때문에 그리고 모든 사람의 선을 위해 하나님으로부터 공급받은 것이기에 재산이라 불린다. 사실, 재산은 수중에 있기에 물건이나 사용하는 도구처럼 마음대로 처분할 수 있다." 의식주를 만드는 근원은 모든 사람을 위한 선물로서 거기에 그대로 있고, 그들의 소산물은 "궁핍한 사람들을 위해 공동창고에" 가져다 놓은 것이다.

이러한 만물의 유일한 절대적 소유자는 "공급하시는 하나님"이시기에, **바로 이러한 상황에서** 그분께서 그것들의 사용을 동의 혹은 재가(epainei)해 주시는 것이며, 이러한 조건에서 그분은 그것들을 공유하라고 명령하신다." 자산과 물질적 재산의 진정한 본질은 모든 사람의 필요를 "섬기는" 것이다.

2. 요약

알렉산드리아의 클레멘스는 오늘날의 용어로 사회주의 이론가라고 할 수도 없고, 소유권에 관한 전문적 철학자로서 글들을 기록한 것도 아니다. 심지어 그의 "어떤 부자가 구원받을 것인가"도 (비록 그것이 분명히 실제적인 논문이지만) 단지 설교일 뿐이다. 하지만 그의 저술에 대한 연구를 통해, 우리는 클레멘스가 부와 사치에 대해서 단순히 도덕적인 감화 이상의 일을 했음을 알 수 있다. 그는 소유권의 윤리에 대한 철학적 토대를 검토했다.

그 당시의 모호함 속에서 절대적 무소유의 색다름이나 만연된 절대적 소유권에 관한 로마법 철학을 거부하면서, 클레멘스는 물질적 재산이 "공급자이신 하나님"의 선물이며, 대다수가 빈곤 속에서 고생하고 있는데도 소수가 사치스럽게 살아서는 안 된다고 엄중하게 선포했다. 오히려 부를 생산하는 원천은 모든 사람이 사용하도록 공유물로 거기에 그대로 있는 것이다.

자족-개인적 독립, 자기신뢰 그리고 자급자족-은 코이노니아 혹은 공동체와 함께 물질적 부의 유지와 사용을 위한 쌍생의 목적이다. 소유하고 있는 물질적 재산의 권리는 본질적으로 그러한 권리의 용도에 의해서 조건 지워진다. 본래 목적론적 제한은 물건을 통제할 수 있는 것으로 "가능한 한 많은"(tantum-quantum) 물건의 재산보유와 물질적인 재산에 자족과 코이노니아-절대적이며 독점적 권리의 로마법 개념과 상반되는-를 심화시키기 위한 사람들의 능력에 맞게 균형 잡힌 권리의 재산보유를 형성한다. 또한 부를 추구하며 사용하는 자연의 경계나 제한을 벗어나는 것은 상식을 벗어나는 것이며, 합리적이지도 않다.

재산의 기능은 "공유하는 것", "모든 사람을 섬기는 것" 그리고 "모든 사람의 복지"를 위해 봉사하는 것이다. "완전히 자기 자신만의 이익을 위한 것이 아니라" "궁핍한 사람들을 위한 것"이다. "자족을 이루는 것"과 "코이노니아를 확대하는 일"은 클레멘스의 관점에서, 부차적이고 덧없는 특징이 아니다. 그것은 그 자체가 매우 중요한 의미가 있다.

클레멘스의 교리를 진지하게 받아들인 그리스도인 개인과 신자들은-부유하든 부유하지 않든지 간에 "가진 자들"-공동 기금에 자선과 기부가 더 증가했다. 또한 섬김과 선행으로 새로워진 코이노니아는 궁핍한 자들에게 부를 기독교적으로 재분배하는 주된 형식이 되었다.[32]

제4장

대 바실리우스:
또 다른 명목의 강탈

바실리우스는 주후 330년경 카파도키아의 가이사랴에서 태어났다. 그의 아버지도 바실리우스로 불렸는데, 본도(Pontus)와 카파도키아에서 법률가이자 수사학 교수였으며 막대한 재산을 보유하면서도 거룩한 삶을 살았던 저명한 인물이었다. 바실리우스의 어머니인 엠멜리아(Emmelia)는 순교자의 딸로서, 세 명의 감독들과 한 명의 수녀 그리고 한 명의 수도사의 어머니였다. 그녀의 자녀 중 세 명은 성인으로 존경받는다.

바실리우스는 가이사랴에서 처음으로 문학 교육을 받은 후, 콘스탄티노플에서 그리고 마지막으로 그가 명석한 학생임을 입증해 준 아테네에서 5년간 교육을 받았다. 그가 카파도키아로 돌아왔을 때, 세 군데 이상의 속주에 분산된 재산의 소유자가 되었다. 그것은 본도를 오랫동안 떠나 있는 동안 그의 할머니와 아버지께서 돌아가셨기에 그분들의 부를 상속받았기 때문이다.

바실리우스는 가이사랴에서 수사학 학장 제안을 받아들였다. 그러나 2년간 아버지의 전철을 밟은 후, 스스로 수도사의 삶을 살기로 했다. 그는 자신의 모든 재산을 가난한 자들에게 나눠 주면서, 세속을 떠났다. 하지만 370년에 가이사랴의 감독인 유세비우스가 죽게 되자, 바실리우스가 그의 후임으로 선출되었다. 비록 그가 감독으로 재임한 기간은 짧았지만, 목회 활동에 굉장한 결실을 거두었다. 그는 가이사랴의 변두리에 또 다른 마을을 형성할 만큼 광범위한 교양학교와 기술학교, 고아원과 훈련원 등을 포함해서, 공동생활시설들을 만들었다.[1]

바실리우스는 비록 어린 시절에 그의 재산을 포기했지만, 재산 일부분을 배다른 형제에게 넘겨주어 그 소득으로 바실리우스가 후원을 받았다.[2] 바실리우스는 379년 1월 1일에 50세도 못되어 죽었다. 이름의 "대(大)"는 바실리우스가 살던 동시대 사람들에 의해서 붙여졌다.[3]

바실리우스는 여러 방면에서 다재다능한 소질을 지녔다. 그는 분명하고도 정확한 가르침으로 모든 기독교 세대를 위한 도덕적 지침의 토대로 놓은 이론가였고, 그의 목적을 이루려는 방법들을 단호하게 수행한 활동가였다. 그는 교리적 교의가 실제적이며 도덕적인 영향을 끼치도록 많은 관심이 있었기에 "헬라인들 중의 로마인"으로 불렸다.[4]

대 바실리우스가 살던 당시에 로마의 속주였던 소아시아는 부유하고 번성한 지역이었다.[5] 따라서 농업은 경제생활의 주요 생업이었다. 많은 형태의 토지보유가 유행했다. 먼저는 그리스 도시들의 지역에 널리 퍼진 소유권 제도였으며, 로마인들에 의해서도 알려졌다. 이런 방식으로 소유한 토지는 소유자와 노예들과 소작농들 모두에 의해 경작되었다.

게다가 이러한 토지들은 자유민이 된 시민들에 의해 경작되었고, 수많은 고대 그리스 도시들은 낮은 계층인 원 거주민이 경작하고 거주하는 광활한 토지를 소유하고 있었다. 전체 마을은 자치 도시 시민으로서 완전한 권리를 가지지 못한 "거주민들"이 살았다. 로마법은 이러한 마을들을 "부속" 도시로 간주했다. 하지만 다른 토지들은 어떤 도시의 외곽 지역에 있었고, 부자 가문이나 귀족 가문이 소유했다. 이런 가문들의 농노로서 땅을 경작한 농민들은 도시로부터 아주 멀리 떨어진 마을에 살았고, 사회생활과 문명으로부터는 완전히 이방인이었다. 이러한 소작농들은 2장에서 살펴본 대로, 이러한 토지에서 점차 노예로 전락해 갔다.

라틴어로 "소작농"은 콜로누스(colonus)였다. 사법상으로 소작농은 토지소유자와 함께 거주나 행동(locatio-conducatio)을 자유롭게 계약하거나 임대할 수 있는 자유로운 사람을 의미한다.[6] 그러나 사실상, 소작농들은 굉장히 의존적인 지위였으며, 그들의 지주나 국가를 위해 강제 노동에 시달렸으며, 그들은 늘 소작료를 제때 받지 못하며 임금체불로 고생했다.

2장에서 살펴본 대로, 조세는 더욱더 가중되었고 경작하는 인구는 감소했다. 그러자 엄청난 양의 토지 경작이 불가능해졌고, 국가에 재원을 조달하는 것도 중단되었다. 정부는 이러한 점을 개선하고자 유력한 지주들에게 토지를 더해 주었으며 그 땅의 조세를 책임지게 했다. 동시에 그것은 그들에게 이러한 새로운 토지를 경작하는 사람들을 지배하는 권력까지 부여해 주었다. 이내 소작농들에 대한 그들의 처우에 관해서 지주들과 대규모 차지인(借地人)들의 감독이 줄어들었다. 정부는 조세를 거둬들이고자 그곳에서 벌어지는 압제에 대해 눈을 감았다.

4세기에, 제국의 거대하고 번성한 도시들의 모든 발전과 함께, 카파도키아는 소아시아의 다른 지역처럼 농민들과 촌락들의 땅으로 남아 있었다. 부자가 되려는 방법은 분명히 대토지소유자나 대규모 차지인이 되는 것이다.

대 바실리우스가 가이사랴의 감독으로서 부자들에게 설교했을 때가 바로 이러한 사회경제적 상황이었다. 그곳에서 그는 재산에 대한 윤리를 펼쳐 나갔다.

1. 본문

1) 부자들은 도둑들

첫 번째 구절에서, 우리는 바실리우스가 누가복음 12:18의 "내가 이렇게 하리라. 내 곳간을 헐고 더 크게 짓고 내 모든 곡식과 물건을 거기 쌓아 두리라"는 말씀에 대해 언급한 것임을 알 수 있다. B구절과 C구절은 소유와 부의 윤리에 관해서 부자들에게 한 설교다.

A. [부자들은] 이렇게 말한다. "내 소유를 보유하고 보관할 때, 내가 누구에게 피해를 줬는가?" 그러면 내게 말해 보라. 어떤 물건이 네 것이냐? 너는 그것들을 어디에서 가져와서 존재하게 했느냐? 너는 마치 모든 사람이 공동으로 사용하고자 만든 극장에서 한 자리를 차지하고 있으면서 다른 사람들이 들어오지 못하도록 막는 것이나 다름없다.

그렇게 하는 자들이 부자들이다. 그들은 가장 먼저 공유물을 차지했다는 이유로 자기 소유로 만든 자들이다. 만약 각자가 궁핍한 사람들을 위해 남겨두면서 자신의 필요에 맞게 가져간다면, 아무도 부유하거나 가난하지 않을 것이다.

너는 모태에서 빈 몸으로 나오지 않았는가? 다시 빈 몸으로 흙으로 돌아갈 것이 아닌가?(욥 1:21) 그러면 네가 지금 가진 소유물들을 어디에서 가져왔는가? 만약 네가 "우연히"라고 말한다면 너는 하나님을 믿지 않는 자다. 그것은 네가 창조주를 인정하지도 않고, 주신 분에게 감사도 드리지 않기 때문이다. 만약 네가 그 모든 것이 하나님에게서 온 것임을 인정한다면, 너는 왜 그것을 받았는지 우리에게 말해 보라.

하나님께서는 우리의 삶에 필수적인 것들을 불공평하게 나누어 주는 불의한 분이신가? 너는 왜 부유하고, 저 사람은 왜 가난한가? 그것은 하나님의 신실하신 분배와 자비의 보상으로 받은 것이 아닌가?[7]

B. 너의 끝없는 탐욕으로 모든 것을 가지려고 수많은 사람의 것을 빼앗고 있는데도 아무에게도 피해를 주지 않았다고 생각하는가? 누가 탐욕스런 자인가? 곧 [자족할 만큼] 충분한 물건을 가지고 있으면서도 만족하지 못하는 자다. 누가 도둑인가? 바로 다른 사람의 물건을 취한 자다.

너는 탐욕스럽지 않은가? 너는 도둑이 아닌가? 너는 나누어 주라고 받은 것을 너 자신의 소유로 만드는 자가 아닌가? 사람이 이미 입은 옷을 훔친 자를 강도라고 불러야 하지 않는가? 또한 헐벗은 사람을 입힐 수 있음에도 그렇게 하지 않는 자를 어떻게 불러야 하는가?

네가 저장한 빵은 굶주린 자들의 것이다. 네 옷장 속에 보관하는 코트는 헐벗은 자의 것이다. 네 소유물 중에 썩는 신발들은 신발이 없는 자들의 것이다. 네가 땅속에 감춰둔 황금도 궁핍한 자들의 것이다. 네가 다른 사람들을 도와줄 수 있었음에도 거절했다면, 너는 분명히 그들에게 불의를 행한 것이다.[8]

C. 네가 단언한 것이 사실이라면, 너는 부자청년(막 10:20)의 말씀으로 인해 사랑의 명령에 복종했을 것이며, 너 자신에게 한 것처럼 모든 사람에게 주었을 것이다. 그러면 나는 질문한다. 네가 도대체 어디서 이 모든 부를 소유하게 되었는가? 사람마다 자신의 필요를 위해 조금씩만 받으면서, 동시에 모든 소유자들이 자신의 재산을 궁핍한 자들의 돌봄을 위해 분배할 때, 가난한 자들의 돌봄을 위해 부를 소비하게 된다. 그러므로 자신처럼 이웃을 사랑하는 자는 누구나, 자신의 이웃보다 더 많이 소유하지 않을 것이다.

하지만 네가 너무 많은 토지를 소유한 것이 명백하다. 이 모든 것들은 어디에서 났는가? 의심할 여지없이 너는 자신의 안락을 위해 안심하며 편안하게 지내왔다. 그러므로 네가 부유함 가운데 풍요로울수록, 너는 점점 더 자선에 대한 요구가 늘어나는 것이다.[9]

D. 하나님께서는 탐욕스런 손으로 경작하는 땅 위에도 비를 내려주신다. 그분은 씨앗이 따스해져 풍성한 열매를 맺도록 태양을 내려주신다.

이런 것들은 하나님에게서 온 것이다. 비옥한 땅, 적절한 바람, 풍성한 씨앗, 공기의 작용 그리고 풍성한 열매를 맺게 하는 농장에서의 다른 모든 것들…그러나 탐욕스러운 자는 우리에게 공동으로 주신 자연을 기억하지도 않고, 분배에 대해 생각하지도 않는다…[10]

이것이 바로 존 라이언(John A. Ryan)이 수년 전에 분석한 본문들 중의 하나이다. 우리가 살펴본 대로 라이언의 책은 처음에는 사유재산을 위해 변호하는 것처럼 보인다.[11] 그것은 교부들이 결코 사유재산권을 부인하지 않았다는 전제를 보여주며, 반박하는 근거를 대수롭지 않게 여기고 있다.[12] 초기 기독교 철학자들의 가르침을 그들의 실제 행동(다른 사람을 통해 자신의 거대한 재산의 일부분을 보유한 바실리우스처럼)과 일치하는 방법으로 해석해야 한다는 것인데, 이러한 의미에서의 선험적인 추론도 아주 적절한 것은 아니다. 저술가는 여러 면에서 아직은 실행할 수 없었던 재산에 대한 견해를 실제로 제의해 왔던 것이다. 마치 수세기 후, 이 상주의 문학(Thomas More, Fénelon)의 발전에서 보듯이, 이들은 엄격한 코이노니아적 사회-오늘날의 소위 공산주의 사회에서 보는 것보다 더 엄격한-를 제안하면서도 그들의 삶은 자신들의 저술대로 코이노니아적 교리와 일치하지 않게 살았던 것이다. 그래서 바실리우스의 이러한 본분들은 전반적으로 다시 분석해야 하며 그 자신의 강조점을 통해 충실하게 그를 본받아야 한다.

바실리우스가 유능한 설교가로서 빈부격차를 비난하면서 수사학적 비유들을 분명하게 사용한 점은 감사해야 할 만큼 유용할 것이다. 그러나 분명한 것은, 어떤 주석가들은 바실리우스의 저술 중 일부는 너무 급진적이기 때문에 단순히 "수사학적"이라고 부르기에는 너무 이르다는 것이다.

이제 본문으로 돌아가서 보자. 첫째, 우리가 주목할 점은, A구절에서 바실리우스는 널리 퍼진 절대주의적 소유권 개념으로 다루고 있지 않고, 모든 것에 자신의 권리가 있음을 다루고 있다. 부유한 사람들은 재산으로 무엇을 해야 하는지를 묻지 않고, 모든 재산을 소유하는 것을 요구하고 있다. "내 소유를 보유하고 보관할 때, 내가 누구에게 피해를 줬는가?"

둘째, 바실리우스는 부자들이 재산을 소유해야만 한다는 어떠한 권리에도 거의 관심이 없었다. 그는 주로 재산에 관한 궁극적이고 철학적인 정당화에 관심이 있었다. 그의 고찰들은 재산과 부의 기원에 주로 집중되었다. "너는 모태에서 빈 몸으로 나오지 않았는가? 다시 빈 몸으로 흙으로 돌아갈 것이 아닌가? 그러면 네가 지금 가진 소유물들을 어디에서 가져왔는가?" 어디선가 이러한 인생에 가져온 것은 오직 자기 자신뿐이다. 그래서 그는 결국 아무것도 남지 않는다는 욥기 말씀을 인용한다.

이제 바실리우스는 부자들이 완전한 괴리에 빠져 있음을 보여준다. 사람은 유신론적 입장이나 무신론적 입장으로 재산을 보게 된다. 만약 네가 너의 재산을 "우연히"(apo tautomatou) 가졌다고 말한다면 너는 경건치 않은 무신론자(atheos ei)이다. "너는 창조주를 인정하지도 않고 주신 분에게 감사드리지도 않는다." 그래서 다른 괴리가 생긴다. "만약 네가 그 모든 것이 하나님에게서 온 것임을 인정한다면, 너는 **왜** 그것을 받았는지 우리에게 말해 보라."

여기에서 무신론자(Atheos)는 실제적인 무신론자를 의미한다. 즉 하나님을 사변적으로 부인하는 자가 아니라, 자신의 실제적인 관심과 행동으로부터 하나님을 떠난 "경건치 않은 자"다. 이 단어는 하나님과 그분의 율법을 경멸하는 자에게 사용된다.[13]

그러나 하나님께서 사람의 소유물들의 근원이시라면, 다음 질문은 하나님께서 그것들을 주신 목적(dia ti)이 무엇인가이다. 바실리우스의 윤리적 연구가 이제 진전된다. "하나님께서는 우리의 삶에 필요한 것들을 불공평하게 나누어 주시는 불의한 분이신가? 너는 왜 부유하고, 저 사람은 왜 가난한가?" 만약 모든 사람이 평등하게 살 권리가 있다면, 어떻게 너는 필요 이상(peritton)을 소유하고 있고 다른 사람은 인간답게 살 만한 최소한도 소유하지 못하고 있는가?[14] 바실리우스가 지적한 질문은 이 땅의 물건들이 단지 소수의 사람만을 위해 마련된 것인지, 아니면 그것들이 만인이 공동으로 사용하고자 마련된 것인지에 집중되어 있다. 그의 답변은 모든 사람을 위한 창조주 하나님의 섭리에 대한 기독교적 확신과 일치한다. 하나님은 절대로 불의하지 않으시다. 소수의 부자와 대다수의 가난한 자 사이의 불의한 차별이 분명히 존재하는데, 그것은 틀림없이 소수의 부자가 대다수의 빈곤한 자에게 불의하게 대했기 때문이다. 가난한 자들은 기본적인 필요를 충족시키고자 하는 반면, 소수의 부자는 자족을 위한 필요 이상을 소유하고 있기에 대다수가 궁핍한 상태로 남아 있는 것이다.

지상의 물건들이 궁극적으로 창조주에게서 왔다고 인정했다면 그것들이 "신실한 분배"의 목적을 위해 공급받았다고 당연히 인정했을 것이다. 자연의 창조주이시며 만물의 공급자께서 자신의 절대적 주권으로 우리에게 지상의 모든 부요함을 끊임없이 제공하시면서 다스리신다. 그래서 바실리우스는 그분께 복종하는 인간은 부의 목적을 위한 "신실한 분배"의 기능을 숙고해야 한다고 결론짓는다.

전술한 것으로부터 바실리우스가 부를 일반적으로 논의하고 있음이 명백하다. 동시에 그는 토지를 특별히 논의하고 있다. 바실리우스의 시대에 카파도키아에서는 부자가 보통 막대한 토지와 거기에 사는 농민들 모두의 주인인, 대지주들이었다. 재산은 본질적으로 소유지였다. 바실리우스가 "극장에서 한 자리를 차지하고 있으면서"라고 직접 비유한 것은 그가 부를 일반적으로 생각했을 뿐만 아니라, 토지와 지대를 특별히 생각했음을 보여준다. 이것은 C구절에서 그가 "네가 너무 많은 토지를 소유한 것이 명백하다"고 말함으로 더욱 명백히 드러난다. 결국 D구절에서 재산에 관한 서술은 틀림없이 소유지와 그것의 풍부한 소득에 대한 언급이다.

C구절에서 바실리우스는 부나 돈의 분배에 대해 언급하면서 토지(ktēmata)와 부(chrēmata)라는 단어를 번갈아 사용한다. 그러나 크테마(ktēma)는 엄밀하게 "부동산, 논밭, 땅의 일부"를 의미한다.[15]

바실리우스의 관점은 근본적으로 모든 사람이 토지에 대한 평등한 권리를 갖는 것이다. 마치 모든 사람이 숨 쉬는 공기에 대한 평등한 권리를 갖는 것과 같다. 사람이 존재하고 창조되었다는 사실에 근거한 당연한 권리로 선언한 것이다.

누구의 공로나 발명품이라고 주장할 수 없는 토지를 비롯한 공기, 비, 태양, 바람 그리고 다른 모든 "극장"을 바실리우스는 공유물(koina)이라고 부른다. 그것들은 단지 거기에 있는 것이다. 누구의 공로나 노동에서 비롯된 것이 아닌, 자연의 혜택에서 비롯된 것이다. 더 정확히는 자연을 다스리시는 하나님의 직접적인 혜택과 그분의 절대 멈추지 않는 개인적 돌보심에 기인한다. "그분은 비를 내려 주시며…태양과…바람을 주신다."

바실리우스에게 공유물(ta koina)은 사유물(ta idia)과 대조가 된다. 바실리우스의 풍자는 자연에 의한 공동이나 공적인 물건들과 인간 자신의 노력의 산물로 생긴 "사적인" 물건들-그의 표현으로는 "네가 그것들을 존재하도록 가져온 것"이기에-사이의 분명한 구별을 함축한다. 바실리우스는 실질적이며 공적으로 공유(koina)해야 할 것을 사적으로 사유한

(idia) 자들을 비난했다. 그것은 "모든 사람이 공동으로 사용하도록 만들어진" 것이다. 도덕적으로 말하면, 비록 물질적으로나 현재 합법적으로 누군가 그렇게 할 수 있을지라도, 누구도 단지 "거기에" 있는 물건들(광활하고 거대한 토지, 혹은 다른 그러한 부를 생산하는 자원들처럼)을 소유할 수 없다.

"그들이 공유물을 제일 먼저 차지했다"(문자적으로는 선점한-prokataschontes)는 구절이나 "그들이 이러한 물건들을 자기 소유로 삼았다"(원래에 덧붙인-dia ten prolēpsin-사전행위로 인해, 즉 그들이 점유하려고 차지한)는 구절은 제일 먼저 선점했다는 얄팍한 권리로 광대한 토지소유를 합법화하는 입장을 바실리우스가 단죄했음을 보여준다. 아마도 바실리우스가 이 설교에서 설명하고 있는 다수의 부유한 지주들은 바실리우스의 경우처럼, 실제로는 유산으로 물려받은 소유지에서 그들의 부를 획득했다. 아마도 그들 대다수의 경우에, 토지 권리는 수 세대로 거슬러 올라가는데, 소위 "최초의" 권리는 권리라기보다는 오히려 강압에 기초한 것이다.

하지만 그 권리가 가장 먼저 차지함으로인지, 아니면 정복을 통한 무력으로 인한 것인지에 대해서, 바실리우스는 공유물(koina)로 만들어진 물건은 자족을 위한 필수적인 한도까지를 제외하고는 사유물(idia)로 다루어질 수 없다고 선언했다. 그래서 생산성을 위해 사유한 공유물의 경우에서조차도, 공유물의 특징은 그래도 소산의 "신실한 분배"를 통해 유지되는 것이다.

토지를 경작함으로 사람들은 그곳에 노동을 투자한다. 물론 거기에서 그들은 노동력에 정당한 보수를 지급한다. 그럼에도 불구하고 바실리우스에 따르면 사람이 하는 노동의 수고는 단지 부수적인 요인이다. 토지 생산 소득의 대부분은 자연의 혜택, 오히려 존재하는 만물을 몸소 직접 보전하시며 살아 있는 만물의 생존을 위해 땅을 생산적으로 만드시는 하나님의 덕분임에 틀림없다. 바실리우스는 하나님의 섭리가 오로지 소수의 이익만을 위한다는 것은 생각할 수도 없다고 했다. 그러면서 그는 "하나님께서는 우리의 삶에 **필수적인 것들**을 불공평하게 나누어 주는 불의한 분이신가?"라고 질문한다. 그렇지 않다. 불공평은 틀림없이 인간이 가져온 것이다.

이제, 바실리우스 시대에 토지는 분명히 "생필품" 중의 하나였다. 토지는 지금도 그렇듯이 사람들의 주거지였으며, 그들의 모든 필요를 위해 모이는 창고였다. 토지는 사람들이 노동을 통해 그들의 "필수품"을 통한 모든 안식을 얻고자 사용하는 재료였다. 즉 그 필수품은 "비록 바다의 소산은 취할 수는 없지만, 토지나 그 소산을 사용하지 않고서도 태양의 빛을 즐기거나 자연을 이용할 수 있기 때문이다. 우리는 땅에서 태어나, 땅에서 살며, 땅으로 돌아간다."[16] 사유재산을 실시하고자 하는 원리가 얼마나 문제가 있는지를 보여주려고 그는 극장에 처음 온 사람이 모든 좌석을 독점한다는 동일한 예화를 사용하였다. 일부 현대 사회 이론가들 역시도 가장 먼저 선점한 권리로 한 토지사유재산이 도덕적으로 잘못되었음을 논쟁했다.[17]

바실리우스의 실천적 적용은 단순하다. "각자가 궁핍한 사람들을 위해 여분을 남겨두면서 자신의 필요를 충족시킬 만큼 가져간다면, 아무도 부유하지도 가난하지도 않을 것이다." 그러면서 그는 소수의 수중에 있는 부의 집중을 정죄하면서, 그의 도덕적 논쟁을 심화시켰다. "너는 아무에게도 피해를 주지 않았다고 생각하는가?"라고 질문한다. 물론 부를 나누어 주길 거절한 사람이 다른 사람의 것을 강제로 빼앗는 사람과 동일한 죄악이라고 언급할 때, 어떤 사람은 바실리우스가 항상 수사학적 과장법을 사용했다고 주장할 수 있다. 결국 부자들이 무제한적인(만족할 수 없는) 탐욕의 "가슴"(kolpois)에 모든 것을 취하려고 한다는 것을 말할 때, 그가 분명히 비유적으로 언급한 것에 대해 주장할 수 있을 것이다. 그러므로 "너는 탐욕스럽지 않은가? 너는 도둑이 아닌가?"라는 표현도 효과를 위해 과장했을 것이다. 결국 소극적인 죄와 적극적인 죄 사이의 차이는 없지 않은가? 그러면 여기에서 주기를 거부하는 것과 강제로 빼앗아가는 것과의 차이도 없지 않은가?

바실리우스는 이러한 허울만 좋은 반박의 여지를 남겨두지 않았다. 그는 분명하게 진술하기를 부의 분배에서 협력하지 않고 거절하는 것도 강도죄라는 것이다. 토지와 같은 공유물에 대한 사적 독점은 강도죄다. 그러므로 계속되는 지주제는 끊임없이 계속되는 도둑질이다. 사실, 사람들이 필요하지 않은 다른 물건의 축적이 아니라, 다른 사람이 필요한 물건을 축적하는 것 자체가 도둑질의 한 형태다. "네가 저장한 빵은 굶주린 자들의 것이다. 네 옷장 속에 보관하는 코트는 헐벗은 자의 것이다."

강도는 다른 사람의 물건을 강제로 빼앗는 사람이다. 도둑은 다른 사람의 물건을 몰래 훔치는 사람이다. 그래서 만약 네가 모든 사람이 그것을 요구하는 물건인 공유물을 너 자신의 소유로 만든다면, 그것은 네가 강도나 도둑임이 분명하다. 바실리우스의 관점에서 부자들과 가난한 자들은 유일한 공동 자연(koinēs phuseōs)을 나누는 것이며, 자연의 혜택은 부유한 소수의 부만큼이나 많은 자원이다. 그러므로 이러한 엄청난 부는 공동체에 은혜를 입는 것으로 궁핍한 자들이 사용하려는 것이다.

2) 고리대금의 불의

만연된 부패에 대해 탄식하는 시편 14편 주석에서, 바실리우스는 가난한 자들을 착복하고 있는 고리대금업자들을 통렬히 비난하면서 그 시대의 고리대금업자들의 실상을 묘사하며 시작한다. 그러면서 그는 다음과 같이 기록해 간다.

너의 의무는 사람들의 빈곤을 구제하는 것이었는데, 너는 가난에 허덕이며 버림받은 사람의 진까지 몽땅 빼앗고자 자신의 필요를 늘렸다. 마치 어떤 의사가 환자들을 방문해서 그들의 건강을 회복시켜 주지 않고 얼마 남지 않은 체력마저도 빼앗아가는 것과 마찬가지로, 너도 비참한 사람들의 불행을 소득의 기회로 삼은 것이다.

또한 농부들이 풍작을 위해 비를 내려달라고 기도하는 것처럼, 너도 너를 위해 돈을 많이 벌 수 있도록 다른 사람들이 빈곤과 궁핍에 처하도록 간구하는 것과 같다.
너는 네가 이득을 위해 계획함으로 너의 부를 쌓는 것보다 너의 죄악을 훨씬 더 많이 보태고 있음을 알지 못하는가?[18]

바실리우스는 곧 이은 설교에서 누군가에게 자신의 희생자를 계약에 묶어 결국에는 성공한다는 말로 아첨하며 유혹하고 있는 부자를 묘사한다. 고리대금업자는 차용인의 가난으로 이익을 취하면서, 차용인으로 하여금 드러나지 않은 엄청난 이자를 갚도록 요구한다. 실제로는 도저히 갚을 수 없는 이자를 물려 결국에는 차용인이 생명을 담보로 자발적인 노예상태가 된다. 이러한 부당한 행동이 그 설교의 주제다. 바실리우스는 이러한 범죄를 저지르는 범죄자를 가차없이 말하고 있다. "너는 너의 부를 쌓는 것보다 너의 죄악을 더 쌓고 있다." 그러한 고리대금은 불의하며 부도덕하다.

3) 빈곤 가운데 사치의 불의

다음 구절에서 바실리우스는 궁핍한 자들에게 부를 재분배하는 긴급성에 대해 또 다른 설교를 하고 있다. 특별히, 바실리우스는 부에 대한 "합법적인" 소유자임에도 빈곤 가운데서 사치스런 생활의 도덕성에 대해 문제시한다.

너는 값비싼 옷을 입고 있는가? 너에겐 2규빗의 긴 옷이면 충분하지 않은가? 옷 한 벌이면 의복에 대한 모든 필요를 채우기에 충분하지 않은가? 네 부를 더 사치스러운 생활에 사용하는가? 한 덩어리의 빵이면 너의 위를 채우기에 충분하다…자신의 재산을 정당하고 올바른 이성에 따라 사용하는 사람들과 하나님께서 주신 물건을 청지기로서 자신의 즐거움을 위해 쌓아두지 않는 사람들은 존경받을 만하며 그들의 형제와 사회로부터 사랑받을 만하다.[19]

이 본문에서 바실리우스의 윤리적 사상에 있는 분명한 스토아적 영향을 볼 수 있다. "그들의 재산을…올바른 이성(kata ton orthon logon)에 따라 사용하는 사람들은" 스토아적 범주에 대한 표현이다. 스토아학파는 도덕성의 문제에 근본적인 관심이 있었고 사회의 타락과 불의에 맞서는 이성의 도덕적 원리를 사용했다. 그들은 이성에 의한 미덕을 강조했으며 쾌락주의를 거부했다. 그들이 주장하길, 인생의 목적은 자연과 일치하여, 혹은 "올바른 이성에 따라" 사는 것이다. 매일의 행동과 사회적 제도들에 대한 이러한 철학을 적용하면서, 스토아학파는 사치는 피해야 하는 잘못된 것이라고 믿었다. 그래서 그들은 검소와 검약의 이상을 지지했다.

이 구절에서 바실리우스는 그의 관점을 되풀이했다. 다른 많은 사람이 궁핍할 때, 일부 소수의 사치는 재산과 부의 목적을 헛되게 하는 것이다. 만약 누군가가 부를 중시하면서 "올바른 이성에 따라" 행동하길 원한다면 무엇보다도 모든 부는 모든 인류, 즉 형제들과 자매들을 위해 "하나님께서 주신" 것임을 깨달아야만 한다. 물질적인 재화의 소유자들로서, 그리고 하나님께서 우리를 사회적 존재로 만드셨기에 부자들은 자신의 행동을 형제와 사회의 틀에 따라 성숙해져야 하며, 그들의 부를 자기가 하고 싶은 대로 마음껏 사용해도 된다는 만연된 생각을 거부해야만 한다.

2. 요약

대 바실리우스는 그 시대의 위급한 사회적 불의에 가장 민감했다. 그는 다수의 궁핍한 자들이 가난하고, 예속되어 능력도 없으며, 계속해서 의식주에 허덕이고 있음을 보았다. 그는 특별히 부를 생산하는 자원인, 토지가 소수의 수중에 집중되어 있으므로 소수의 특권층이 지나친 부와 과시 그리고 권세를 누리고 있음도 보았다. 그는 소수의 부유층과 다수의 빈곤층이 둘 간의 인과관계가 없이 우연히 생긴 것으로 보지 않았다. 그는 한 계층이 다른 계층을 가져왔다고 보았다. 소수의 막대한 부와 사치스런 생활이 대다수의 가난과 비참함을 가져온 것이다. 바실리우스의 관점에서, 부당한 관계가 엄청난 범위에 존재하고 있었다. 경건하고 현명한 그는 이러한 상태를 하나님께서 의도하신 일로 인정할 수 없었다.

바실리우스가 헬라인들 가운데에서 로마인으로 불린 것은 그냥 된 것이 아니다. 그는 이론가 중에서도 실천가였고, 신학자 중에서도 목회자였다. 부당한 관계가 엄청난 범위에 존재한, 그러한 상태가 부당하고 잘못되었기에, 그는 그것을 비난한 것이다. 도덕적 합법화의 원리로서 그러한 상태를 호소하는 것은, 바실리우스의 관점에서는 비이성적이며 격앙시키는 것이었다. 그는 만연된 소유권의 신성불가침적인 개념을 거부했다. 그런 개념은 절대주의적이며 이기주의적인 것으로서 소수의 가진 자와 다수의 가지지 못한 자 간의 격차를 더욱 크게 벌리는 것이다. 그는 착취하는 계층을 향해 부유한 강도들이자 도둑들이라고 부르며 통렬히 비판했다. 하지만 무엇보다도, 그는 부를 재분배함으로 회복하며 그들을 변화시키려는 입장으로 그들을 설득하고자 했으며, 그들이 어떻게 부를 부당하게 취득했는지, 그 도둑질의 결과가 어떠한지를 보여주고자 했다.

우리의 수사학자는 용기가 부족한 것도 통찰력이 부족한 것도 아니었다. 그러면서도 그는 확실한 관대함을 주장했다. 그는 그 당시 유행하고 있던 실천들이 도덕적으로 잘못되었다는 것을 구체적으로 지적할 만큼 과감했고, 왜 그것들이 잘못되었는지를 보여줄 수 있을 만큼 현명했다. 그뿐만 아니라, 그는 대안까지도 제시했다. 그는 그저 **존재했던** 재산에 관한 윤리적 개념을 제시했다. 그것은 더욱더 이성적이며 세심한 분배가 있어야 한다. 그는 하나님께서 만물의 아버지이시며 수여자이시며 공급자이시라는 관점에 근거해서, 소유권에 대한 새로운 철학을 가르쳤다. 그러므로 소수의 부자는 하나님께서 모든 사람이 사용하도록 예정하신 자원들, 즉 식량을 생산하는 자원에 대한 약탈을 멈추어야만 한다. 그러면 다수의 모든 사람은 모든 것을 소유하고 있는, 인간이라는 한 가족 안에서, 동일한 공동 자연에서의 실제적인 참여를 즐거워할 수 있다.

제5장

암브로시우스:
빈 몸으로 태어남

암브로시우스는 주후 333년*) 국경 수비대 마을인 트레브(Treves)에서 태어났다. 그곳은 로마 군단이 게르만족을 견제하고자 주둔했던 곳이다. 그의 아버지는 그리스도인으로서 갈리아의 지방총독(Praefectus Praetorius Galliarum)이었고, 황제의 최고 사법 전권을 위임받은 관리였다.[1] 그의 아버지가 일찍 사망하자, 그의 어머니는 암브로시우스와 자녀를 데리고 로마로 갔고, 세 자녀는 거기에서 교육을 받았다. 그는 수사학과 법률을 공부했고, 얼마 동안 변호사로 활동했지만, 370년경에 행정관 업무를 수행하기에는 아직 어렸다. 그래서 그는 이탈리아의 지방총독으로 있는 권세 있는 후견인의 지원을 받았다. 그는 밀라노 도시에 자신의 공관과 함께 밀라노의 집정관-리구리아 애밀리아 지방의 황제 파견 행정관(Consularis Liguriae et Aemiliae)-이 되었다.[2]

암브로시우스는 아리우스주의자 감독인 아욱센티우스(Auxentius) 때 1년간 밀라노의 집정관으로 있었다. 그 감독이 사망하자 사람들은 암브로시우스가 감독이 되길 강력히 요구했다. 암브로시우스는 수락하고, 자신의 감독직으로 소유한 것을 가지고 그의 엄청난 부를 기부하여 가난한 자들에게 나누어 준 것이 첫 번째 목회였다. 그는 다른 사람들의 청지기로서 직간접적으로 공동체의 이익을 위해 그의 직분을 수행했다.

암브로시우스는 계급의 차별 없이 모든 사람을 섬기는 감독이었다. 가난하고 불쌍한 무리가 그냥 지나치지 않아 너무 사람이 많았을 때를 제외하고는 누구든 그에게 다가갈 수 있었다고 아우구스티누스는 말한다.[3] 그는 정치적으로도 아주 폭넓게 활동했다. 그는 밀라노의 지지로 트레브를 맡긴 그라티아누스(Gratian) 황제의 막역한 친구(고문관)였다. 그는 테오도시우스 황제로부터도 존경을 받아, 데살로니가에서의 7천 명 대량학살에 대한 공식적 참회를 받아냈다.

암브로시우스는 확실한 로마인이자, 실천적인 인물이었다. 또한 그의 폭넓은 목회활동과 가르침에도 불구하고 그는 방대한 저술을 하기 위한 시간을 가졌다. 하지만 목회적 관심과 도덕적 관심이 그의 저술에서도 탁월하게 나타난다.

암브로시우스의 시대에 이탈리아는 더는 로마 제국 내에서 최고로 문명화된 지역 중 하나가 아니었다. 부유한 지주들의[4] 수중에 있는 사유지가 집중되는 과정은 예전보다 더 큰 규모로 추정되고 있으며, 농민들뿐만 아니라 도시 거주자들까지도 피해를 당하였다. 고대의 로마 귀족은 사라졌다. 속주들에서 이러한 귀족이 보유하고 있던 속주들의 토지는 대부분 황제의 재산이 되었다. 제국에서 주요한 관리직을 맡는 사람들은 황제의 손에 그들의 운명이 좌우되는 경우가 많아졌다.

게다가 법적으로 정직한 관리들도 많은 봉급을 받았을 뿐만 아니라, 적법한 범위 내에서 자신들을 풍요하게 하는 다양한 기회들을 얻고 있었다. 자신의 토지에 사는 지주는 드물었다. 지주는 분명히 도시에서 분주하게 지내고 있었기 때문이다. 그는 가능한 한 고생을 거의 하지 않는 방식으로, 또한 토지에서 스스로 경작하는 것-개인이 아주 많은 심혈을 기울여야 하는-이 아닌 다른 사람이 경작하도록 임대해 줌으로 좋은 수입을 벌어들일 수 있는 가장 안전한 방식으로 일을 했다.

하지만 대규모로 소유하고 있는 토지를 임대하려는 수많은 사람은 늘어나는 공급에 비해 상대적으로 감소하고 있었다. 소작농들은 여전히 이탈리아 인구의 다수를 차지하고 있었다. 그들은 여전히 부락(vici)과 촌락(pagi)에 살았다. 그러나 그들 중 아무도 토지소유자들이 아니었다. 그들이 경작하는 농기구들은 부재지주의 재산이었다. 비록 이탈리아의 모든 자유 거주민들은 로마 시민권자로서 정치적으로 그들 가운데 차별은 없었지만, 사회적으로나 경제적으로 농촌 인구는 대개 로마나 밀라노, 혹은 다른 이탈리아 도시에서 사는 지주들보다 더 낮은 계층을 형성했다.

재산과 부에 대한 암브로시우스의 도덕적 견해를 읽을 때, 이러한 상황들을 마음에 염두해 둬야 한다. 암브로시우스는 로마법에 정통한 사람이었고 감독이었다. 후에 기독교가 제국의 종교가 되었을 때, 감독들로부터 더 가난한 계층의 사람들이 더 나은 보호를 받을 수 있었다. 그것은 감독들이 출교의 무기를 포함하는 재량권을 가졌을 뿐만 아니라, 그들의 세속 권력이 끊임없이 증가하고 있는 것도 알았다.

히브리 예언자처럼 진지함과 능력을 갖추고 암브로시우스는 그의 작품을 통해 그 시대의 엄청난 악, 즉 소수의 부자와 다수의 가난한 자 사이의 가증스러운 신분의 격차에 대항해 외쳤다. 그는 소유권과 재산의 확실한 의미를 담대하게 문제시하며 재평가하면서, 사회적 문제에 대해 분명하고도 깊이 있는 이해를 보여주었다. 그의 접근법은 단지 법적인 측면만이 아니었다. 그는 법조인이나 제국의 행정관으로서 말한 것이 아니었다. 오히려 그는 소유권의 도덕적이고 철학적인 동기를 파헤친 것이다. 그는 원로원이나 통치자로서 말한 것이 아니라 밀라노의 감독으로서 말한 것이다.

1. 본문

암브로시우스는 로마 제국의 뿌리 깊은 사회악과 싸우고자 『이스라엘인 나봇』(*De Nabuthe Jezraelita*)을 저술했다. 4세기는 부자들의 탐욕과 사치, 그리고 보호받지 못하는 가난한 자들에 대한 그들의 억압으로 악명 높은 시기였다. 『이스라엘인 나봇』의 저작 연대는 명확하게 규정지을 수는 없지만 아마도 386-389년에 쓴 것으로 추측된다.[5]

『이스라엘인 나봇』의 출처는 주로 세 가지 항목으로 분류될 수 있다. 즉 성경, 대 바실리우스 그리고 고전 저술가들이다. 많은 학자는 암브로시우스가 바실리우스에게 폭넓게 영향을 받았다고 본다.[6]

미뉴(Migne)는 『이스라엘인 나봇』이 원래 암브로시우스가 이탈리아의 비참하고 가난한 대중들(humiliores)을 의도적으로 착취하기로 가장 악명 높은 부자들에게 한 설교의 일부분이었다고 주장한다. 그것의 현재 형태는 열왕기상 21장에 대한 계속되는 주석과 함께, 17개의 짧은 장으로 구성되어 있다.

1) 모태와 무덤 안에서 모든 사람의 천부적 평등

첫 번째 본문은 전체 글의 서언에 해당한다. 흔히 알려진 대로 부자들의 탐욕과 가난한 자들에 대한 부자들의 무자비한 학대는 당연하게 여겨진다. 암브로시우스가 사용한 문체에서 나타나는 것처럼 이 시대 로마 제국에 그러한 생각은 폭넓게 만연되어 있다고 암브로시우스는 분명하게 전제하고 있다. "부자들 중 누가…부유한 자들 중 누가…만족하는 자가 누구인가…부자의 마음이…무엇인가?"와 같은 질문은 수사학적으로도 이러한 규칙적 어조에 예외가 없음을 보여준다.

A. 나봇의 이야기는 시간상으로는 오래되었지만 실제로는 매일 이루어지고 있다. 부자들 중 다른 사람들의 물건을 매일 탐내지 않는 자가 누구인가? 부유한 자들 중 가난한 자들의 손바닥만한 땅을 갈취해서 굶주리게 하지 않는 사람이 누구인가? 또한 궁핍한 사람들을 자신의 조상의 필지의 경계로부터 쫓아내지 않는 사람이 누구인가? 자신의 소유로 만족하지 않는 자가 누구인가? 이웃의 소유로 인해 어떤 부자가 자기의 마음이 흥분되지 않겠는가?[7]

B. 오! 부자여, 너는 얼마나 오랫동안 너의 미친 욕심을 날뛰게 할 것인가? "너는 혼자서만 이 땅을 독차지하려는가?"(사 5:8) 왜 너는 자연을 공유하는 동료를 내어 쫓고 그것이 모두 너 자신 것이라고 주장하는가? 이 땅은 만인이 공유

하도록 만들어졌다…너 부자여, 너는 왜 독점적으로 땅에 대한 권리를 침해하는가? 모든 가난한 자들도 품는 자연은 부자들을 따로 알아주지 않는다. 우리는 옷을 입은 채 태어나지도 금과 은을 가지고 출생하지도 않았기 때문이다. 사람들은 음식과 의복과 마실 것을 필요로 하면서, 빛 가운데 벌거벗은 상태로 태어난다. 자연이 만들어내는 것을 땅이 받아 벌거벗은 사람들에게 제공한다. 자연은 무덤에서 땅의 경계를 어떻게 포함해야 하는지를 알지 못한다…그러므로 자연은 우리가 태어날 때 어떻게 차별하는지를 모르며, 우리가 언제 어떻게 죽을지도 모른다.[8]

여기서 암브로시우스는 무엇보다도 소유지가 어떻게 대규모 투자자들과 지주들의 수중에 집중되었는지를 묘사한다. 즉 그들은 농민 대중들을 위한 토지로부터 그들을 쫓아내고 대토지 사유농지들을 확장했다. 그가 여기에서 사용한 라틴어, 소유하다(possessio)는 "재산"의 의미로 사용된 것이다. 고전 라틴어에서 복수형은 "재산"으로 사용된 단어였다.

일상적으로 개인적 부를 축적해 온 사람들은 부를 늘리는 목적도 없다고 암브로시우스는 말한다. 물질적으로 축적된 부는 끊임없이 늘어나기 마련이다. 하지만 이러한 사람들은 개인적으로 무한한 탐욕이 생기며 과점이나 독점을 할 때까지 매일 마음에 품는다. 암브로시우스는 도덕 철학자로서 이러한 탐욕스런 부자들의 현상에서 소유권의 진정한 의미에 관한 기본적인 무지나 오해를 지적한다. 그리고 그는 그 당시 사회적 질서, 즉 일반에게 인정된 소유권의 개념이 얼마나 잘못되었고 불의한지를 구체적으로 보여주었다.

B구절의 출발점은 이사야 5:8이다. "가옥에 가옥을 연하며, 전토에 전토를 더하여 빈틈이 없도록 하고 이 땅 가운데서 홀로 거하려 하는 그들은 화 있을진저!" 그래서 암브로시우스는 정말로 그가 살던 당시 부의 일차적 형태인 토지 사유에 관해서 신랄하게 비판했다.

동시에 스토아 사상들이 다시 나타나는데, 그것들은 4장에서 결론 맺은 바실리우스의 본문에 나타난다. 반드시 기억해야 하는 스토아학파인 세네카(Seneca)와 에픽테투스(Epictetus)와 같은 저술가들이나 키케로(Cicero)와 바로(Varro)와 같은 로마 절충주의자들은 초기 기독교 사상에 큰 영향을 미쳤다. 사실 세네카와 바울 사이에 상정되는 연관성에 관한 전설이 생길 만큼 스토아주의와 기독교 사이의 연결점은 매우 밀접하다.[9] 그래서 위의 본문에서는, 우리가 언급한 이사야의 마지막 구절을 인용한 후 암브로시우스는 질문한다. "왜 너는 자연을 공유하는 동료를 내어 쫓고 그것이 모두 너 자신 것이라고 주장하는가?"(Cur ejicitis consortem naturae?) 스토아학파에 의하면, 모든 사람은 보편적 이성(ho koinos logos) 안에서 공유하기에 하나의 인성을 공유한다. 그래서 결국 만인은 자연의 일부를 공동으로 소유하는 것이다. 그것이 보편적 이성(koinos logos)에 종속되는 것이다. 만인은 또 다른 사람과 동일하기에, 만인은 동일한 권리와 법을 소유한다. 모든 사람은 자연의 공유자들(consors naturae)로서 전 세계적인 존재다. 사람의 태생지가 바로 모든 세계다.[10]

암브로시우스는 저술할 때 이 사상에 심혈을 기울인다. "모든 가난한 자들도 품는 자연은 부자들을 알지 못한다…사람들은 음식과 의복과 마실 것을 필요로 하면서, 빛 가운데 벌거벗은 상태로 태어난다…그러므로 자연은 우리가 태어날 때 어떻게 차별하는지를 모르며, 우리가 언제 어떻게 죽을지도 모른다." 그가 서술하고자 하는 결론은 우리가 모두 자연물에 대해서 동일하고 평등한 권리를 가지고 있다는 것이다. "오! 부자여, 너는 얼마나 오랫동안 너의 미친 욕심을 날뛰게 할 것인가?" 그러면서 "땅은 만인이 공유하도록 만들어졌다." 누군가가 집에 집을 더하려고 하고 밭에 밭을 늘려가려고 한다면, 물론 온 세상은 궁핍해져 가면서 부자들은 "땅 한가운데서 혼자만 살게 되는 것이다." 끊임없이 부를 늘려가는 소수의 사람이 부를 축적함으로 대다수의 가난한 자가 나타난다.

암브로시우스는 우리가 태어나거나 죽을 때 본래 가난하다고 강조한다. 그것은 스토아 사상에서, 그가 재산 소유권에 관해서 "자연과 일치하는" 것 혹은 "올바른 이성에 의한" 것이 무엇인지를 알고자 했기 때문이다. "빈 몸으로 태어남"은 자연의 공유자들 모두가 자연의 혜택에 평등하다는 주장이다. 그래서 결국 암브로시우스의 구절에서, 자연에 따르지 않고 스스로 무제한적으로 광대한 토지를 가로채서 이 땅으로부터 "자연의 동료 공유자들"을 배제하는 하는 것은 "미친 짓"이다.[11]

암브로시우스에게 있어서 자연의 공유자들로서 다른 사람들이 공유할 수 있는 권리를 혼자서 독차지하겠다는 주장은 가능한 질문이 아니라, 상관하지 않고 묵인하는 질문이다. 더욱이 무덤 속에까지 재산을 가져갈 수 없다는 것을 자연도 아는데, 그렇게 많은 것을 소유하는 것이 무의미하다고, 즉 스토아 사상에서 말하는 궁극성과 목적성을 암브로시우스는 밝혀낸다. 그는 같은 장의 다른 부분에서 다음과 같이 말한다. "가능하다면, 땅을 활짝 열어 부자를 골라내라. 그리고 가난한 자를 위해 땅을 파서, 수많은 물건이 부자와 함께 파멸되지 않으면, 그 차이점을 네가 어떻게 아는지 우리에게 보여주라."

암브로시우스는 자연의 혜택이 근본적으로 공동의 것-토지, 햇빛, 공기 그리고 모든 자연의 선물들-임을 모두가 알기를 원한다. 이러한 것(암브로시우스가 변호사로서 아주 익숙했던 소유권에 관한 로마법률)들을 "독점적 권리"로 스스로 가로채는 것은 잘못된 것이며 "미친 짓"이다. 사람은 단지 이러한 권리를 가지고 있지 않다. 그것은 다른 사람들이 인간 본성-존재론적 사실-안에 공유자로 존재하기 때문이다. 그래서 존재론적 사실에서 오는 도덕적 요구로 인해, 자연의 혜택이라는 안식처에서 공유할 권리를 누리는 것을 막을 수는 없다. 암브로시우스의 의지는 다른 작품에서도 언급된다. "우리가 생계에 필요한 만큼만 구해야 하는 것이 자연의 법칙이다."[12]

2) 다수의 비참한 신음을 가져오는 부유한 소수

A. 모든 사람이 신음하고 있는데, 부유한 너만 홀로 마음조차 동요되지 않는다…아마도 너는 집으로 돌아와 아내와 이야기를 나눌 것이다. 그녀는 물건을 팔아서 가난한 자를 구해 주라고 요구할지 모른다. 아니면 오히려 그녀는 가난

한 자를 구해 줄 수 있는 아주 적은 비용임에도 너에게 여성용 장식품과 장신구를 사달라고 요구할 것이다. 아내는 멋진 돌로 된 잔으로 마시며, 자줏빛 침대에서 자며, 은으로 된 소파에 기대며, 그녀 손가락을 금반지로 채우며, 목에도 보석으로 장식할 수 있도록 돈을 쓰라고 간청할 것이다.[13]

B. 넓은 거실을 자랑하고 있는 너는 오히려 양심의 가책을 느껴야 한다. 왜냐하면 사람들과 함께 살면서도 가난한 자들의 탄식–비록 이러한 탄식 소리가 무용지물이 되고 아무 소득도 없었지만–을 무시하기 때문이다. 더욱이 너의 궁전같이 화려한 건물 자체가 너의 수치심을 상기시켜 주지 못한다. 건물을 통해 너의 재산을 훨씬 더 늘리고자 하지만 여전히 만족하지 않는다. 너의 벽을 화려하게 장식할 때, 너는 사람들을 헐벗게 한 것이다. 헐벗은 사람이 너의 집 앞에서 탄식할 때, 너는 그를 외면한다. 그가 탄식할 때, 너는 어떤 대리석으로 네 마루를 깔아야 할지에 열중하고 있다.

C. 가난한 자가 돈을 빌리려 할 때, 가진 돈이 없다고 한다. 어떤 사람이 양식을 구걸하는데도, 네가 소유한 말은 황금으로 만든 재갈을 채워 놓고 있다. 그러면서 너는 값진 장식품으로 즐거워하고 있다. 다른 사람들은 한 알의 곡식도 갖지 못하고 있는데도…사람들은 굶주리고 있는데도, 너는 네 곳간을 닫아 놓는다. 사람들은 비참하게 울부짖고 있는데도, 너는 보석 반지를 가지고 놀고 있다…네 손가락에 낀 반지의 보석으로 다른 모든 사람의 생명을 유지할 수 있었다.[14]

이러한 구절들은 4세기의 사회적 상황들이 구체적으로 빈부의 격차가 이전보다 더욱 급격하게 벌어졌음을 보여준다.[15] 마루의 장식이나 오늘날과도 비교할 수 없을 만큼 수많은 실례에서 남아 있는 모자이크 작품에서처럼, 부자들은 사치를 위해서 수많은 돈을 썼다.[16] 암브로시우스의 시대에는 건축에 대한 굉장한 열풍이 있었기에, 적어도 관공비로 불필요한 건물을 짓는 것에서부터 관공서의 건물 장식을 법으로 규제하기 위한 엄격한 처벌이 있었다.

그래서 암브로시우스는 부자들의 처사들을 부도덕한 것이라고 공공연하게 비판했다. 부자들이 당연히 양심의 찔림을 받아야 함에도, 자신의 재산을 자랑하는 것에 대해 그는 통렬하게 비난했다. 그들의 부에 대한 집착으로 인해 다른 사람들의 계속되는 빈곤이 초래되는 것이다. 그들이 벽을 장식함으로 다른 사람들을 헐벗게 만든 것이다. 왜냐하면 헐벗은 사람을 입혀줘야 하는 돈을 어리석게도 실내를 화려하게 꾸미기 위해 낭비하고 있기 때문이다. "다른 사람들은 한 알의 곡식도 갖지 못하고 있는데도, 너는 값진 장식품으로 즐거워하고 있다…네 손가락에 낀 반지의 보석으로 다른 모든 사람의 생명을 유지할 수 있었다."

소수의 부와 다수의 계속되는 비참함 간의 인과관계에 대한 암브로시우스의 생각은 의심의 여지가 없었다. 부자들의 터무니없고도 사치스러운 삶은 단지 가난한 자들에게 이전부터 계속되는 상처와 박탈감을 증가시키는 모욕에 불과하다. 이러한 추문을 가져오며 그것을 계속해서 용인하고 있는 재산에 관한 로마법 개념은 암브로시우스의 관점에서는 소유권의 참된 윤리적 본질을 왜곡하는 것이다. 실제로 그가 동일한 작품의 관련된 구절에서 분명히 밝힌 것처럼, 암브로시우스는 그것을 소유권의 참된 의미와는 정반대되는 것으로 간주한다. 즉 누군가가 "소유하고자 한다면…말하자면, 약간은 유익하겠지만…다른 사람들을 배제함"을 의미한다.[17] 누군가가 정당하게 소유하고자 하는 유용한 물건들은 본질적으로 한계가 있다. 하지만 (로마법에서처럼) 정당한 소유권의 "합법적인" 관점은 본질적으로 "다른 사람들을 배제하는" 권리임을 의미하기에, 부를 축적하고자 하는 부유한 자를 제한할 수도 없고 제한하지도 않는다.

그래서 암브로시우스에게 있어서 소유자들이 온 인류의 일부가 아닌 것처럼 권리를 행사할 수 있다면, 그것은 세상의 부에 대한 인권에 대한 악용이다. 그러한 "권리"는 공동책임의 상황에서, 무제한적인 탐욕을 합법화하는 것이다. 물건이 사람보다 더 많은 관심을 받기에, 부에 대한 인권은 우스꽝스러워지는 것이며 인권의 윤리적 진정성도 잃게 되는 것이다.

3) 땅은 만인에게 속함: 부유한 소수가 갖는 반환의 의무

A. 너를 기쁘게 하는 자연에 왜 해를 끼치는가? 세상은 만인을 위해 창조되었는데, 소수의 부자인 너는 자신만을 위해서 보관하고자 한다. 단순히 땅에 대한 소유만이 아니라 바로 하늘과 공기, 그리고 바다까지 소수의 부자만이 사용하고자 요구하고 있기 때문이다. 드넓게 펼쳐져 있는 네 토지 안에 사는 수많은 사람이 어떻게 이런 공기를 마실 수 있겠는가?[18]

B. 네가 가난한 자에게 주는 것은 너 자신의 것이 아니라, 그의 것을 반환하는 것이다. 만인이 사용하기 위해 공동으로 주어진 것을 너 혼자 독점하고 있기 때문이다. 땅은 만인에게 속한 것이지, 부자들에게 속한 것이 아니다. 그러나 소수의 부자는 만인에게 속한 것을 사용하기보다는 사용하지 않는 자들이다. 그러므로 너는 빚을 진 것이다. 너는 너 자신에게서 기인한 것을 주는 것이 아니다. 그러므로 성경에서 너에게 이렇게 말씀하신다. "가난한 자가 너에게 하는 말에, 너의 귀를 인색하게 하지 말고 그에게 빌려주라. 그에게 돌려줘야 할 것을 그에게 주면서, 길이 참음과 공손함으로 답례해 주어라"(집회서 4:8).[19]

C. 땅속에 황금을 묻어둔 너는 보관자이지, 네 부귀의 주인이 아니다. 분명히 너는 그것의 종일 뿐, 그것의 지배자가 아니다. 그러나 "보물이 있는 곳에 네 마음도 있다." 그래서 네가 묻어둔 황금과 함께 네 마음도 땅속에 묻어둔 것이다…

  그분께서 말씀하시기를, "네가 온전해지고자 한다면, 네가 소유를 팔아다가 가난한 자들에게 주어라, 그러면 너는 하늘에 보화를 쌓는 것이다"(마 19:21). 그래서 네가 이 말씀을 들을 때에 근심하게 되어 이런 말씀을 듣지 않도록 해라. "부자가 하나님의 나라에 들어가는 것이 얼마나 어려운가(마 19:23)." 네가 이 말씀을 읽을 때, 죽음이 그러한 재물을 너로부터 빼앗아갈 수 있음을 생각하라…[20]

D. 소유물이 소유자에게 속해 있어야지 소유자가 소유물에 속해 있어서는 안

된다. 그러므로 자신의 세습재산을 소유물로서 사용하지 않는 사람은 누구든지 가난한 자들에게 어떻게 주고 분배해야 하는지를 알지 못하기에, 자기 재산의 종이지 그 재산의 주인이 아니다. 왜냐하면 그가 종처럼 다른 사람의 재산을 감시하면서 주인처럼 자신의 소유를 사용하지 않기 때문이다. 결국 이런 종류의 성향을 이렇게 말한다. 즉 그 사람이 자신의 재물에 속한 것이지 재물이 그 사람에게 속한 것이 아니다.[21]

"너를 기쁘게 하는 자연에 왜 해를 끼치는가?" 스토아 윤리의 가장 고상한 열매 중 하나가 바로 자연법의 개념과 그것과 연관된 박애주의 이상이다. 스토아주의자들은 자연의 법칙이 분명하다고 주장했다. 그것은 이성과 함께 현존하며 올바른 이성에 의해 발견된다.

암브로시우스가 언급한 "자연에 해를 끼치는 것들"이 무엇인가? 소수의 부자는 자신들만을 위해 땅을 유지하고자 한다면서 그는 계속해서 다음과 같이 말한다. "소수의 부자는 만인에게 속한 것을 사용하기보다는 사용하지 않는 자들이다." 여기에 스토아학파의 영향이 나타나는데, 그러한 사실은 본질적으로 아주 분명한 것이지만, 만인이 사용하기 위한 공유물로 주어진 하늘, 공기, 바다 그리고 토지와 같은 부를 끊임없이 더 많이 갖고자 하는 무분별, 즉 개인의 소유권의 충동으로 인해 사라진다는 것을 암브로시우스는 지적하고 있다.

"땅은 만인에게 속한 것이지, 부자들에게 속한 것이 아니다"라고 강조하면서 암브로시우스는 "소수의 부자가 만인에게 속한 것을 사용하기보다는 사용하지 않는 자들"이라는 사실을 한탄한다. 그래서 그는 그 점을 호되게 꾸짖는다. "드넓게 펼쳐져 있는 네 토지 안에 사는 수많은 사람이 어떻게 이런 공기를 마실 수 있겠는가?"

상술한 고찰에서 암브로시우스가 내린 결론은 무엇인가? 그는 단지 발생한 부를 재분배하는 것이라고 주장한다. "네가 주는 것은 너 자신에게서 비롯된 것이 아니다…너는 빚을 진 것이다." **부를 재분배하는 것은 단순하게 반환하는 행위이다.** 소수의 수중에 부가 집중되는 것은 다수의 가난한 자들의 타고난 권리를 박탈하는 것이기 때문이다.

우리가 살펴본 대로 암브로시우스의 시대에 "부유함"은 일반적으로 부유한 대토지사유자들을 의미했다. 반대로, 가난한 자들은 일반적으로 소작농들이었다. 소작농들은 비록 정치적으로는 로마 시민권자들이었지만, 이탈리아 인구의 대다수를 형성하면서 사회경제적으로 대토지사유자들 보다 낮은 계층을 형성했다. 그들은 대규모 사유농지에서 원시적인 농기구를 가지고 신음하던 대중들이었지만, 그들의 수고와 고통은 자신들을 위한 것이 아니었다.

바실리우스와 같이, 암브로시우스는 자연 안에서 인간은 평등하다는 통찰력과 자연의 혜택에 대한 인간 존재로서의 당연한 **권리의 평등**에 대한 통찰력을 발전시켰다. 이러한 관점에서 암브로시우스가 왜 부자들(대토지 사유자)이 가난한 자들(소작농들)에게 빚(갚아야 할 것)을 지고 있다고 주장했는지를 쉽게 이해할 수 있다. 즉 부유한 자들 대부분은 자연의 혜택에 기인한 것이며, 농노들의 수고를 언급하지 않았다.

변호사이자 도덕주의자인 암브로시우스는 절대적이고 독점적인 권리로서 소유한다는 당시의 널리 유행되고 있던 권리 개념을 배격했다. 그러면서 그는 지상의 재물에 대한 인권의 가장 중요한 면을 강조했다. 다시 말해 원래 재산의 공동 목적은, 물질적 재물이 원래 인간의 필요에 따라 규정된다. 그래서 소유권 제도가 어떻든 간에, 물질적 재물의 일차적 공동 목적은 보호되어야 한다.

다음 구절(C와 D)에서 수사학자인 암브로시우스는 설교의 다른 방식을 채택한다. 하지만 그 내용은 동일하다. 재산 개념에 애착이 있는 개인 소유자들에게 그는 효과적으로 설명한다. "네가 소유권을 갖고자 한다면, 단순히 재산의 보관자나 종이 되지 말고, 실질적인 소유자, 실제 주인이 되어라." 재산을 집착하고 있는 소유자들이 재산을 소유하고 있는 것이 아니라 재산에 사로잡혀 있다고 암브로시우스는 한탄한다. 그들은 재산을 포기할 수 있는 능력도 상실한 채, 재산 때문에 무기력해져 있다. 복음서에서 부자 청년의 비유는 그가 재물에 노예가 되었기에 그의 재물을 포기할 수 있는 능력을 상실한 것이다.

실질적 소유자, 진정한 주인(dominus)에 대한 도전은 베풀 수 있는 능력을 실행하는 것이며, 부의 나눔을 촉진하는 것이다.

4) 다른 이들을 돕는 것은 하나님을 우리의 채무자가 되게 하는 것

다음 구절은 누가복음 12:16-21의 주석이다. A구절의 마지막 문장은 욥기 29:15-16과 병행되는 구절이다.

A. "너는 많은 재물을 가지고 있다"고 그분은 말씀하신다. 구두쇠는 돈 버는 것을 빼고는 재물에 대해 뭐라고 말해야 할지 아는 바가 없다. 그러나 나는 벌금을 물려야 할 그러한 물건을 재물이라고 부르는 것에는 동의한다. 너는 왜 재물(bona)로부터 악을 행하는가? 오히려 악으로부터 선(bona)을 행해야 하지 않는가? "불의의 재물로 친구를 사귀라"(눅 16:9)고 성경에 기록되어 있다. 그래서 그것을 사용할 줄 아는 사람에게는 재물이지만, 사용할 줄 모르는 사람에게는 분명히 악한 것이다…그들이 가난한 자들에게 그것을 준다면 재물이다. 그것은 일종의 경건한 고리대금으로 인해 하나님께서 네게 빚을 지게 되시기 때문이다. 네가 공의를 위해 곳간을 열어 가난한 자들에게 양식을 주고, 궁핍한 자들에게 생명을 나누어 주며, 눈먼 자들에게 눈을 뜨게 하며, 고아들의 아버지가 되어 준다면 그것은 재물(bona)이다.[22]

B. "너는 여러 해 동안 많은 재물을 쌓아두었다." 너 자신과 다른 사람들 모두가 풍족할 수 있으면, 너는 만인을 위해 풍족한 것이다. 너는 왜 너의 곳간을 허물어 버리는가? 너는 곡식을 더 많이 보존하고자 더 좋게 지어, 도적들이 빼앗아 가지 못하게 할 수 있을 것이다. 가난한 자들의 마음 안에 재물을 쌓아라…이제 하나님께서 너의 탐욕을 극복하거나 비난할 만큼 풍성히 주셨기에, 너는 변명의 여지가 없다. 하지만 그분께서는 너를 통해 많은 사람이 풍성해지길 원하신 것을 너 자신만을 위해 비축하고 있다. 아니 너는 심지어 너 스스로 그것을

강탈하고 있는 것이다. 다른 사람들을 위해 분배해 주었더라면 오히려 너 자신을 위해 쌓는 것이었기 때문이다…만약 네가 이전에 거둔 것보다 더 풍성한 열매를 땅에서 거둔다면, 네가 남에게 베푼 것보다 여러 배로, 얼마나 더 많은 자비의 보상이 네게 돌아오겠는가?[23]

A구절에서 암브로시우스는 재산과 부는 그것을 사용하는 사람에 따라-그것이 존재하는 이유에 따라-선하거나 악하다고 말한다. "그것을 사용할 줄 아는 사람에게 그것은 재물이고, 사용할 줄 모르는 사람에게는 분명히 악한 것이다."

암브로시우스의 관점에서 부에 대한 권리의 윤리적 본질은 본래 그것의 기능에 따라 정의된다. 부에 대한 권리는 목적을 의미한다. 위의 구절에서 암브로시우스는 누군가가 자신의 재산인 재물을 어떻게 소유하게 되었는가는 관심이 없다. 오히려 그는 실제로 소유한 사람들을 위해, 재산권의 윤리적 본질과, 그리스도인으로서 그것을 어떻게 가장 이롭게 할 수 있는가를 명확히 하고자 노력한다.

암브로시우스는 고리대금업과 같이, 그 당시의 착복 행위에 대해서 강도 높게 비난하고자 비유를 써 가면서, 부자들이 지혜롭게 하나님을 그들의 "빚진 자"가 되시도록, 일종의 "경건한 고리대금"을 실천하라고 촉구했다.

5) 가장 탁월한 그리스도인의 자질

암브로시우스는 다른 저서 『성직자들의 직무론』(*De Officiis Ministrorum*)에서 하나님께서 우리의 빚진 자라는 개념을 더욱 발전시킨다.[24] 자신이 해야 할 일을 고려해서-자신이 해야 할 의무를 수행하기 때문에-선을 행하는 사람만이 완전하다는 것이 스토아학파 윤리의 핵심 원리였다. 예를 들어 세네카는 "네가 너를 위해 살길 원한다면, 너는 다른 사람을 위해 살아야 한다"(서신 48:2)고 요구했다. 또한 에픽테투스는

"나는 내 뜻대로 행하지 않고 하나님의 뜻대로 행하는 것이 더 낫다고 인정한다"고 했다.[25] 암브로시우스는 이러한 스토아학파 윤리의 범주들을 사용했다.

그리스도인처럼 그렇게 자비를 강조하는 사람들도 없다. 그 첫 번째가 가난한 자를 향한 자비다. 즉 자연의 공동 참여자들[자녀]로서 그들을 살핀다. 자연은 모든 사람의 사용을 위한 땅의 열매들을 생산한다. 네가 가진 땅의 열매로 가난한 자들에게 자유롭게 베풀어 주는 것이다. 그것으로 네가 이웃을 도와주는 것이다…네가 헐벗은 자를 입힌다면, 너는 스스로 공의로 옷을 입는 것이다. 네가 나그네를 네 집으로 영접하고, 네가 궁핍한 자들을 공급한다면, 그 사람은 너로 인해 성인들과 교제를 하게 되고 영원한 안식에 거하게 되는 것이다…가난한 자들과 연약한 자들의 필요 그리고 곤궁한 자들의 고초를 이해하는 자들은 행복한 사람들이다. 심판의 날에, 그들은 주님께 구원을 얻게 될 것이다. 주님이 그들에게 자비의 빚을 지신 분이 될 것이다.[26]

바실리우스와 같이 암브로시우스는 스토아학파 윤리와 기독교 윤리를 종합하는 재능을 지녔다. 스토아주의자로서 암브로시우스는 인간이 한 가족이란 사실로 시작한다. 인간이란 사실만으로도 우리의 공동소유자이며 어울리지 않는 사람은 아무도 없다. 우리는 모두 동일한 자연의 공유자들(consors)이자 공동소유자들(conformis)이며, 자연의 혜택에 대해서 계속해서 공평하게 사용하고 누릴 권리가 부여된다. 그러므로 소유권은 사람들의 타고난 권리를 우리의 공동소유자들에게서 박탈하기 위한 수단이 아닌, 그들이 이러한 권리를 즐기도록 돕는 수단으로 의도된 것이다.

하지만 그리스도인으로서 암브로시우스에게는 성육신의 사건이 존재한다. 우리가 다른 사람들에게 행하는 모든 것이 곧 하나님께 행하는 것이다(마 25:31-46 참조). 그래서 암브로시우스가 수사학의 강한 어조로 표현했는데, 고리대금을 통해 다른 사람들을 착복하며 살아가는 사람들은, 그 기회로 자신을 이롭게 할 수 있을 뿐만 아니라, 그들의 부를 다른 사람들에게 베풀어 줌으로 그들의 빚을 하나님께 지게 할 수 있다. 그들의 재물을 공동창고에 가져다 놓음으로, 그들은 하나님을 그들의 빚진 자로 만드는 것이다. "올바른 행동"은 재물을 보관함이 아닌, 그것을 나눔으로 이루어지는 것이다. "자비는 선한 것이다. 그것이 사람들을 완전하게 만들기 때문이다. 자비는 완전하신 하나님을 본받는 것이다"(Bona… misericordia, quae et ipsa perfectos facit, quia imitatur perfectum Patrem).

6) 재물을 자기 소유라고 주장할 때 우리가 공유하는 재물은 잃게 된다.

우리가 다음으로 읽는 첫 번째와 두 번째 구절들은 암브로시우스의 걸작, 『6일간의 천지 창조』(Hexaemeron) 중 일부분으로, 6일간의 창조의 사역을 연구한 책이다. 이 저술에서 암브로시우스는 창세기에 나타나는 창조에 관한 거의 모든 구절들로부터 도덕적 교훈을 도출한다. C구절도 관련된 본문으로, 암브로시우스의 다른 주요 저작인 누가복음(1-24장)에 관한 주석이다.

A. 물고기들도 자신들의 한계를 잘 안다. 그 한계는 도시 성벽이나 문, 건물에 의한 경계가 아니다. 또한 논밭의 경계로 표시되는 것도 아니다. 그러나 각각은 자신의 필요에 따라 공간의 최종적 한계를 가지고 있다. 그래서 자신의 필요를 완전히 충족시킬 수 있도록 각각에 충분히 주어졌다. 그것은 끊임없는 탐욕으로 혼자만 권리를 주장할 수 있도록 한 것이 아니다. 그러므로 양식을 충족시킬 수 있을 만큼만 요구하는 자연의 법칙이 존재하며, "네 선조가 세워 놓은"(잠 22:28) 지계표는 양식을 요구하는 자들과 비례해야 하는 자연의 법칙이 존재한다고 말할 수 있다.[27]

B. 그들의 사용을 위해 모두가 당연히 여기는 요소들이 있다. 부자나 빈자 모두

우주의 광활한 장식들을 즐긴다…그래서 가옥에 가옥을 연결하며 토지에 토지를 연결하는 자들에 대해 말씀이 있다. "너는 이 땅 가운데서 홀로 거하려는가?"(사 5:8) 하나님의 집은 부자와 가난한 자에게 공유지이다.[28]

C. 하늘에 나는 새들을 보라(마 6:26 참조)…공중의 새들이 씨를 뿌리지도 않는데도 불구하고 양식을 끊임없이 공급하시는 하나님의 섭리로 인해 풍족한 수확을 거두어들이게 하신다면, 진정한 탐욕은 우리의 요구 때문에 생기는 것임에 틀림이 없다…재물을 자기 소유라고 주장할 때, 우리가 공유하는 재물은 잃게 된다…하나님께서 너의 양식을 다른 사람들과 공유하길 원하시는데도 너는 왜 너의 부유함을 뽐내는가? 공중의 새들도 자기들만을 위해서 아무것도 혼자서 독차지하지 않는다. 그래서 새들은 양식이 필요하다는 것조차도 모르고 지낸다. 왜냐하면 새들은 다른 새들을 부러워하지 않기 때문이다.[29]

교부들의 자연법 개념은 주로 스토아주의에서 비롯된 것이다. 자연법은 불문법이며 영원한 법이다. 그것은 모든 실정법(實定法)의 기준이며, 우주적 이성과 동일한 것이다. 자연법에 따라, 모든 존재는 자연의 요구에 따라 행동해야 하거나 이루어져야 한다.[30] 우리는 스토아주의자, 마르쿠스 아우렐리우스 황제가 그의 동료인 인간들에게 "작은 식물들과 작은 새들, 개미들, 거미들, 벌들"에서 배울 것 그리고 인간 본성에 따라 행동함으로 "인간의 사역"을 수행할 것을 어떻게 권면 했는지를 안다.[31] 동일한 맥락으로 위의 본문 A구절에서, 인간보다는 다른 존재들 사이의 자연스럽게 적용되고 있는 "소유권" 방식의 법칙을 고찰하면서, 암브로시우스는 재산에 관한 개인 소유권도 본질적으로 그 공동의 목적에 의해 제한되어야 한다는 자연법의 교훈으로 결론을 맺는다.

우리의 참된 필요가 소유권의 한계를 결정짓는다. 무제한적인 축재(蓄財)를 합법화해서 탐욕을 조장하는 것은 빈곤을 가져올 뿐이다. 물고기들과 새들도 자신들의 한계를 알기에, "끊임없는 양식"을 공급받는 것이다. "그래서 탐욕은 우리의 요구 때문에 생기는 것임에 틀림없다"고 암브로시우스는 결론짓는다.

하지만 암브로시우스는 그리스도인으로서, "자연"보다는 오히려 "하나님의 섭리" 혹은 "하나님의 집"을 언급한다. 우리는 단지 자연의 공동소유자가 아니다. 우리는 형제요 자매로서, 한 분 아버지 하나님의 자녀다. 결론적으로 "하나님의 집"(바룩 3:24-25)인, 우주는 자연히 우리 모두에게 속한 것이다. 암브로시우스에 의하면, 이것이 물질적 재물에 대해 관심을 갖는 기본적 고찰이다. 재물에 대한 개인의 권리는 부수적인 것으로 다음 질문에 종속된다. "하나님께서 너의 양식을 다른 사람들과 공유하길 원하시는데도 너[소유자]는 왜 너의 부유함[재산]을 뽐내는가?"

공동체의 가치는 인간의 사적 소유권 제도로 쉽게 상실된다. "재물을 자기 소유라고 주장할 때, 우리가 공유하는 재물은 잃게 된다."

7) 자연은 공동권리의 원천이며, 사적 권리를 허락하지 않는다.

이 본문의 첫 번째 부분은 암브로시우스의 시편 설교의 일부분이다. 두 번째 부분은 스토아주의자 파내티우스(Panaetius, 주전 110년에 죽음)의 책을 본보기로 만든, 성직자들을 위한 『직무론』(De Officiis)에서 발췌한 구절이다. 『직무론』에서 암브로시우스는 키케로가 진술한 전체 개요를 계속 사용하면서 여러 개의 스토아주의 개념들을 채택한다. 즉 지고선, 이성과 열정의 구별, 상대적이고 완전한 의무, 네 가지 도덕적 가치(신중, 정의, 용기, 절제)의 분류 등이다. 그러나 작품의 어느 곳을 보더라도 알 수 있는 것처럼, 그는 철학자들의 권위보다 성경의 권위를 더 깊이 있게 인용한다.

A. 자비는 분명히 공의의 일부분이다. 그래서 네가 가난한 자들에게 주고자 한다면, 성경에서 말씀하는 대로 이런 자비가 공의다. "그가 많은 재물을 흩어 빈궁한 자에게 주었으니 그의 공의가 영원히 있다"(시 112:9). 그러므로 그는 너와 동등하기에, 그가 자신의 동료를 돕지 않는다면 불의한 것이다. 특히 주 우리

하나님은 이 땅을 모든 이의 공동 소유로, 그리고 이 땅의 열매를 모든 사람에게 공급하길 원하셨다. 하지만 탐욕은 재산에 대한 권리를 확산시켰다. 그러므로 네가 인류로부터 공동으로 받은 것–심지어 살아 있는 모든 생명체일지라도–을 네 것이라고 주장한다면 정당하다. 네 소유물을 함께하는 자들과 교제하기 위해서, 너는 그들의 생계를 위한 지원을 거절하지 않고 가난한 자들에게 적어도 일부분을 분배해 주어야만 한다.[32]

B. 공의는 인류 사회와 공동체에 관련되어 있다…그러나 철학자들이 공의의 맨 첫 번째 기능으로 생각하는 것은 배제하는 것이다. 그들은 공의의 첫 번째 의무로 피해를 주지 않았다면 다른 사람에게 해를 끼치지 않는 것이라고 말한다. 하지만 이것은 복음서의 권위에 의하면 무익한 것이다(눅 9:55 참조)…두 번째로 그들은 공의의 의무는 공유하는 재물을 배려하는 것으로 간주한다. 즉 공유재산을 정말로 공유재산으로 여기고, 사유재산을 사유재산으로 여기는 것이다. 하지만 사유재산은 자연에 순응하는 것이 아니다. 자연은 원래 모든 사람을 위해 만물이 공유물로 만들어졌기 때문이다. 그래서 하나님께서는 만물을 공동으로 소유하도록 창조하신 것이다. 그러므로 자연은 공동권리의 원천이며, 사적 권리는 공동권리를 강탈한다.[33]

암브로시우스 시대의 기독교 사상가 중에서, 다음과 같은 요구로 의무를 구별하는 것은 관례적이었다. (1) 첫째는 (a) 시민법이나 (b) 자연적 윤리에 의한 요구, 혹은 (c) 그리스도인의 사랑에 의한 요구이다. (2) 둘째는 더욱 일반적이었는데, (a) 공의에 의한 요구, 혹은 (b) 사랑과 자비에 의한 요구이다. 위의 첫 번째 구절에서, 소유권의 본질을 고찰하면서, 암브로시우스는 위의 구별과 달리 "자비는 공의의 일부분"이라고 주장한다. 3절의 B본문에서처럼, 여기서도 그는 부유한 소유자들이 단지 그들의 재산을 함께 나누어 가난한 자들에게 재분배하는 것뿐이라고 주장한다.

암브로시우스가 3절 본문에서 발전시킨, "재물은 원래 공동소유"라는 개념이 여기서도 다루어진다. 자연의 형평성에 관한 같은 강조점이 여기에도 나타난다. 그러나 이제 유신론적 요소가 명백히 설명된다. "주 우리 하나님은 이 땅을 모든 이의 공동소유로 갖길 원하셨다…" 하나님의 의도와 우리 사회의 본질이라는 두 가지 기본적 근거들이 생긴 것이다. 즉 "재물은 원래 공동소유"이기에, 인간의 소유권 제도 속에서 사라질 수밖에 없다는 것이다.

암브로시우스가 실정법 항목의 덕목으로 말한 이유가 바로 이것이다. "그러므로 네가 인류로부터 공동으로 받은 것-공동으로 받은 공기, 햇빛, 토지 그리고 토지의 소산들-을 네 것이라고 주장하는 것은 정당하다. 그래서 네 소유물을 함께하는 자들과 교제하기 위해서, 너는 그들의 생계를 위한 지원을 거절하지 않고, 가난한 자들에게 적어도 일부분을 분배해 주어야만 한다." 다시 말해, 모두가 이성적인 인간 본성을 지닌 자들로서, 자연의 모든 동료가 이성에 따라 자연을 사용하며 즐기기 위한 수단으로 재산과 부의 본래 역할을 헛되게 하지 않는 것이다.

본문의 동일한 A구절에서 암브로시우스는 "하지만 탐욕이 재산에 대한 권리를 확산시켰다"(avaritia possessionum iura distribuit)라고 단호히 주장한다. 즉 부유한 소유자들의 "가옥에 가옥을 연하고" "전토에 전토를 잇는" 만족하지 못하는 끊임없는 충동이 시민법에 따라 보호받았고, 재산의 불균형 배분이 시행되었다.

우리가 A구절에서 살펴본 대로, 암브로시우스는 자비를 공의의 일부분으로 보았다. 동일한 주장이 B구절에서도 더욱더 명백한 언어로 발견된다. 사유재산은 "자연에 순응하는 것이 아니다. 자연은 원래 모든 사람을 위해 공유물로 만들어졌기 때문이다."

그래서 암브로시우스는 공의에 대해서 스토아학파의 개념을 사용했는데, 그것은 『직무론』에서 스스로 그 개념을 발전시켰다. 스토아주의자들은 공의를 다른 사람에 대해서 공동체의 모든 구성원들이 적합한 태도를 보이는 것이라고 인식했다. 그래서 공의의 첫 번째 의무는 "피해를 당하지 않았다고" 다른 사람에게 피해를 주지 않는 것이라고 했다. 암브로시우스는 이제 이러한 의미를 적극적으로 개정하면서 기독교 성경의 가르침을 소개한다. 즉 암브로시우스에게 공의는 스토아주의의 개념과 성경적 개념의 종합이다. 재산에 관해서 공의로운 것은 전적으로 (1) 하나님의 의도와 (2) 자연의 성향에 달렸다. 그래서 공의에 대한 의무가 부정적일 이유가 없는 것이다. 하나님께서 만물을 창조하신 적극적인 목적과, 자연이 그 열매를 맺는 목적이 무엇인가? 우리가 모두 하나님의 자녀이며 동일한 자연의 공유자들이기에, 그 목적은 모두를 위한 것이 아니겠는가? 그래서 공의의 첫 번째 의무는 우리의 재물을 공유하는 것이다.

우리가 B구절에서 읽은, 사유재산은 "자연에 순응하는 것이 아니다." 자연은 개인적으로 분배되지 않으며 누군가에게만 땅의 특정한 영역에 대한 권리를 부여하지도 않는다. 재산의 분배는 인간의 조작에 불과하다. 그것은 공의로울 수도 있지만 불의할 수도 있다. 그래서 그것이 불의하다면 바꾸어야만 한다.

"자연은 공동권리의 원천이며(natura…jus commune generavit), 사적 권리를 허락하지 않는다(usurpatio jus fecit privatum)." 암브로시우스의 시대에 강탈(usurpatio)은 현대적 의미로는 "권리침해"다. 또한 여전히 그것의 원래 고전적 의미는 "부당 취득", "착복"으로 거의 제정신을 잃은 상태다. 그래서 암브로시우스가 이 구절에서 논의하고 있는 작품의 저자인 키케로는 그것을 usus와 rapio의 기원을 찾아, 어원의 의미를 설명한다. 즉 필요하지도 않으면서 불법과 불의로 그저 "사용해 보고자 빼앗음"으로 보았다.[34] 여기의 문맥에서 분명히 미묘한 차이점이 나타난다. 즉 토지에 대한 개인적 전유(專有)는 도덕적으로는 중립적일 수 있지만, 실제로는 (하나님의 의도와 자연의 성향이란 관점에서) 그 단어의 후자의 의미에서처럼, 확실한 "부당 취득"이다.

인류는 자연의 혜택-모두의 공동 권리-을 누릴 권리를 자연으로부터 받았기에, 인간 사회는 공동의 권리를 취해 그것을 개인적 권리로 변형시키는 것이다. 그러나 이런 일이 발생하는 것은, 소수의 사람이 각자가 그들의 공동의 권리를 다른 사람들로부터 강탈하는 방법을 취하고자, 또는 이론적으로는, 동일한 소수의 사람이 하나님께서 자연을 통해 베풀어 주시는 인류의 공동 권리에 대한 원래 목적을 성취하고자 취득하는 것이다. "하나님께서는 만물을 공동으로 소유하도록 창조하셨다."[35] 자연의 재물을 사적 "권리"로 즐기는 자들은 이제 이러한 재물을 재분배하는 기회를 얻는 것이기에, 재물을 공동 처분하는 곳에 놓아야 한다.

8) 그분의 태양은 모든 사람을 위해 떠오르며, 그분의 비도 모든 사람 위에 내리며, 그분은 모든 사람에게 땅을 주셨다.

다음 구절들은 암브로시우스의 바울의 고린도후서(1-13장) 주석이며, 우리가 지금까지 살펴본 것을 확인시켜 준다.

A. 기록된 바, "그가 가난한 자들에게 아낌없이 주었으니, 그의 공의가 영원히 있다"(고후 9:9; 시 112:9 인용)…그러므로 이러한 자비는 공의라고 부른다. 베푸는 자가 하나님께서 모든 사람에게 공동으로 만물을 주셨음을 알기 때문이다. 즉 그분의 태양은 모든 사람을 위해 떠오르며, 그분의 비도 모든 사람 위에 내리며, 그분은 모든 사람에게 땅을 주셨다. 그런 이유로 베푸는 자는 땅의 풍성함을 누리지 못하는 사람들과 공유하는 것이다…그러므로 그들은 모든 것이 모두에게 주어진 것임을 알면서, 자신들만을 위해 아무것도 쌓아두지 않는 공의로운 자들이다. 그래서 당대만이 아니라 영원히 공의로운 것이다. 그들은 다 가오는 세상에 이러한 공의를 안전하게 쌓을 것이기 때문이다.[36]

B. "심는 자에게 씨앗을, 음식이 필요한 자에게 양식을 주시는 분께서 풍성하게 공급하실 것이다. 그분께서 너희에게 씨앗을 갑절로 늘려 주시고, 너희 의의 열매를 증가시켜 주실 것이다"(고후 9:10-11). 씨앗과 그분의 돌보심으로 자라는 식물 등 모든 것이 하나님께 속해 있으며, 인류가 사용하도록 배가시켜 주신다. 그러므로 이러한 재물을 주시는 분은 하나님이시다. 그래서 그분은 친히 재물을 요구하는 사람들과 그것을 나누라고 명하는 분이시다…이것이 공의다. 그것은 하나님께서 주신 것이기에, 궁핍한 자들에게 반환하는 것이다.[37]

이 본문에서 우리는 다시금 암브로시우스가 부의 재분배 실현을 위한 부자들의 의무에 대해서 강조하고 있음을 발견한다. 그는 이것을 공의의 문제라고 부른다. 부자들이 만물이 모두에게 주어진 것임을 인식한다면, 그들은 자기들만을 위해서 아무것도 쌓아두지 않게 되는 바로 공의의 문제다. 만약 어떤 소유자가 막대하게 소유하고 있다면, 다른 사람들은 생계를 간신히 유지할 정도만 갖게 된다. 그 사람이 재산을 취득한 방법과는 상관없이, 암브로시우스는 그러한 소유권을 "하나님께서 주신 것이기에" 궁핍한 사람들에게 단지 반환해야(retribuere, 받을 자에게 돌려주는 것) 할 의무가 있는 것으로 본다.[38]

이 본문에서 재물을 비, 태양, 토지와 같은 "공유물"로 다시 언급하고 있다. 하나님은 창조주이시며 모든 만물의 지존하신 주님이시다. 소유권에 대한 우리의 권리는 그분의 절대적 소유권에 종속된다. 소유할 수 있는 인간의 권리는 절대적이지 않고, 그분이 만드시고 소유하시는 재물과 관련된 하나님의 뜻에는 상대적이다. "그분은 친히…재물을 요구하는 사람들에게 그것들을 나누라고 명하신다."

9) 하나님의 절대주권을 강탈하는 것이 바로 부자들의 우상숭배다.

암브로시우스는 이렇게 기록한다.

하나님의 영광을 가로채려는 것이 우상숭배인 것처럼, 하나님의 물건에까지 탐욕이 미치는 것도 우상숭배다. 그래서 모든 사람을 위한 공유물로 만든, 하나님의 피조물에까지 독점적으로 자기 것이라는 주장이 가능했던 것이다. 결국 하나님께서는 선지자를 통해 이렇게 말씀하신다. "은도 내 것이요 금도 내 것이다"(학 2:8). 만물이 하나님의 것임을 부인하기에, 이런 자들은 하나님마저 적대시한다.[39]

이 구절은 암브로시우스의 작품들 가운데 소유권 윤리에 관한 유신론적 요소를 가장 분명하게 표현하고 있다. 하나님의 절대주권에 대한 인식은 그리스도인으로서 재산에 관한 윤리적 고찰을 함에 있어 대전제가 되어야 한다. 무제한적인 축재(蓄財)나 탐욕은 우상숭배와 같은 것이다. 시민법이나 다른 인간적 제도가 단순하게 허락할지라도, 인간의 소유권은 그 윤리적 본질에 제한되고 상대적이다. 마치 수단이 목적과 연관된 것처럼, 모든 인간의 권리들은 하나님의 주권과 목적에 종속되는 것이다.

스토아주의자들도 탐욕과 무제한적인 축재를 단호하게 정죄했다. 탐욕은 무슨 대가를 치르더라도 피해야만 하는 네 가지 항목 중 하나였다. 나머지 세 가지는 공포, 비탄 그리고 "흥분"이었다. 스토아주의자들이 탐욕을 그렇게 혐오스러워했다면, 그리스도인인 암브로시우스는 그의 명확한 기독교 유신론적 이유 때문에 더 깊은 혐오감을 유지했던 것이다.

2. 요약

암브로시우스의 재산윤리에서 탁월한 면은 그것을 **유신론적 요소**로 명명할 수 있다는 점이다. 암브로시우스는 그의 논쟁을 항상 만물을 다스리시는 최고의 주권자이시며, 남녀노소 모든 이에게 자비로운 섭리를 베풀어 주시는, 인격적 하나님의 실존에서 출발한다. 그러므로 소유할 수 있는 권리는 약육강식과 적자생존의 법칙이 아닌, 하나님의 절대주권과 의지의 결과물이다. 소유권의 한계는 하나님의 의도에 따라 고정된다. 소유권이 절대적일 리가 없다. 그것이 하나님의 절대적 권리와 동일시될 수 없는데도, 그렇게 한다면 우상숭배에 빠지는 것이다.

그러나 소유권에 관한 암브로시우스 철학의 또 하나의 중요한 전제는 우리의 공동자연을 다른 사람과 함께 한다는 사실과, 인간 본성의 사회적 특성이라는 심오한 스토아적 전제이다. 아무리 비천하고 가난할지라도 우리는 모두 인간이다. 우리의 공동자연 덕택에, 우리는 모두 근본적으로 부를 생산하는 자연의 원천에 대해 동일하고도 평등한 권리를 갖는다. 우리 모두는 인간 본성 안에서 공동소유자들이며 다른 사람들과 어울리는 존재들이다. 즉 생명과 생존을 위한 일차적인 권리를 지닌 동일하며 평등한 인간이다.

자연은 가난하고 궁핍한 자들을 모두 품는다. 그러므로 땅은 만인이 공유하도록 만들어진 것임이 분명하다. 지상의 재물은 인류 가족의 모든 자녀에게 속한 것이지, 부유한 소수에게만 속한 것이 아니다. 자연은 나뉘지 않으며, 누구에게도 특정한 땅을 사용할 권리를 부여하지 않는다. 자연의 혜택을 누리며 사는 권리는 모두의 공동권리다.

재산에 관한 가장 기본적 권리는 필요의 권리다. 이러한 권리를 위해 다른 모든 권리들은 종속되는 것이며, 이러한 권리에 의해 소유권이 제한된다. 누군가의 개인적 소유권은 다른 사람들의 평등한 권리에 의해 제한된다.

재산에 관한 타당하고 합법적이며 윤리적인 관점만이 재산의 목적을 숙고할 수 있다. 인간이 세운 권리는 물질적 재물을 소유하려는 개인들과 부합할 수 있다. 이러한 물질적 재물은 오로지 **목적 달성을 위한 수단**으로만 될 수 없고, 모든 사람의 생존을 위함이다. 누군가가 "유용한 물건을 자기가 원하는 대로 소유하며 다른 사람들을 배제"한다면, 재물의 목적을 헛되게 하는 것이다. 부자들이 만인을 위해 창조된 것을 자기들만을 위해서 보관하고자 한다면, 그것이 비록 아무리 "합법적"일지라도, 그것은 "자연에 해를 끼치는" 것이다.

그러므로 암브로시우스에 따르면, 부자들이 자신들의 재물을 함께 나눔으로 반환하는 법령을 제정하는 것이다. 왜냐하면 그들은 가난한 자들의 타고난 권리까지도 박탈하면서 자신들이 원하는 만큼 수많은 부를 축적해 왔기 때문이다.

밀라노의 감독이었던 암브로시우스 시대에 널리 퍼져 있었던 빈부격차는 분별력도 없이 하나님의 뜻에 반하는 것이었다. 그것은 착취하는 인간 제도의 얄팍한 산물이었으며, 또한 변화될 수 있다.

Ownership: Early Christian Teaching

제6장

요한 크리소스톰:
너는 소유물에 사로잡혀 있다

    안디옥에서 태어난 요한 크리소스톰의 정확한 출생연대는 정확하지는 않지만, 주후 344-347년경으로 추정된다. 그는 어린 시절에 어머니로부터 교육을 받았는데, 그의 어머니인 안투사(Anthusa)는 20세에 과부가 되어 어린 요한을 키웠다.

    그 시대에 흔히 그랬듯이, 요한은 청년 시절에 세례를 받았다. 하지만 20세에 엄격한 금욕주의 생활을 시작한 정식 그리스도인으로서 목사 안수를 받고, 안디옥 도시의 제일교회에서 설교자로 임명되었다. 타고난 재능과 능력으로 12년 동안 특별한 직무를 감당하여 "크리소스톰" 혹은 "황금의 입"이라는 별명을 얻게 되었다.

    4세기 말에 콘스탄티노플의 감독으로 임명된 요한은 곧바로 자신이 보기에 필요한 사업을 위해 많은 개혁을 했다. 즉 감독직의 모든 사치를 금지하면서, 자신에게 새로 들어오는 부유한 소득은 병원 설립이나 가난한 자들을 구제하기 사용했다. 그는 또한 성직자들이 이득을 취하고자 가난한 자들을 무시하고 부유한 자들에게 선택적인 아량을 베푸는 것을 금지했다. 결국 그는 가난한 자들이 직접적으로 이익을 누릴 수 있도록 교구의 재산 관리업무를 재편했다.

    요한 크리소스톰은 그 시대의 폐해와 불의에 대항함에 있어서 자신의 주장을 굽히지 않았다. 역사가 베리(J. B. Bury)는 "그가 그의 사상을 좀 더 깊이 있게 수행했더라면 기존 질서를 매우 위태롭게 할 수 있었던…실질적인 사회주의 이론을 시작한" 설교자라고 했다. 계속해서 베리는 다음과 같이 주장한다.

> 그는 정치적으로가 아닌 사회적인 불평등을 거부했다. 실제로 그는 사회주의의 한 형태를 시작했다. 그것이 확고한 지반을 쌓아 갔다면, 그러한 이론은 필연적으로 제국을 전복하는 정치적 혁명을 가져올 수 있었던 것이었다. 제국의 이상은 그 당시의 로마인들에게는 거의 필수적인 사상이었다. 그들은 제국 없는 세상을 인식한다는 것 자체가 불가능했을 것이다. 제국의 종말은 그들에게 큰 홍수와도 같았을 것이다. 그러나 크리소스톰의 정신은 하층민들에게 지지를 받았고, 부자들을 반박한 그의 격론은 가난한 자들을 기쁘게 했다.[1]

빈곤 가운데서의 사치를 거부하는 크리소스톰의 운동과 빈부 간의 인과관계는 유독시아(Eudoxia) 여제와 그녀의 고문관인, 아리스토텔레스주의자 마르사(Marsa)와 유그라피아(Eugraphia)에겐 거의 알려지지 않았다. 요한 크리소스톰에 대한 그들의 미움은 세례 요한에 대한 헤로디아의 미움과 같은 것이다.

그 절정은 크리소스톰이 유독시아 여제를, 아합 왕이 나봇에게 포도밭을 빼앗은 것처럼 가난한 사람들의 토지를 강탈한 "이세벨"이라고 공개적으로 비난했을 때였다. 유독시아 여제는 교회 안에 있는, 그녀처럼 다른 사람들의 빈곤 속에서 호화로운 생활을 함으로 비난의 대상에 있는 동일한 지위에 있는 크리소스톰의 대적자들과 결탁하여 이러한 거리낌 없는 "사회주의자"를 대항하는 연합 진영을 조직했다. 요한은 오크 총회에서 콘스탄티노플의 감독에 대한 해임이 결의되었다. 그 총회에 그가 참석하지 않자, 제국 의회의 명령으로 추방되었다. 결과적으로 그는 일반 대중들의 인기 덕분에 복귀되었지만, 추방되었던 경험을 개의치 않고, 계속해서 부자들을 대항해서 가난한 자들을 옹호함으로 다시 추방되었다. 그는 407년 9월 14일에 한 번 더 추방된 본도의 카마나(Camana)에서 죽었다.

시리아의 로마 속주의 수도인 안디옥은 요한 크리소스톰이 그의 대부분의 생애를 보낸 곳으로 제국 내 가장 방대하고 아름다운 도시들 중의 하나였다. 4세기에 도시 토지의 대부분은 소수의 부유한 대토지사유자의 수중에 있었다. 그들은 크리소스톰의 작품에서 화려한 빌라의 소유자들로 묘사되었다. 잘 보존된 이러한 빌라들의 흔적은, 최하층의 노예 숙소와 그 위층에 있는 소유자들과 지배인들을 위한 호화로운 방들로, 그것들이 얼마나 거대하고 견고하고도 안정적으로 지어졌는지를 보여준다. 부유한 소유자들은 단지 인구의 10분의 1 정도에 해당한다. 도시에서 살면서 그들은 시골 농경지의 대부분을 그들의 수중에 넣으면서 번창해 갔다.

자유로운 소작농들과 고용된 일꾼들은 이러한 땅에서 일했다. 도시에 사는 대토지사유자들의 착복으로 농민들은 극빈자의 삶을 살았다. 그들은 도시생활을 공유하지 못했고 언젠가 도시민이 되리라는 꿈도 꾸지 못했다.

사유재산의 권리가 존재하는 그러한 사회에서 어떠한 원칙에 대한 토의도 거치지 않은, 사회적 착취를 통한 수많은 폐단과 사례가 발생하자, 요한 크리소스톰은 "이유 없이" 부자들을 공격한다고 정죄당한 그의 일부 설교의 경우에서처럼, 가난한 자들을 위해 맹렬하게 응수했다. 그는 분명히 사회공의를 위해서 과감하게 값비싼 대가를 치렀다.

1. 본문

1) 자신의 재물을 공유하지 않는 것이 강도행위다.

우리가 분석할 첫 번째 본문에서처럼, 크리소스톰의 저작 대부분은 구약과 신약성경의 주석 설교들이다. 이러한 설교들의 대부분은 386-397

년 사이에 안디옥에서 이루어졌다. 다음 구절들은 누가복음 16장, 부자와 나사로의 비유에 대한 주석이다.

A. 자신의 자원을 공유하지 않는 것이야말로 강도행위다. 아마도 내가 말한 것에 너는 깜짝 놀랄 것이다. 하지만 놀랄 것 없다. 왜냐하면 내가 성경의 증거를 제시할 것이기 때문이다. 성경은 다른 사람의 재산을 강탈하는 것뿐만 아니라, 네 소유를 다른 사람들과 함께 공유하지 않는 것도 강도행위며 탐욕이며 도둑질이라고 말한다. "온전한 십일조를 창고에 들여, 나의 집에 양식이 있게 하라"(말 3:10-요한은 마지막 구절을 "가난한 자들로부터 강탈한 재물이 너의 집에 있다"고 읽는다). 왜냐하면 늘 드리는 헌금도 네가 만들어 내지 않았기에, 선지자는 가난한 자들에게 속한 재물을 강탈했다는 것이다. 그는 심지어 부자들이 상속받은 재산이나 다른 곳에서 모은 돈까지도, 부자들이 가난한 자들의 재산을 소유하고 있는 것이라고 말한다.[2]

B. 우리는 다시금 읽게 된다. "내 아들아, 간신히 생계를 유지하는 가난한 사람을 속여 빼앗지 마라"(집회서 4:1). 다른 사람의 재산을 취하는 자가 곧 빼앗는 자다. 우리는 다른 사람의 재산을 보유하고 있을 때, 그것을 약탈이라고 부르기 때문이다. 이러한 이유로, 우리가 자선을 거의 베풀지 않으면, 약탈하는 자들처럼 우리도 징계를 받을 것이라는 교훈을 받아야 한다…하나님께서는 네게 많은 소유물을 주신 것은, 간음, 술 취함, 폭음폭식, 값비싼 옷 그리고 안일한 생활에 사용하기 위함이 아니라, 궁핍한 자들과 함께 공유하기 위함이다. 그러므로…필요 이상의 물건을 가진 자들이 함께 있는 궁핍한 종들에게 그것을 나누어 주지 않고 자신들을 위해서만 그것을 사용한다면, 그들은 무서운 심판을 받게 될 것이다. 그들이 소유하고 있는 것은 개인 재산이 아니기 때문이다. 그것은 그들과 함께 사는 종들의 것이다.[3]

크리소스톰은 여기 첫 문장에서 "자신의 자원을 공유하지 않는 것이야말로 강도행위다"라고 말함으로, 문자 그대로 말하고 있음을 아주 분명하게 밝힌다. 다른 사람에게 속한 것을 취하는 것뿐만 아니라, 자신의 재산을 궁핍한 사람들과 공유하기를 거절하는 것이야말로, 엄격한 의미에서 도둑질이다. 그는 문자 그대로 말하고 있다는 것을 강조하기 위해 세 가지 동의어인, 하르파게(harpagē), 플레오넥시아(pleonexia), 아포스테레시스(aposterēsis)를 사용한다. 부유한 소유자가 재산을 실제로 어떻게 모았는지, 즉 그것을 부모로부터 상속받았든 아니면 다른 방법으로 얻었든 간에, 그것은 별로 중요하지 않음을 명확하게 덧붙인다. 궁핍한 자들과 함께 나누지 않는 사람이 바로 강도다.

요한이 "깜짝 놀랄 만한" 주장이라고 하는 이유가 무엇인가? A구절에서 성경의 권위로 호소한다. 우리가 가진 모든 것은, 그것을 어떻게 갖게 되었든 상관없이, 본질적으로 하나님께 속한 것이다. 하나님은 지존하신 주님이시며 우리는 모두 함께 사는 종들(sundouloi)이다. 그러므로 다른 사람들처럼 가난하고 궁핍한 자들도 하나님의 돌보심 가운데 있으며 하나님의 섭리에 대한 권리가 있다. 그것은 모든 사람이, 심지어 부자들도, 가진 모든 것을 하나님에게 받은 것이기 때문이다.

만약 가난한 자들이 그들의 생계에 필요한 것을 공급받지 못한다면, 그것은 본래 하나님께 속한 물질적 재물을 부자들이 강탈해 왔기 때문이다. 재산의 목적은 "네가 간음, 술 취함, 폭식하기 위함이 아니라…궁핍한 자들과 함께 그것을 공유하기 위함이다."

우리는 모두 함께 사는 종들로서 동등하다. 그래서 우리는 일차적으로 지존하신 주님께 변함없이 속해 있는 지상의 재물에 본래 동일한 권리를 가지고 있다. 그러므로 하나님께서 궁핍한 자들과 함께 공유하시는 것처럼 함께 공유하지 않는 자들은 강도들과 별다를 바 없다. 크리소스톰은 알렉산드리아의 클레멘스가 사용한 "공유함"(metadidonai)과 동일한 단어를 쓰고 있다. 하지만 클레멘스와는 달리, 요한은 이방 철학자의 훌륭한 친구가 아닌, 성경 주석가로서의 사역을 선호했다.[4)]

2) "내 것"과 "내 것이 아님"의 의미

다음 구절들은 모두 "내 것"과 "남의 것"이란 개념과 직접 관련된 것이다. A구절은 요한이 안디옥에서 집사로 있는 동안에 전한 설교의 일부분이다. 주제는 순결이다. 설교의 이 부분에서 그는 순결의 특징으로 평온과 평정을 언급한다. 그는 탐욕과 소유권의 실제 의미에 대한 오해가 평정을 잃게 하고 근심케 한다고 말한다.

A. 그러면 "내 것"과 "내 것이 아님"의 의미는 무엇인가? 내가 이러한 말들을 정확하게 숙고하면 할수록, 나에겐 이러한 말들이 점점 무의미해진다…그래서 금과 은뿐만 아니라, 욕실과 정원 그리고 건물에서, "내 것"과 "내 것이 아님"은 단지 무의미한 말임을 인식하게 될 것이다. 모든 사람이 공동으로 사용해야 하기 때문이다. 소유자가 되고자 하는 자들만이 그렇지 않은 자들보다 이러한 것에 더 큰 관심을 둔다. 그러한 엄청난 노력을 하지만, 그들은 아무런 노력을 하지 않는 자들과 별다를 바 없이 얻게 된다.[5]

B. 하나님께서는 공기, 물, 불, 태양과 같은 만물을 돈보다 필요 이상으로 훨씬 더 많이 풍부하게 주신다. 부자가 가난한 자보다 햇빛을 더 많이 즐긴다고 말하는 것은 사실상 분명히 그렇지 않다. 부자가 가난한 자보다 더 풍족한 공기를 공급받는다고 말하는 것도 옳지 않다. 아니, 이러한 만물은 모든 사람에게 동등하게 놓여 있으며 공유권이 있다…우리가 안전하게 사는 것은, 우리에게 공동으로 주어진 미덕에 기인한다…다시금 우리가 성숙하고 유익해질 수 있다. 탐욕을 물리치고 공의를 따르면서 궁핍한 자들과 공유함으로 우리의 죄악을 일부 제거할 기회를, 재물을 공유하지 않음으로 인해 놓치게 된다.[6]

C. "내 것"과 "남의 것"으로 세상에 수많은 전쟁을 가져온 어리석은 말들은 거룩한 교회에서 추방되어야 한다…가난한 자들은 부자들을 부러워해서는 안 된다. 거기에는 부자가 없기 때문이다. 부자들이 가난한 자들을 멸시해서도 안 된

다. 거기에는 가난한 자도 없기 때문이다. 만물은 공동으로 사용하는 것이다.[7]

널리 보급된 로마법의 관점을 무효로 하면서 순전히 기독교적 입장으로 묵상하고 있는 요한은, 사람들이 "내 것"과 "내 것이 아님"이라고 부르는, 소유권의 내적 의미를 탐구하면 할수록, 그는 더욱더 이러한 말들이 전혀 현실적인 개념이 아니라고 확신 있게 말한다. 물질적 재물은 모든 사람이 공동으로 사용해야 한다. 누구도 물질적 재물을 독점적으로 사용해야 한다고 주장할 수 없다. 그러므로 "소유권자 혹은 주인처럼 **보이는**" (hoi dokountes auton einai kurioi), 세상 재물의 법적 소유자들은 단지 그들이 사회에 더 큰 책임을 갖고 있다는 사실에 의해서만 법적으로 소유하지 못한 자들과 다를 뿐이다. 윤리적으로 그 차이점은 그들이 "자신들의" 재산으로 여기며 마음대로 행하고자 하거나, 그것을 자신들만을 위해서 독점적으로 사용하고자 하는 소유자들의 권리를 함축하고 있지 않다. "왜냐하면 모든 사람이 공동으로 사용해야 하기 때문이다."

B구절에서 크리소스톰은 재산 사용권이 왜 공동의 것인지 그리고 소유자들의 독점적인 권리가 아닌지에 대한 이유를 언급한다. 만물은, "소유된" 것들을 배제하지 않으면서, 본질적으로 하나님께 속한 것이다. "만물을 풍부하게 주신" 분이 바로 하나님이시다.

이러한 일반적 원리를 언급하면서, 크리소스톰은 계속해서 (1) "더욱더 필수적인 물건들" 혹은 "삶의 근거들"(anankaiotera)과 (2) "돈", "재산"(chrēmata)을 구별한다. 첫 번째 범주로 그는 "공기, 물, 불, 태양과 같은 만물"을 열거한다.

두 개의 범주 가운데 토지는 어느 곳에 포함되겠는가? 당연히 전자에 속한다. 토지 역시 자연의 자유로운 선물로서, 모든 사람이 단지 거기에 있는 것임을 발견할 수 있기에, 누구도 공로나 기원을 주장할 수 없다. 그러한 모든 만물들은 하나님께서 모든 사람이 평등하게 공동으로 사용하도록 의도하신 것이라고 크리소스톰은 말한다. 정확하게 그것들은 절대적으로 필요한 것이며 "삶의 근거들"이기 때문이다.

다른 사람들보다 더 많은 양을 소유하고 있는 다른 물건들은 엄밀하게는 필수적이지 않기에, 공동의 것으로 만들어진 것은 아니다. 이러한 "돈" 혹은 "재산", 즉 사치품을 가진 사람들은 여전히 필수품이 부족한 사람들과 함께 그것들을 공유해야만 한다.

C구절에서 크리소스톰은 그 시대의 그리스도인들이 "거룩한 교회"가 되는 것이 무엇인지를 사도행전 4:32에 언급된 주석에서 명료하게 밝힌다. 빈부의 격차는 폐지되어야 한다. "내 것"과 "내 것이 아님"이라는 "어리석은 말들"은 추방되어야 한다. 독점적 개인 소유권이 없어진 곳에, 그리고 더는 "내 것"과 "남의 것"이 아닌 오직 "우리의 것"만이 있는 곳에는 다른 사람들을 향한 시기와 모욕 그리고 전쟁은 더는 존재하지 않을 것이다.

재산은 사회적 소유권의 문제로 다루어야 한다. 사회주의 사상이자 초대 그리스도인들의 실천으로 불리는 사도행전 4:32의 설교에 나타난 크리소스톰의 관점에서 그리스도인이 된다는 것은 이러한 사상을 동의하며 그것을 실행할 수 있는 제도들로 밝히 설명하고 있음을 함축한다.

3) 소유하는 것과 자신의 소유에 의해 소유되지 않는 것

요한 크리소스톰은 "이유 없이" 부자들을 공격한다고 비난을 받자, 다음과 같이 변호했다.

A. 나는 단순히 부자들을 정죄하거나 가난한 자들을 칭송하고자 이러한 말을 하는 것이 아니다. 부가 악하다는 것이 아니라, 악이 부를 이용하기 때문이다. 가난이 선하다는 것이 아니라, 선이 가난을 이용하기 때문이다. 나사로의 시대에 살던 부자는 그가 부유해서 징벌을 받은 것이 아니라, 그가 잔인하고 비인간적이었기 때문에 징벌을 받은 것이다.[8]

B. 그러므로 부가 악한 것이 아니고, 불법이 그것을 이용하는 것이다…하나님

의 모든 피조물은 선하다…그래서 나는 이제 부자들을 정죄하는 것이 아니며, 그들의 부를 시기하는 것도 아니다…크레마타(chrēmata)라고 불리는 재물은 우리가 그것(chresōmetha)을 이용하는 것이지, 그것이 우리를 이용하는 것이 아니다. 그러므로 소유물이라고 불리는 것을 우리가 소유하는 것이지 그것이 우리를 소유하는 것이 아니다. 왜 너는 주인을 종으로 여기느냐? 왜 너는 질서를 역행하느냐?[9]

알렉산드리아의 클레멘스처럼, 크리소스톰은 모든 창조물의 선함을 주장한다. 부나 물질적 재물은 악한 것이 아니며, 오히려 그것들은 본래 선하다. "하나님의 모든 피조물은 선하다." 도덕적으로 악한 것은 부 자체가 아니라, 악이나 불법이 부를 이용하는 것이다.

그래서 크리소스톰에 의하면, 법이 부의 사용을 규정하고 있는 것이다. 만약 누군가 마치 사람이 재산을 소유하고 있지 않고 오히려 재산이 사람을 소유하고 있는 것처럼 부를 소유하고 있다면, 그 사람은 실제 "소유자"나 "주인"처럼 행동해야 한다. 다시 말해 그런 사람은 단지 종(doulos)이나 노예에 불과하다. 둘로스(doulos)란 말은 결박과 제한의 전형적 묘사를 의미하며, 누군가를 이러한 이름으로 부르면 다른 사람에게 퍼부을 수 있는 최악의 모욕 중 하나였다.[10]

재물(chrēmata)에 대한 헬라어의 어원은 "사용"을 의미했다. 하지만 크리소스톰이 관찰한 대로, 부자들은 재물이라 불리는 이러한 물질을 사용하기 위해서라기보다는 축재를 위해 모아 놓았기에 비난을 받았다. 그들은 공동으로 사용하기 위해서가 아니라, 단순히 무한한 개인 축적을 위해, 자신의 모든 마음과 생각을 끊임없이 재물을 모으는 데에 두었다. 요한은 부나 물질적 재물을 포함한 모든 창조물의 선함을 인정했다. 그러나 그는 무제한적인 개인 축적과 같은 추구들을 단호하게 비난했다.

4) 다수의 가난한 사람은 게으르지 않다. 소수의 막대한 재산 상속이야말로 불의하다.

다음 구절은 요한이 감독이 되기 전에 안디옥에서 한 설교이다. 첫 부분은 로마서(1-16장) 설교 32개 중 하나의 일부분이다. 다른 두 개는 어느 겨울철에 그 도시의 제일 교회에 와서 본 거지들과 다른 가난한 사람들에 관한 주제로 설교한 것이다. 이 구절들은 모두 상속으로 얻은 소유물과 수고로 얻은 소유물에 관련된 몇 가지 방식을 다룬다.

A. 만약 네가 자녀에게 많은 부를 남겨주려고 한다면, 그것들을 하나님의 돌보심으로 남겨두라. 왜냐하면 네가 그렇게 아낌없이 베풀며 네 재물을 나누어 주는 것을 그분께서 보실 때, 네가 가진 것이 없어도 역사하셨고, 네게 영혼을 주셨고, 네 몸을 형성하셨으며, 너에게 생명의 선물을 허락하셨던 바로 그분께서 모든 종류의 재산을 자녀에게도 확실히 제공하시기 때문이다…그들에게 재산을 물려주지 말고, 덕행과 재능을 물려주라. 만약 그들이 확실한 재산을 갖게 된다면 다른 것에는 아무런 관심도 두지 않을 것이다. 그들이 풍족한 재산으로 자신들의 사악함을 감추는 수단이 될 것이기 때문이다.[11]

B. "누구든지 일하기 싫어하거든 먹게도 하지 말라"(살후 3:10)…그러나 바울 사도의 율법은 단순히 가난한 자들을 위한 것이 아니다. 그 말씀은 부자들에게도 해당된다…우리는 가난한 자들의 게으름을 비난한다. 이러한 게으름은 종종 비난받을 만하다. 우리 스스로는 가끔 지독한 게으름을 죄악시한다. 그러나 "나는 나의 부모의 재산이 있다!"고 말하는 너는 대답해 보라. 그가 가난하고 아무런 재산도 없는 가난한 가정에서 태어났다고 해서 죽어 마땅한가?[12]

C. 너야말로 빈번히 극장이나 회의실에서 종일 쓸데없는 잡담으로 게으름을 피우고 있다. 너야말로 많은 정죄를 받아 마땅하지만, 너 스스로는 아무런 악이나 게으름도 피우지 않은 것처럼 생각하고 있다. 그러면서도 온종일을 탄식과 눈

물 그리고 수천 가지의 역경 속에서 살아가는 가난하고 비참한 사람을 정죄하느냐? 네가 감히 그 사람을 법정으로 끌고 가 고소할 수 있느냐? 어떻게 이런 자들을 인간이라고 부를 수 있는지, 나에게 대답해 보라.[13]

먼저, 크리소스톰은 재산을 축적해 자기 자녀에게 물려주는 것에 대해 문제를 제기한다. 하나님의 섭리로 주어진 것이기에 그러한 생각은 논리적으로 지지할 수 없다고 그는 논박한다. 우리가 존재하고 필요한 물건들을 마땅히 소유하도록 우리에게 만물을 주신 분이 하나님이시다. 미래의 안정을 위해 소유물을 축적하는 것과, 사회 정의에 대한 현재의 요구들을 무시하는 것은 섭리에 대한 신앙과는 정반대되는 견해다. 이러한 구실로 부를 축적하는 부자들은 자녀의 미래의 안락함을 제공하기보다는, 실제로 자기 자녀가 일할 수 있는 효과적인 격려를 박탈하는 것이며, "그들에게 많은 재산에 대한 확신을 물려주는 것이기에, 다른 것에는 아무런 관심도 두지 않게 된다. 그들이 풍족한 재산으로 자신들의 사악함을 감추는 수단이 될 것이기 때문이다." 자신의 자녀에게 물려주어야 할 중요한 것은 축적된 재산이 아니라, 덕행(arete)이다. 이것의 일반적 의미는 "재능"이며, 특별한 의미로는 도덕적인 선한 습관들이다.

B와 C구절에서 요한은 이러한 결과에 바울의 인용을 통해, 생계를 위해서는 일을 해야 함을 주장한다. 그러나 그는 대다수의 가난한 자들이 게으르다고 일반적 비난을 퍼붓는 자들, 즉 소수의 부자의 근거가 옳은 것인지를 문제시한다. 빈부에 대한 확실한 역사적 상황을 연구함으로, 크리소스톰은 부유한 소유자들의 게으름보다 훨씬 더 쉽게 비난하던 가난한 자들의 게으름이 근거 없는 주장임을 알게 된다. 부자들은 상속의 "권리"를 통해, 그들의 수많은 재산을 모아온 것이다. 부유한 가문의 후손들이 쓸데없는 말로 종일 게으르게 시간을 허비하면서, 상대적인 게으름 속에서 엄청난 재산을 즐기는 상황에 대해 크리소스톰은 불의하다고 본 것이다. 반면 빈곤한 가족의 후손들은 그들의 빈곤을 극복하고자 최선을 다해 수고하지만 아주 깊은 비참함에 잠겨 있어야만 했던 것이다.

D. "그는 왜 일하지 않는가? 그리고 그는 왜 게으르게 사냐?"고 너는 말한다. 그러나 내게 말해 보라. 네가 가진 것이 네가 일해서 소유한 것인가? 네 아버지로부터 유산으로 물려받은 것이 아닌가? 혹시 네가 일을 했을지라도, 이것으로 인해 네가 다른 사람을 비난할 근거가 되는가? 너는 바울의 말씀도 못 들었는가? "누구든지 일하기 싫어하거든 먹게도 하지 마라"고 말한 후에 바울은 "너는 옳은 일을 행함에 낙심해서는 안 된다"(살후 3:13)라고 말씀한다.[14]

E. "그래도 그는 사기꾼이다"라고 너는 말한다. 네가 말하고자 하는 것이 무엇이냐? 너는 한 조각의 고기나 한 벌의 옷을 구하고자 하는 자를 사기꾼이라고 부르냐? "그러나 그는 그것을 곧바로 팔아버릴 것이다"라고 너는 말한다. 그러면 너는 너 자신의 일을 모두 잘 관리하고 있느냐? 그런데 무엇 때문에? 모든 가난한 자들은 게으름 때문에 가난하냐? 강제로 빼앗기지 않고서? 재난을 당하지 않고서? 질병도 없이? 다른 어떤 역경도 없이?[15]

요한 크리소스톰은 실제로 자신이 확신했던 사실을 분명하게 강조한다. 즉 모든 가난한 자들이 가난한 것은 그들이 일하기 싫어하기 때문이 아니다. 게으른 상속인들도 부가 부를 낳는 것처럼, 가난도 가난한 자들을 더욱 가난하게 만드는 "수천 가지의 역경들"을 낳는다. D와 E구절에서 부유한 상속인은 유산을 통해 재산을 물려받는다. 아마도 큰 수고 없이, 단순한 상속권으로 상속인은 적당히 필요한 것 이상의 수많은 재산을 물려받게 된다. 이러한 재산에 약간의 노동을 들일지라도, 소유권에 관한 윤리의 본질은 여전히 궁핍한 자들과 함께 공유해야 함을 요구한다.

이러한 사상은 안디옥에서 일반대중들에게 한, 마태복음 24장 설교의 구절에서 더욱 명료하게 나타난다.

F. 네가 아버지로부터 물려받은 상속일지라도 이런 식으로 네가 소유하고 있는 것은 모두가 하나님의 것이다. 너 자신을 위한 너 역시도, 너에게 주어진 모든 것을 신중하게 베풀어야 함을 잘 알 것이다. 너는 하나님께서 더 큰 위엄으로

우리가 가진 그분의 소유를 요구하실 것임을 생각하지 못하느냐? 혹은 그것들이 보잘것없이 버려짐으로 그분께서 괴로워하심을 생각하지 못하느냐? 이런 물건이 있어서는 안 되며, 그렇게 해서도 안 된다. 네 수중에 이러한 물건들을 그분께서 남겨주신 목적은 "적절한 때가 오면 그들의 음식을 주기" 위함이다. 그러나 "적절한 때가 오면"이란 무엇을 뜻하는가? 궁핍한 자들과 굶주린 자들을 말한다.[16]

소수의 부자가 그들의 재산을 아무리 합법적으로 취득한다 할지라도, 궁극적으로 소유권의 올바른 윤리적 관점은, 크리소스톰에 의하면, 하나님의 절대주권에 복종하는 것이다. 소유할 수 있는 인간의 권리는 지존하신 소유자의 목적에 부합해야 한다. 다음 구절들은 재산에 관한 요한 크리소스톰 철학의 본질적 견해를 담은 목적론을 깔끔하게 지적한다.

5) 부유한 소수는 모든 이에게 책임이 있다. 부를 축적하고 있는 방법에 따라 살인자로 분류될 수도 있다.

A. 네가 부자일지라도, 필요 이상을 쓰고 있다면, 네가 의지하는 돈을 돌려줘야 한다…다른 사람들보다 훨씬 더 많이 받은 것은, 혼자만을 위해 쓰라는 것이 아니고 다른 사람들을 위해 선한 청지기 역할을 하라는 것이다.[17]

B. 성경 곳곳에 경고들이 충분히 들어 있다. 오늘은 부자이지만, 내일은 거지가 된다. 그러한 이유로 나는 종종 다음과 같이 말하는 문서들을 읽으며 웃곤 한다. 즉 토지와 집의 소유권을 가진 사람이 있지만, 다른 사람이 그것을 사용하는 것이다. 우리 모두는 사용권이 있을 뿐, 누구도 소유권을 가져서는 안 되기 때문이다…그것을 단지 사용하기 위해 받은 것이기에, 우리는 그 소유권을 배제한 상태로 다음 세대에 넘겨주는 것이다.[18]

C. 그러나 어쩌면 어떤 사람은 이렇게 말할지도 모른다. "그러면 그분이 왜 가

난한 사람도 아닌, 부자인 나에게 주신 것인가?"…그분은 너의 재산이 헛되이 되지 않기를 원하시며, 다른 사람의 빈곤에 그것으로 갚아주길 원하신다. 그분은 네가 구제를 풍성히 하며, 공의로 분배하는 부자가 되게 하고자 너에게 주신 것이다.[19]

D. 우리가 초과해서 사용하고 있는 것에 대한 이유를 제시해 줘야 한다는 사실마저도 무시하며 만물을 사용하기에, 우리는 하나님의 선물을 오용하고 있다. 그분께서는 우리만을 위한 사용이 아닌, 우리와 함께 사는 인류의 필요를 해결하라고 이러한 물건들을 주신 것이다.[20]

E. 그러나 네가 부유하다면, 이해할 만한 이유를 제시해야 할 것이다…또한 네가 소비하는 것뿐만 아니라, 재산을 어떻게 취득했는지를 숙고해 보라. 네가 재물을 정당한 노동을 통해 모았는지, 아니면 강탈과 탐욕으로 모았는지, 그것이 네 아버지의 유산이었는지, 아니면 네가 집에서 쫓아낸 고아들을 착복한 결과인지, 혹은 과부에게서 강탈한 것인지를 숙고해 보라.[21]

크리소스톰은 물질적 재물의 소유자가 된다는 것이 이러한 재물들을 자기 마음대로 지배하는, 제한 없는 권리를 가지는 것이 아님을 반복적으로 강조한다. 이것은 널리 퍼져 법제화된 로마법과 사회에서 용인된 것과는 정반대였다. 첫째, 우리 모두는 우리가 사용하는 모든 만물들을 이르든 늦든 나눠야 한다. 그러므로 누구도 재산에 대한 지배권을 가질 수 없다. 둘째, 어떤 재산이든 하나님의 선물로 남아 있어야 하며 절대적 주님께 늘 속해 있는 것이다. 자신이 받은 것에 대해 근거를 제시할 수 있어야 한다. "그분은 네가 구제를 풍성히 하며, 공의로 분배하는 부자가 되게 하려고 재산을 너에게 주신 것이다." 소수의 수중에 축적한 재산은 이러한 부유한 소수에게는 초기에 닥치는 대로 축재한 불의를 고칠 기회다. 재산에 소유권을 부여해서 지배하는 것은 본질적으로 사회 정의를 성취하기 위한 목적과 관련되어 있다.

B구절은 소유권에 관한 합법적인 이야기와 함께 크리소스톰의 즐거움을 기록한다. 그에게 소유권 문서들은 소유권 개념에 관한 그의 도덕적 접근 때문에 무의미한 것이다. 합법적인 문서들이 소유권의 윤리와 그 본질을 피할 수 없다. 집이나 토지소유자가 그러한 재산 사용권을 요구하는 것을 멈춘다면, 법이 어떻게 말하든 상관없이, 자신의 실제 소유권은 끝나는 것이다. 다시 말해 소유하는 것의 윤리적 결정요인이 실제 사실에 있기 때문이다. 소유권(Despoteia)은 재산과 관련해서 어떻게 사용(chrēsis)하느냐에 따라 정당화되거나 제한될 수 있다.

E구절에서 요한은 이유를 제시하고 모든 소유자들이 언젠가 자신의 재산을 만든 양도에 관한 설명뿐만 아니라, 그 재산의 취득까지 포함해서 절대적 소유자에게 드려야 할 것임을 덧붙인다. 다른 사람들을 착취함으로 자신의 "권리"를 누리는 자는, 그 소유권이 자신의 풍성한 재물을 궁핍한 자들과 함께 공유해야 할 의무가 있음을 충분히 인식하지 못한다. 이러한 경우에, 본래 그 취득방법이 불의하기 때문에 소유권은 두 배로 불의한 것이다.

> F. 나는 네가 약탈한 것을 자비롭게 돌려주라고 요구하는 것이 아니라, 사기행위를 그만두라고 요구하는 것이다…네가 강도행위를 중단하지 않는다면, 실제로는 자비를 베푸는 것이 아니다. 심지어 네가 궁핍한 자들에게 엄청난 돈을 줄지라도, 네가 사기행위와 강도행위를 중단하지 않는다면 하나님께 살인자들 중 하나로 헤아림을 받을 것이다.[22]

압제를 지속하고 있는 상황에서 부를 분배하는 것은 단지 아주 심각한 자기기만과 위선에 불과하다. 부유한 소수의 압제 때문에 수많은 사람이 가난한 것이다. 부자들의 상속인들이 사회 불의를 고치려고 한다면, 물론 그래야겠지만, 동전 몇 푼이나 혹은 실질적인 구제로 자선과 자비를 베푸는 것만으로는 충분치 않다. 본질적인 것은 "강도행위를 중단하는 것"이며, 부자들의 부가 계속 집중되는 것을 멈추게 하는 것이다. 부자들의 부가 가난한 자들을 비참하게 하며 의존적으로 만드는 것이다. 이러한 일을 실행하길 거부하는 것은 부유한 인류의 삶을 약탈하는 살인자와 같은 것이다.

6) 축적한 부의 근원은 틀림없이 불의할 것이다. 마치 자연이 스스로 분개하는 것처럼, 사적 소유권은 적대관계를 가져온다.

다음 구절들에서 크리소스톰은 토지소유권에 대해서, 또한 토지와 다른 천연자원이 만들어내는 부가 공동적인 특성으로 서술한 것임이 명백하게 나타난다.

요한 크리소스톰은 아마도 그가 감독이 되기 전 안디옥에서, 디모데전서 (1-6장)에 관한 18개의 설교를 했다. 하지만 A와 B구절은 누가복음 16:1-9의 불의한 청지기 비유에 대한 고찰에 여담을 재현한 것이다. 요한은 그리스도께서 부를 왜 "불의의 재물"이라고 부르셨는지를 질문한다. 부가 어떻게 불의할 수 있는가? 부의 특성이 불의한 것인가? 이러한 질문의 정황 속에서 요한은 부의 기원을 되새기면서 다음과 같이 결론을 맺는다.

A. 그러면 나에게 말해 보라, 네가 어떻게 부유해졌느냐? 네가 그것을 누구에게서 받았으며, 그것을 너에게 물려준 그 사람은 누구에게서 받았느냐? 그의 아버지와 그의 할아버지로부터일 것이다. 그러나 수많은 세대를 거쳐 올라가서 너는 정당하게 취득한 것을 입증할 수 있느냐? 그랬을 리가 없다. 왜? 하나님께서 태초에 사람을 부자와 가난한 자로 만들지 않으셨기 때문이다. 그분께서는 어떤 사람에게는 황금 보화를 발견하여 갖게 하고, 다른 사람들에게는 보화를 찾을 권리도 주지 않는 분이 아니시다. 오히려 그분은 만인에게 땅을 자유롭게 남겨준 것이다…

그런데 그것이 공동의 것이라면, 너는 왜 그렇게 많은 토지를 갖고 있느냐? 네 이웃은 그 토지의 일부도 갖지 못하고 있는데…그러나 나는 이 논쟁을 아주 깊이 있게 다루진 않을 것이다. 네가 부를 정당하게 얻은 것이라면, 약탈로 인한 것은 아니다. 그것은 네가 네 아버지의 탐욕스런 행동에는 책임이 없기 때문이거나…그가 부를 약탈로 획득한 것이라고 인정하지 않기 때문이다. 그러면 이 땅 어디선가 그의 황금을 토해 낸 것이다…

그러면 무엇인가? 그래서 부는 선한 것이냐? 결코 그렇지 않다. 동시에 너는 그 소유자가 탐욕스럽지 않다면 그것은 악하지 않다고 말한다. 그것을 가난한 자에게 분배한다면 악하지 않은 것이다. 반면 가난한 자를 함정에 빠뜨리고 있다면 악한 것이다. "그러나 그 사람이 비록 선하지는 않지만, 악하지도 않다면 그것은 악한 것이 아니라고" 너는 반박한다. 물론 그렇다. 하지만 공동의 것을 너 혼자만 즐기고 있다면 이것이야말로 악한 것이 아니냐? "토지와 그것에게서 나오는 충만한 것들이 다 하나님의 것"이 아닌가? 그렇다면 우리의 소유물이 한 분이신 우리 모두의 주님께 속한 것이라면, 그것들은 우리와 함께 사는 종들에게도 속한 것이다. 한 분이신 주님의 소유물은 우리 모두의 것이다.[23]

B. 하나님의 지혜로우신 분배를 주목해라…그분은 태양, 공기, 토지, 물, 하늘, 바다, 빛, 별들처럼, 확실하게 공동의 것으로 만드셨다. 그것의 혜택은 모두에게 형제로서 동등하게 분배된 것이다…또한 거기에 공동으로 남아 있는 사물에 관해서는 싸움이 없고 단지 모든 것이 평화롭다는 것을 주목해라. 그러나 누군가 자신의 것으로 소유하여 자신의 것으로 만들려고 할 때, 자연이 스스로 분개하듯이, 싸움이 생기는 것이다.[24]

4세기 안디옥에서 받아들인 소유권 철학에 내포된 로마법은 변호(vindicatio)라 불리는 행위를 할 수 있었다.[25] 여기서 재산의 일부를 소유한 자들은 재산의 동일한 부분의 실제 법적 소유자라고 주장하는 다른 사람들의 권리주장이 제기되었을 때, 자신의 지배 권리를 변호하거나 옹호했다. 소유물 그 자체가 소유권의 첫 번째 증거였다. 그래서 그것은 소유권을 입증하고자 하는 비소유자의 책임이었다. 또한 자신이 그렇게 하지 못하면, 재산은 현재 소유자의 소유물로 남았다.

본문에서 위대한 수사학자는 소유물을 어떤 형태로든 소유권에 관한 입증으로 인식하는 것을 거부한다. 오히려 그는 질문에서 재산 취득이 정당하다는 입증 책임을 소유자에게 부과했다. 다시 말해, 크리소스톰은 폭넓게 펴져 있던 재산 개념을 우리가 불렀던 것처럼, 도덕-역사적 접근이라는 새로운 접근법으로 재심문하고 있다. 현재 재산의 "근원과 기원"은 "불의했음에 틀림없다"고 요한은 주장한다. 다른 한편으로 만물을 공유권으로 정해 누구도 부유하지도 가난하지도 않던, 최초의 신적 분배에도 불구하고 소수의 수중에 재산이 집중된 것을 어떻게 설명하는가? 법적 근거들은 나중이라고 크리소스톰은 주장한다. 그래서 법이 불의한 상황을 단순히 정당화하는 이러한 경우에는, 그의 관점에서 이러한 상황은 변화될 필요가 있었다.

그래서 현재 재산 소유자들이 재산을 정당하게 취득했음을 나중에 입증할 수 없으면, 그것은 세대를 거쳐 내려오는 과정에서 틀림없이 불의하게 취득했을 것이라고 크리소스톰은 먼저 주장할 것이다. 그의 단호하고도 단순한 확신은 "태초에 하나님께서 한 사람은 부유하게 하고 다른 사람은 가난하게 만들지 않으셨다"는 사실에 기초한 것이다. 결국 수많은 사람이 가난한데도, 대단히 많은 부가 소수의 수중에 놓여 있는 상황에서, 정당한 취득의 입증책임은 부유한 자들에게 놓여 있다.

크리소스톰의 고발은 이성을 벗어나는 것이 아니다. 결국 그는 현재 소유자들이 선조의 탐욕스런 행위를 책임지려 하지 않는다고 생각한 것이다. 여전히 불의한 행동들이 다음 세대로 이어짐으로 그들의 수중에 축적되는 부는, 어떤 경우에도 실제로는 그들 마음대로 할 수 있는 것이 아님을 그는 강조한다. 오히려 그들은 "우리의 소유물이 한 분이신 우리 모두의 주님께 속한 것"이라는 사실과, "그것들은 또한 우리와 함께 사는 종들에게 속한 것"이라는 사실에 자신들의 눈을 열어야 한다. 창조물의 부는 악하지 않다. 악한 것은 "공동의 것을 너 혼자 즐기는 것"이다.

실제로 크리소스톰은 토지의 부에 대한 사용권은 만인의 평등한 권리로서 모든 사람이 숨을 쉴 수 있는 권리처럼 매우 분명한 것이라고 주장한다. 그것은 그들의 생존 사실과 창조주의 평등하고도 평등케 하는 선물로서 선언되는 권리다. 즉 자연적이며 양도할 수 없는 권리로 모든 사람이 세상에 거하며 세상에 살아 있는 한, 모든 사람에게 부여된 것으로 다른 사람들의 동등한 권리에 의해서만 제한될 수 있다. 우리 가운데 누구도 땅이나 다른 부를 생산하는 자원들의 독점적이고 절대적인 소유권을 합법적으로 당연시할 수 없다. 우리 가운데 누구도 땅을 만들지 않았기 때문이다. 우리는 우리와 함께 하는 천지 만물을 소유하려고 하는 자들의 권리를 종결시켜야 한다. 모든 사람은 동등하게 한 분이신 주님의 "함께 사는 종들"이다. 그 주님은 만물을 소유하고 계시며, 만물을 모두가 이용할 수 있게 한 분이시다. 과거 소유자들의 강도행위와 불의를 인식하는 것만이 현재 사회제도를 개선할 수 있는 첫 번째 단계다. 그래서 실제로 재산이 반환되지 않는다면 강도행위는 늘 새롭게 계속될 뿐이다.

B구절에서 크리소스톰은 사람들을 더 넓은 지평으로 그들의 시선을 이끌도록 초청한다. "하나님의 지혜로우신 분배를 주목해라…그분은 확실히 공동의 것으로 만드셨다." 그가 말하고자 한, 사회 정의는 자연 정의며, 반대로 사회 불의는 자연에 거스르는 것이다. 어떤 사람이 공동으로 주어진 물건을 독점적으로 착복한다면, "자연이 스스로 분개하는 것처럼" 적대감이 계속된다.

크리소스톰은 로마 소유권의 법률화에 대해 별로 중요시하지 않았다. 그에게 있어서 절대적 소유권은 무의미한 것이다. 하나님만이 참된 소유자이시기 때문이다. 다음 구절에서 그는 이렇게 말한다.

C. 우리는 그리스도로부터 만물을 받았다. 우리가 가진 존재 그 자체와 생명과 호흡과 빛과 공기와 땅은…모두 그분으로 말미암은 것이다…"우리는 나그네들이며 순례자들이다." 그래서 "내 것"과 "남의 것"에 관한 모든 것은 단지 말장난에 불과하며 실체는 존재하지도 않는다. 네가 그 집이 너의 것이라고 말한다면, 그것은 실체도 없는 말이다. 그 공기, 땅, 물질은 창조주의 것이기 때문이다. 그래서 그것을 구성하고 있는 너 자신도 그러하며, 다른 만물도 그러하다.[26]

그래서 크리소스톰에게 모든 것은 가장 실제적인 의미에서 하나님의 재산이다. 인간의 소유권 제도들은 모든 사람이 자유롭게 모든 물질적 재물에 하나님의 의도를 단순히 실현시킬 수 있어야 한다. 거기에 더는 엄격한 의미에서 "내 것"과 "남의 것"이 없다. 모든 것은 뜻 깊게 사용해야 할 "우리의 것"이기 때문이다. 요한은 이미 "누군가 자신의 것으로 소유하여 자신의 것으로 만들려고 할 때, 자연이 스스로 분개하듯이, 싸움이 생긴다"고 말했다. 인간의 소유권 제도들은 더는 절대적인 것으로 간주되어서는 안 된다. 이것은 단지 그것들을 무의미하게 할 뿐이다. 그것들을 독점적으로 보아서도 안 된다. 오히려 그것들은 세상의 부의 목적을 획득하려는 방법으로 보아야 할 것이다. 그래서 크리소스톰은 본질적으로 모든 인류의 필요를 위해 제정된 것으로 본다.

요한은 "우리가 나그네들이며 순례자들"이라는 것을 상기시켜 준다. 우리는 단지 하루 벌어 사는 소작농에 불과하다. 우리가 역사를 통해 함께 걷는 나그네로 여행할 때, 우리는 분명히 모든 사람의 필요를 채우려는 방법을 충분히 발견할 수 있을 것이다. 만약 모든 사람에게 속한 것 중에서 다른 사람의 것을 약탈하는 자들을 허락하지만 않는다면 말이다. 많은 사람을 몰락케 하면서, 소수의 강도행위를 단순히 합법화하며 영속시키는, 소유권에 대한 기존의 인식을 실질적인 새로운 인식을 통해 사회적이며 법적으로 바꾸어야만 한다.

7) 가난한 자들이 부잣집의 개만도 못한 존재가 될 때, 하나님께서 주신 모든 인간의 존엄성은 어디에 있는가?

콘스탄티노플에서 감독으로 재직하고 있던 마지막 해에, 요한 크리소스톰은 히브리서에 관한 34편의 설교를 했다. 다음 구절은 이 설교들 중 하나로서, 시편 41:1에 관한 부분이다. "낮고 가난한 자들을 권고하는 자가 복이 있다."

A. 가난한 사람을 보거든 급하게 지나치지 말고, 즉시 너 자신이 해야 할 것이

무엇인지, 그리고 그에게 행할 것이 무엇인지를 숙고하라…그도 너처럼 자유로운 자이며, 너와 동일하고도 고귀한 출생을 공유하며, 너와 공동으로 만물을 소유하는 자임을 숙고하라. 그런데 그는 여전히 종종 너의 집에 있는 개만도 못한 수준에 있다. 반면에 개들은 물리도록 먹는데, 그는 자주 굶주린 채 잠든다…그런데도 너는 개들이 너를 위해 유익한 봉사를 한다고 말하느냐? 그런 게 무엇이냐? 개들이 널 기분 좋게 봉사하고 있느냐? 이런 가난한 자도 네가 소유한 개들보다도 훨씬 더 훌륭하게 널 위해 유익한 봉사들을 하고 있음을 입증해 줄 수 있다. 그가 심판 날에 네 앞에 설 것이며, 너를 불 속에서 건져낼 것이기 때문이다.[27]

B. 너는 가난한 자들에게 베푸느냐? 네가 준 것은 네 것이 아니라 네 주인의 것이다. 즉 너와 함께 사는 종에게 공동으로 주신 것이다. 네 동족이 비참함 가운데 있기에, 너는 특별히 겸손해져야 한다…결국 부란 무엇인가? "헛된 그림자, 사라지는 연기, 풀의 꽃" 혹은 오히려 꽃보다 더 초라한 것이다(사 40:6-8 참조).[28]

C. 다른 모든 종류의 구제에 대해서 이야기해 보자. 너는 돈으로 구제할 수 있느냐? 성실함으로 해라. 너는 좋은 지위로 할 수 있느냐? 난 돈이 없어서라고 말하지 말라, 이것은 아무것도 아니다. 네가 만약 황금이 생겨 그것으로 한다면 이것은 아주 훌륭한 것이다. 너는 친절한 태도로 할 수 있느냐? 이것도 하라. 예를 들어, 네가 의사라면 너의 기술을 베풀어라. 이것 역시 훌륭한 일이다. 너는 권면으로 할 수 있느냐? 이러한 봉사는 다른 모든 것보다 훨씬 더 훌륭한 것이다.[29]

이러한 구절들에서 크리소스톰의 사회철학의 근본 토대를 볼 수 있다. 하나님께서 주신 인간의 존엄성이다. 크리소스톰은 개인의 존엄성과 전체 인류의 존엄성을 모두 강조해서 단정한다. 각각의 인간은 "동일하고도 고귀한 출생을 공유한다." 그래서 모든 인류는 만물을 공동으로 소유한다.

재산이 많은 소수가 부를 축적함으로 인간의 존엄성이 훼손되는 것이다. 가난한 자들은 그들이 학대받고 공동 자원을 강탈되기 때문에 가난하다. 소수의 수중에 부가 집중되는 것은 그들을 괴롭게 하는 것이다. 그들은 일정 수준의 인간 생활을 위한 필요도 채우지 못한 채, 계속되는 근심의 상태로 살아간다. 즉 "부잣집의 개들만도 못한 수준의" 생활이다. **부유한 자들을 포함해서** 모두가 고통을 받는다. "심판의 날"을 피할 자가 아무도 없기 때문이다. 그래서 결국 부는 아무리 많이 축적할지라도 "헛된 그림자이며, 사라지는 연기"에 불과하다.

하지만 크리소스톰은 이러한 타락과 이러한 일들의 불의한 상태를 인간 존엄성의 실재에 대한 우리의 공동적인 각성으로 고칠 수 있다고 긍정적으로 기록한다. 이 각성은 필연적으로 공유하는 행위를 수반해야만 한다. "다른 모든 종류의 구제에 대해서 이야기해 보자." 부자들의 수중에 축적된 부는 반드시 공유되어야 하는데, "네가 주는 것이 네 것이 아니므로" 결국 모든 사람의 존엄성의 필요에 맞게 되돌려 주어야 한다. 그래서 이러한 나눔은 인간의 연대책임 속에서, 곧 하나님 안에서 한 가족으로 돈이나 황금뿐만 아니라, 기술, 시간, 재능 그리고 권면 등으로 가능한 것이다. 그래서 우리의 근심을 또 다른 사람 위에 계신 주님께 맡겨야 한다. 그것은 우리에게 유일하신 주님이 계시기 때문이다. 그분은 모든 사람의 존엄성을 깨닫게 하려고 우리에게 모든 것을 공동으로 주신 분이시다. 주님께서 친히 공유하신 것처럼, 우리도 모든 것을 공유해야 한다.

8) 재산의 분산이 소비와 낭비의 원인이며, 빈곤의 원인이다.

사도행전 4장에 관한 콘스탄티노플의 기독교 공동체에게 한 주요 설교에서, 요한 크리소스톰은 코이노니아를 실행하기 위한 필요로, 확고하면서도 실제적인 경제적 용어들로 논증한다.

이렇게 말한다. "그래서 위대한 은총이 그들 모두에게 주어졌다. 그들 중 누구도 부족함이 없기 때문이다." 은총이 그들 가운데 있었다. 그래서 아무도 부족하여 고통당하지 않았다. 즉 그들은 아무도 가난하지 않도록 자발적으로 베풀었던 것이다. 그들은 자신들을 위한 다른 일부를 보유하면서 일부분을 준 것이 아니고, 그들의 소유 전부를 주었다. 그들은 정말 불평등이 사라졌고 매우 풍족함 속에 살았다. 그래서 그들은 가장 칭송받을 만한 방식으로 이것을 행했다. 그들은 함부로 그들의 예물을 궁핍한 자들의 수중에 놓거나, 고상하게 생색내기 식으로 준 것이 아니라, 사도들의 발 앞에 그것을 놓았고, 사도들이 그 선물들을 다스리고 분배하였다. 그래서 개인의 사유재산이 아닌, 공동체의 재물을 궁핍한 사람들이 가져갔다. 그래서 기부자들은 오만해지지 않았다.

오늘날도 그와 같이 함으로, 가난한 자뿐만 아니라 부자까지도, 우리 모두는 더욱더 행복하게 살아야 한다. 그러면 가난한 자들이 부자들보다 더 많이 받는 자들이 되지 않았을 것이다. 그리고 미안하지만, 이제 잠시 우리가 그것을 언어로 피력하게 하고, 적어도 이러한 기쁨을 언어로 도출하게 하라. 너는 네 행동 속에서 그것을 위해 생각조차 하지 않기 때문이다. 여하튼 그때 일어난 사건들에서조차, 그들이 소유물을 팔아 궁핍한 자들에게 가지 않았다는 것이 분명하다.

이런 방식으로 행복한 때의 일들을 떠올려보자. 모든 사람이 공동 기금으로 가지는 모든 것을 나누어 준다. 누구도 그것에 대해서 각자 관심을 두지 않고, 부자도 가난한 자도 없다. 얼마나 많은 재물이 모였을 것으로 생각하느냐? 나는 그것을 정확하게는 말할 수 없지만, 모든 개인이 자신의 모든 돈, 토지, 재산, 집(초기 기독교인들은 노예들을 소유하지 않았고, 아마도 그들을 자유롭게 했을 것이기에, 나는 노예들은 언급하지 않을 것이다)을 기부했다면, 백만 파운드의 황금과 그 양의 2-3배 정도가 모였을 것으로 추론한다. 그러면 나에게 말해 보라. 우리 도시(콘스탄티노플)가 얼마나 많은 사람을 포함하는가? 얼마나 많은 그리스도인이 있는가? 10만 명에 이르지 않는가? 그리고 얼마나 많은 이방인과 유대인이 있는가! 수천 파운드의 황금을 모아 놓지 않았는가! 그리고 우리에게 얼마나 많은 가난한 자들이 있는가? 아마도 5만 명 이상은 될 것이다. 그들에게 일용할 양식이 얼마나 많이 공급되고 있는가? 그들이 모두 공동 식탁에서 먹는다면, 그 비용이 그리 대단하지는 않을 것이다. 우리의 막대한 재물로 실행할 수 없단 말인가! 너는 그것이 언젠가 다 고갈될 것이라고 믿는가?

그러면 우리에게 하나님의 복을 천 배나 풍성하게 부어주시지 않겠는가? 우리가 지상에 천국을 만드는 게 아니겠는가? 하나님의 은총을 정말로 풍요롭게 부어 주시지 않는가?

3-5천 명의 초기 그리스도인들이 그들 중 아무도 궁핍함이 없었다는 것이 아주 훌륭하게 입증된다면, 얼마나 더 많은 자가 그러한 훌륭한 공동체에 함께 했겠는가? 각각 새로 오는 사람들이 무엇인가를 더하지 않겠는가?

재산을 분산하는 것이 막대한 소비의 원인이며 빈곤의 원인이다. 남편과 아내 그리고 10명의 자녀가 있는 가정을 생각해 보라. 아내는 천을 짜고 있고 남편은 생계를 위해 시장에 나간다. 만약 그들이 한집에서 사는 것과 따로 떨어져 사는 것 중에 어느 것이 더 많이 필요하겠는가? 당연히, 따로 떨어져 살 때다. 만약 10명의 아들이 각기 자신의 방식대로 살아간다면, 10채의 집과 10개의 식탁, 10명의 하인 그리고 다른 모든 것에도 그러한 비율로 필요할 것이다. 그러면 수많은 노예는 어떻게? 돈을 절약하려면 한 식탁에서 이들이 함께 식사하는 것이 아닌가? 분산은 값싸게 하지만, 그만큼 낭비를 가져온다.

사람들이 수도원에서 현재 어떻게 사는지 그리고 신실한 사람들이 어떻게 살았는지가 바로 이러한 것이다. 그래서 굶어 죽은 사람이 누구인가? 온전히 만족하지 않은 사람이 누구인가?

그런데 아직도 사람들은 망망한 바다에 뛰어드는 것보다 이러한 생활방식을 더 두려워하고 있다. 우리가 만약 담대하게 시도해서 그 상황을 유지한다면! 그 결과로 얼마나 놀라운 축복이 임할지! 그때 당시에도 그렇게 신실한 소수가 단지 3-5천 명이 있었던 것이다. 그때 당시에도 전 세계가 적대적이었고, 어느 곳에도 평안함이 없었을 때, 이러한 방식으로 굳게 결심한 우리의 선조가 있었던 것이다. 하나님의 은총으로 신실한 자들이 모든 곳에 있다면, 오늘날 우리는 얼마나 더 큰 확신을 하겠는가! 누가 계속 이교도로 남아 있겠는가? 아무도 없을 것이라고 나는 믿는다. 모든 사람이 우리에게 와서 친구가 될 것이다.

그러나 아직도 우리가 공명정대한 일을 진전시키지 않는다면, 하나님께서 이것까지도 실현시킬 것임을 나는 신뢰한다. 내가 말한 대로만 행하라, 그러면 우리는 물건의 규정된 질서 속에서 성공적으로 이룰 것이다. 하나님께서 생명을 주신다면, 우리가 이러한 생명의 길로 이내 전진하게 될 것임을 나는 신뢰한다.[30]

2. 요약

요한 크리소스톰이 왜 황금의 입이라고 불렸는지 어렵지 않게 그 이유를 알 수 있다. 그가 그리스도인의 비전에 대해 선언한 것이 얼마나 설득력이 있는가! 우리가 살펴본 대로, 그는 사유재산의 문제에서 학대와 빈곤을 제거하기 위해 그리고 더욱 공의롭고 인간다운 사회질서를 세우기 위한 필요를 너무나도 감탄하지 않을 수 없게 말한다. 그가 왜 핍박을 받았는지를 쉽게 알 수 있다. 그는 학대에 대해 공공연하게 비판함으로 학대를 받았다. 그가 그토록 능변으로 그의 청중들의 의식을 일깨우고자 했던 세상의 비전은 특권층과 권력층의 감성들을 마비시켰다. 전체 인구의 십분의 일도 안 되는, 국가와 교회의 재력가들과 모든 대토지사유자들은 분노를 표출했다. 부의 축적을 폭로하는 그의 "황금의 입"으로 그들을 질타하면서, 구약성경의 선지자들이 한 것처럼 이런 자들은 맹비난을 받아야 한다. 그들은 "강도"와 "살인자"로서 부를 축적함으로 대다수가 빈곤해졌다. 하지만 생명과 나눔에 대해 긍정적으로 말하는 것을 사람들에게 더욱 권면 하자, 불가피하게 그를 조기 은퇴시킨 것이다!

이 단순하고 진지한 사람이 재산과 사회 정의라는 다루기 어려운 주제를 언급하고자 했던 것이 본질적으로 무엇인가?

우리가 선택한 구절들 전체에 **유신론적 요소**가 지배적이다. 요한은 널리 퍼져 있던 사회질서를 바라보며 만물의 절대적 소유자이신 창조주를 진지하고도 실제로 인식하지 않음을 보았다. 그래서 요한은 "근본으로 돌아가" 모든 부는 일차적이고도 본질적으로 한 분이신 주님, 하나님께 속한다고 강조했다. 크리소스톰에게 있어서, 하나님을 위해 주인(despotēs)이라는 단어를 사용함으로 분명히 나타낸, "소유자"라는 의미에서 하나님은 주님이시다(Despoteia는 "주권," "소유권"이란 단어를 상기시킨다).

둘째, 크리소스톰은 인류의 **연대책임**을 강조했다. 우리는 모두 같은 운명이 있고, 우리 모두는 "나그네들이며 순례자들"이다. 더 나아가 우리 모두는 만물의 유일하고도 참된 주님이시며 소유자이신 그분 앞에서 함께 사는 종들(sundouloi)이다. 이제 한 분이신 주님의 함께 사는 종들로서 공동 운명으로 부름 받아, 다른 사람의 위에서 군림해서는 안 되며, 오히려 다른 사람과 함께 이러한 공동의 순례의 길을 걸어가야 한다. 그래서 물질적 재물에 대한 인간의 소유권, 즉 지배권은 우리의 모든 순례자들이 이러한 재물의 유용한 이용을 보장하기 위함이다. 우리는 안주할 수 없고, 계속 움직여야만 한다. 우리는 축적이 아닌, 공유를 해야만 한다.

결국 크리소스톰은 독특한 개성인 기독교적 논조로 재산에 대해 고찰했다. 그는 사람 대 사람의 관계로 된 우주에 소유권 현상을 회복시킨다. 소유권에 관해 널리 퍼져 있는 견해는 배타적 관계를 합법화하는 단순한 권리를 의미했다. 곧 소유자가 자신의 소유물에 다른 사람들의 접근을 배제하는 것이었다. 그래서 소유관계는 부정적인 것으로 "그것"의 세계에 고정되었다. 그 세계는 이러한 인간 개인의 존엄성을 위한 관계에 대해 윤리적으로 부정적인 결과들을 무시했다. 바꾸어 말해, 소유에 관한 로마법의 개념은 그토록 수많은 사람을 계속적인 근심의 상황에서 빈곤하게 하며 의존적으로 만드는 강도행위, 약탈 그리고 학대를 합법화하고 있기에, 엄밀하게는 다른 성실한 인간관계에 고통을 조장했다.

크리소스톰이 가진 "내 것"과 "내 것이 아닌 것"으로서의 소유개념은 무의미했다. 그에게 절대적이고 독점적인 소유권 개념은 그것의 참된 본질을 우습게 만드는 것이었다. 본질적으로 그것은 함께 사는 순례자들과 동일한 주님의 함께 사는 종 가운데에서 성실한 인간관계들이 깊어지도록 섬기는 수단이었다. 크리소스톰은 소유의 본질을 본래 모든 사람이 존엄하게 사는 데 필요한 것들을 채우는 것이며 세상의 부를 나누는 역동적인 기능으로 보았다.

그래서 크리소스톰은 소수의 수중에 부가 집중되는 억압적인 현실로 인해 빈곤에 처하게 된 수많은 사람이 해방을 위해 일어나는 당시의 울부짖음 앞에서, 한 개인이 축적하고 있는 부와 장래 세대들의 안정을 위해 그것을 보유하고 있는 것에 대해 문제를 제기한 것이다. 상속행위는 재산의 본질적인 역동적 기능을 빼앗는 것이며, 그것을 정적인 질서 속에 고정하는 것과 동일하다고 크리소스톰은 말했던 것이다.

거듭 반복해서 요한은 의심의 여지없는 천연자원에서 나오는 모든 부-토지, 물, 공기, 빛 그리고 하늘과 같은 공유물-의 공동적 특성으로 되돌아갔다. 그것들은 "모두에게 동일한 자유"를 누리도록 의도된 것이다. 사적 소유권은 단지 부유한 소수의 수중에 그것들의 일부를 집중시켜 왔으며, 이것은 단지 "강도행위, 탐욕, 탈취," 그리고 "살인"에 불과하다고 강하게 책망했다. 더 큰 그림이 그의 눈앞에 펼쳐져 있었다. 그래서 모든 사람이 공기로 숨을 쉬며, 토지를 경작하며, 물을 사용하며, 햇볕을 쬘 수 있는 평등권을 가지고 있다는 분명한 사실을 사람들에게 일깨워 주는 데 그의 심혈을 기울였다. 천연자원에 대한 각자의 천부적이며 양도할 수 없는 권리는 오직 다른 사람들의 평등권을 존중해야 하는 의무로만 제한될 수 있었다. 실제로, 일부 사람이 다른 사람들의 생득권을 빼앗는 무력과 사기행위가 더는 사용되지 않았다면, 모두를 위해 이런 것들이 충분히 있었을 것이다.

마지막 분석에서, 하나님께 유일한 소유권과 지배권이 있었다. "바로 그 공기, 땅, 물질은 창조주의 것이며, 너 자신도 그러하며…모든 만물도 그렇다."

Ownership: Early Christian Teaching

제7장

아우구스티누스:
네가 소유하고 있는 것은 네 소유가 아니다

교부시대의 모든 철학자들 중 가장 큰 영향을 끼친 인물로 여겨지는, 아우렐리우스 아우구스티누스(Aurelius Augustinus)는 354년 11월 13일 로마의 북아프리카 타가스테(Tagaste; 오늘날의 튀니지)에서 태어났다. 그의 어머니 모니카(Monica)는 그리스도인이지만, 그의 아버지 파트리키우스(Patricius)는 그리스도인이 아니었다.

아우구스티누스의 가족은 사회(파트리키우스가 도시의 행정관이었다)에서 존경받는 신분으로 있었지만, 부유한 집안은 아니었다. 그럼에도 불구하고 타가스테와 마다우라에서 초기 교육을 성공적으로 마친 후에, 파트리키우스는 법률 정규과정을 위해 아우구스티누스를 카르타고로 보내기로 했다. 예닐곱 달 동안 파트리키우스가 필요한 재정을 마련해 주었고, 16세에 아우구스티누스는 그러는 동안 타가스테에서 오랜 시간을 하는 일 없이 보내야 했다. 타가스테는 아우구스티누스가 위대한 감독으로서 저술활동을 하면서, 모든 열정으로 다양한 기쁨을 누린 곳이다.

마침내 카르타고에 도착한 청년은 학업을 시작했다. 373년에 그는 교과과목으로 키케로의 호르텐시우스(Hortensius)에 대해 공부했다고 기록한다. 이 대화는 아우구스티누스로 하여금 그의 생애에 철학적 기초에 대한 열망을 불러 일으켰다. 사실, 그는 진리를 위해 모든 것을 포기하기로 했다. "지혜의 불멸성에 대해 나는 믿을 수 없는 열정으로 갈망했다"(Immortalitatem sapientiae concupiscebam aestu cordis incredibili)고 그는 말하고 있다.[1] 그는 카르타고에서 학생으로 있으면서 마니교도가 되었다.

학위 과정을 마친 후에, 그는 정상적으로 법원의 법률 사무소에 들어갔지만, 문학 전공을 더 좋아해서 문법을 가르치려고 타가스테로 돌아왔다. 그리고 몇 년 후, 그는 수사학을 강의하려고 카르타고로 돌아왔다. 여기서 그는 로마에서 더 체계적인 학풍으로 배울 수 있다는 조언을 듣고서, 로마로 옮기기로 했다.

로마에서 몇 달을 보낸 후, 아우구스티누스는 수사학 교수로 초청을 받아 밀라노로 이사했다. 여기에서 그는 위대한 암브로시우스를 만나, 결국 그가 "허황된 이야기"라고 일찍이 버렸던, 그의 어머니의 종교를 접하게 되었다. 여기서 또한 그는 기독교로 개종하기 위한 최종 단계들을 재촉하는 데 있어서 가장 강력한 역할을 감당한 어머니로 인해, 실제로 기독교에 입문하게 되었다.

387년에 아우구스티누스는 자신의 아들 아데오다투스(Adeodatus), 그리고 그의 절친한 친구와 함께 암브로시우스에게 직접 세례를 받았다. 예닐곱 달 후에 그는 로마(로마 여행 중에 그의 어머니가 오스티아에서 사망함)를 거쳐 아프리카로 돌아왔다. 그리고 그는 타가스테에 도착해 자신의 재산을 팔아 가난한 자들에게 가서 나누어 주었다.[2] 몇몇 친구들과 함께 자신의 예전 토지의 한 곳에 은둔하면서, 이제 가난한 삶과 기도와 성경 연구로 생애를 보내기로 했다.[3]

갑작스럽게 히포의 성직자로 부름을 받아, 아우구스티누스는 일부 재산을 교회에 귀속시키면서 자기 주변에 또 다른 묵상 공동체를 세움으로, 자신이 은둔생활을 못하게 된 점을 위로했다. 아우구스티누스를 보좌인으로 세운 발레리우스(Valerius) 감독이 사망하자, 아우구스티누스가 히포의 감독이 되었다.

이제 아우구스티누스는 두 번째 수도원 공동체를 떠나 감독 공관으로 옮겼다. 그곳 역시 수도원으로 구성원들이 나눔의 삶과 신앙훈련을 하며 사는 곳이었다. 하지만 아우구스티누스는 묵상과 기도의 삶과 함께, 아주 다양한 분야에서 엄청난 활동을 했다. 즉 그는 방대한 저술과 비중 있는 돌봄으로 그의 교구를 목회하며 그의 생애 대부분을 보냈다. 건축에 대한 개인적 관심이 전혀 없었음에도 불구하고, 그는 가난한 자들을 위한 구빈원을 설립했고, 사람들이 예배드리기 위해 모이는 교회당(basilicas)을 많이 늘렸다.

아우구스티누스는 반달족의 수중에 빼앗긴 도시, 히포에서 430년 8월 28일에 사망했다.

아우구스티누스는 그의 생애 대부분을 북부 "아프리카"에서 지냈다. 그곳은 4세기 로마 속주로서 농업이 번창했다. 도시 생활도 풍족하였지만, 그것은 발전된 농촌과 농경생활을 토대로 이루어진 상부구조였을 뿐이다. 변두리 마을에서 살면서 토지를 경작하는 대다수의 사람에 비해 도시민들은 단지 소수를 이루었다.

아우구스티누스 시대에 아프리카 농경생활의 두드러진 특징은 대토지 사유제였다. 6명의 대토지사유자가 아프리카의 절반을 소유했을 정도다. 이것이 그러한 사실들의 단적인 표현일지는 모르지만, 단지 소수의 대토지사유자의 수중에 토지가 얼마나 심각하게 집중되었는지를 보여주는 것이다.[4]

카르타고 전쟁 후, 로마는 새로운 속주의 토지를 로마 국가, 즉 로마의 원로원과 국민(SPQR; Senatus Populusque Romanus)의 재산으로 만들었다. 그래서 각각의 개인들은 자신들의 토지를 불확실하게(precario) 지니고 있었다. 즉 국가가 가져가지 않는다거나, 다른 누구에게 주거나 팔거나 임대되지 않는다는 보증도 없는 상태였다.

하지만 결국 토지는 "조세"라 불리는 세금 혹은 소작료를 정부에 정기적으로 지불하는 조건 아래에, 몇몇 거대 로마 투자자들에게 철저하게 팔리기 시작했다. 그것이 방대한 토지들이 로마의 재정가들의 수중에 들어

가고 아프리카 대토지사유제가 생긴 토대였다. 재력 있는 사람들은 아프리카의 풍요롭고 깨끗한 땅을 사들이려고 했고, 당연히 국가는 그들에게 제공하려고 했다. 그들의 투자가 더 많은 생산적인 세금의 근간이 될 뿐만 아니라, 이탈리아의 증가된 곡식 생산물을 보장했기 때문이다. 그래서 대토지제국화와 대토지사유화, 두 가지 모두가 조장되고 강화되었다.

토지에서 거주하는 자들은 촌락에서 살았다. 그들은 소유자에게 토지 생산물의 일부를 지불하면서, 또한 자신들과 가축들의 노동을 소유자에게 수일 동안 제공하는 소작농들로서 토지를 경작했다. 그들이 지불한 지대는 토지의 "농민 간부들"(conductores)이 모았다. 농민 간부들은 동시에 소작농들에게 내어주지 않은 토지를 소유자들로부터 임대해 주었다. 농민 간부들은 소유자들과 마찬가지로 자신들의 경작을 위해 노예를 사용했으며, 고용된 일꾼과 그 토지의 소작농들의 의무 부역(operae)을 분명히 사용했다.

토지소유자들은 결코 직접 자신들의 손으로 토지를 경작하지 않았다. 그들은 도시에 거주했다. 도시 지역에 사는 자작농 형태의 소지주들은 원래 도시민들(civitates)이었다. 하지만 대부분의 대토지와 재산은 소수의 부유한 지주의 수중에 집중되었다.

농민들은 대부분 그 토지에서 태어난 자들로 인구의 대부분을 차지했고, 그 지역의 경제적 주축을 이루었다.

그러한 것들이 아우구스티누스 당시의 로마 아프리카의 사회경제적 상황이었다.

소유권에 관한 로마법은 아우구스티누스보다 12살이 많은 암브로시우스 시대와 동일했다. 암브로시우스처럼, 아우구스티누스는 이러한 법률을 공부한 전문가로서 정통했다. 그러나 그는 결코 자신이 재산에 관한 권리와 법률의 법적 개혁에 직접적으로 관여하지 않았다. 그 대신 그는 소유권이 의미하는 바와 그것이 어떻게 윤리적으로 모두에게 존중되어야 하는지를 연구했다.

1. 본문

　재산에 관한 아우구스티누스의 이론은 그의 일반 도덕이론과 따로 떼어서 생각할 수 없다. 그의 도덕철학의 첫 번째 기초는 인간 삶의 목적이 최고의 선이신, 하나님 안에서만 발견된다는 것이다.[5] 그래서 모든 도덕성은 하나님을 향한 우리 의지의 자유로운 선택이 명백하거나 함축적으로 향하도록 이루어져 있다. 이러한 도덕 학문의 근본 원리는 아우구스티누스가 그의 초기 작품들에서 처음 발전시켰다.[6] 나중에 이것이 『고백록』(Confessions)[7] 전반에 나타난 사상이다. 그것은 『삼위일체론』(On the Trinity)[8]과 『신국론』(The City of God)[9] 그리고 다른 작품들에서도 나타난다.[10] 여기에서 아우구스티누스의 출발점은 행복을 향한 우리 영혼의 만족을 모르는 갈망이라는, 부인할 수 없는 심리학적 사실이다. 이러한 전제를 토대로, 아우구스티누스는 이제 행복의 궁극적 목적을 하나님 자신과 동일시한다. 즉 플라톤학파 원칙의 미덕 안에서, 선은 존재와 동일시되며, 악은 존재의 결여나 타락이다. 완전하며 절대적인 선은 오직 제한 없는 완전한 선이 있는 곳에서만 존재한다는 것이다. 결론적으로 완전한 존재는 형언할 수 없고 영원한 존재다. 그래서 하나님만이 완전한 선이시다. 즉 실재하는 선함이시다.

　이러한 결론의 추론은 재물의 소유권을 포함해서, 아우구스티누스의 모든 윤리적 고찰을 이끄는 원리로서 "즐김"(frui)과 "사용함"(uti) 사이의 차이점이다. 『기독교 교리』(On Christian Doctrine)에서 발췌한 다음 구절은 우리 자신의 고찰을 시작하기에 좋은 지점이 될 것이다.

1) 몇 가지 용어 규정: 즐김, 사용함, 재산

A. 어떤 물건들은 즐기기 위해, 다른 물건들은 사용하기 위해, 또 다른 물건들은 즐기며 사용하기 위해 존재한다…무엇인가를 즐긴다는 것은 그 자체의 유익을 위해 애착을 가지고 그것에 집착하는 것을 의미한다. 물건을 사용한다는 것

은 사용을 목적으로 우리가 원하는 것을 얻고자 우리가 받은 것으로 쓰는 것이며, 그것을 요구할 수 있는 권리를 받는 것이다. 불법적으로 적용된 사용은 오히려 남용이라고 불러야 한다…우리가 행복해질 수 있는 우리의 본향으로 돌아가길 원한다면, 이 세상을 사용해야지 그것을 즐겨서는 안 된다.[11]

하나님만이 유일하게 그분 자신의 유익을 위해 당연히 사랑받으셔야 한다. 우리는 그분만을 완전하고 적절한 단어의 의미로 "즐거워"하는 것이 당연하다. 창조된 물건-재물과 다른 모든 것-은 오직 "사용"되어야만 한다. 그것들은 우리가 하나님께 나아가는 도구이기 때문이다. 아우구스티누스가 이 단어를 사용하고 있는 정확한 철학적 의미에서 그것들은 "즐기는 것"을 의미하지 않는다. "기쁨"은 절대적 가치가 관련된 곳에서만 허용된다. 기쁨은 오직 그 자체의 유익을 위해 사랑받는 것이기 때문이다. 그래서 아우구스티누스의 도덕철학에서 사랑이 우선권을 갖는다. 결국 즐김(frui)은 "사용함"(uti)과 대조된다. 서로 의존적이며 종속적인 가치를 지니는 후자의 목적은 끊임없이 어떤 고상한 가치를 향한다. 이러한 더 낮은 가치가 우리에게 평안을 줄 수 없기 때문이다.[12] 그래서 아우구스티누스의 위대한 도덕 법칙은 "오직 하나님께만 즐거움을"(Solo Deo fruendum)이다. 이것이 바로 우리가, 위대한 교부의, 재산과 소유권에 관한 윤리적 견해를 읽어야 하는 정황이다.

아우구스티누스가 또 다른 의미로 사용한 용어, 재산(pecunia)은 처음부터 그 의미를 결정하는 데 중요할 것이다. 그것은 초기 어조에서는 적어도 단순히 "돈"을 의미했다. 그러나 아우구스티누스는 더 포괄적인 의미로 그 단어를 설정한다.

B. …재산(Pecunia), 단 하나의 명칭 속에 우리가 권리로 소유하며, 팔고 넘겨주는 힘을 갖도록 해주는 모든 것들을 포함한다.[13]

C. 사람들이 땅 위에 소유한 모든 것, 그들이 소유한 모든 것을 재산(pecunia)

이라고 부른다. 그것은 한 명의 노예, 하나의 그릇, 한 조각의 토지, 하나의 나무, 하나의 무리-이러한 종류의 어떤 것-가 되는 것이다. 그것을 재산(pecunia)이라고 부른다…조상들이 가졌던 모든 것이기 때문에, 그들이 가축떼를 소유했기 때문에 재산이라고 부른다. 재산(pecunia)은 "가축"으로부터(a pecore) 획득된 것이다.[14]

이러한 본문에서 아우구스티누스에게 재산(pecunia)은 분명히 모든 재산을 의미하는 포괄적인 용어며, 단지 우리가 "돈"으로 부르는 것이 아니다. 우리가 설령 짐작하는 것일지라도 여기에 일반적으로 나타나는 형식에서, 이것은 아우구스티누스 시대에 그 단어가 포괄적인 의미였다.

2) 신정(神政) "공동체주의"란? 법은 도덕에 의해 규정되어야 한다.

두 번째 본문의 첫 번째와 두 번째 구절들은 자기 이웃들의 것을 악하게 공유했던 재산의 반환에 대해 다루면서, 어떤 마케도니우스(Macedonius)에게 보낸 아우구스티누스의 서신이다. 세 번째 구절은 주요 작품인, 『요한복음』(In Ioannis Evangelium)에서 발췌한 것으로, 실제로 예닐곱 편에 연결된 설교들이다.

A. 그래서 이제 우리는 기록된 것을 주의 깊게 살펴보자. "온 세상은 신실한 사람의 재물이지만, 신실하지 않은 사람에게는 동전 한 푼도 없다." 우리는 실제로는 다른 사람의 재산을 소유하고 있으면서도, 법적으로 취득한 이익이라며 즐거워하는 자들임을 입증하지 못하지 않는가? 그리고 그것들을 어떻게 사용해야 하는지 모르지 않는가? 분명히, 법적으로 소유한 것은 다른 사람의 재산은 아니지만, "법적으로"라는 것은 "정당하게"를 의미하며, "정당하게"는 "올바르게"를 의미한다. 자신의 재물을 악하게 사용하는 자는 그것을 부정하게 소유한 것이며, 부정한 소유는 그것이 다른 사람의 재산임을 의미한다.

B. 그러면 비록 반환하는 자들이 소수일지라도, 다른 사람의 물건을 반환해야 하는 자들이 얼마나 많은지를 보라. 그들이 어디에 있든지, 그들이 정당한 소유물이라고 권리를 주장할수록 재물은 그들과 무관하다. 악한 자들은 재산을 부정하게 소유한다. 반면 그것을 가장 적게 사랑하는 선한 사람들이 그것에 대한 최고의 권리를 갖는다. 이러한 생활 속에서 악한 소유자들의 부정은 용납되고, 그들 가운데서 어떤 법률들이 제정되어 시민법이라고 불린다. 그것은 그들이 인류에게 자신들의 부를 선하게 사용할 수 있게 하기 때문이 아니라, 그것을 악하게 사용하는 자들이 그것으로 인해 덜 손해를 보기 위함이다.[15]

C. 그가 가진 것은 어디에서 나서 소유한 것인가? 그것은 인간의 법에서 비롯된 것이 아닌가? 하나님의 율법에 의하면 토지와 땅의 풍성함은 주님의 것이다 (시 23:1 참조). 하나님께서 가난한 자들과 부자들을 동일한 흙에서 만드셨고, 그분께서 가난한 자들과 부자들을 동일한 땅 위에서 기르셨다. 그럼에도 불구하고 인간의 법으로 "이 땅은 내 것이고, 이 집도 내 것이며, 이 종도 내 것이다"라고 말한다. 그러므로 이것은 인간의 법에 의한 것이며, 황제들의 법에 의한 것이다.[16]

위의 A와 B구절들은 아우구스티누스 학파들에 의한 다른 결과물들로 분석된 것이다. 어떤 학자들은 하나님을 믿는 그리스도인이 재산권에 대한 주체가 되지만, 불신자나 죄인은 그러한 권리를 박탈당했다고 보면서, 아우구스티누스에게 "신정 공동체주의"가 있다고 생각한다.[17] 다른 학자들은 아우구스티누스가 그의 모든 작품에서 하나님께서 지상의 물건을 선한 자들에게 하신 것처럼 악한 자들에게도 주셨다고 명백하게 가르쳤음을 지적하면서, 이러한 해석을 강하게 반대한다. "그분은 선한 자와 악한 자에게 이것을 주신다."[18] 혹은 "이러한 것들을 악하게 여기지 말라. 그것들은 선한 자들에게도 주신 것이다. 그것들을 가장 좋은 최상의 물건으로 여기지 말라. 그것들은 악한 자들에게도 주신 것이다."[19] 그래서 이러한 해석에 따라, 아우구스티누스는 도시사회에서 재산에 관한 권리는 궁극적으로 신적 권리를 박탈하는 것임을 주장한다. 왜냐하면 모든 부는 우리의 예정을 성취하고자 하나님께서 제공하신 수단이기 때문이다. 사회에서, 이러한 권리의 실시는 시민법에 따라 제재를 받는다. 그래서 이것은 아우구스티누스가 요한복음(1-21장) 주석의 구절에서 말하고자 했던 내용을 전반적으로 확장시킨 것이다.[20]

이러한 해석들에서 혼란스럽다고 생각되는 것은 무엇인가? 아우구스티누스는 소유권과 재산에 관해서 취한 두 가지 관점들을 분명하게 구별한다. 소유권을 지배하는 실제 법적 제도들의 관점 그리고 소유권에 관한 내적 의미 혹은 본질적 윤리-도덕적 혹은 철학적 관점-의 관점이다.

아우구스티누스가 "법적으로 취득한 이익", "법적으로 소유한" 것이기에 "다른 사람의 재산이 아닌" 것에 대해 언급할 때, 그는 실제로 제재받거나 허락되는 시민법이라는 실제 법적 관점에 대해 분명하게 말하고 있다. 그는 자기 공동체의 청중들의 양심을 일깨우는, 더 고차원적인 견해로 소유권에 대해 관심을 둔다. 그가 주장한 것에 대한 그의 결론이 분명히 나타난다. 즉 "그러면 다른 사람의 물건을 반환해야 하는 자들이 얼마나 많은지를 보라…악한 자들은 재산을 부정하게 소유한다."

그래서 아우구스티누스의 직접적 관심은 소유에 관한 도덕적 혹은 윤리적 의미다. 그것은 어쨌든 법을 제정하고 부과하는 권력을 지닌 자들의 문제인 법적 관심과는 구별된다. 그래서 그것은 인간의 법적 제도가 정당한지에 대한 실제 가능한 문제다. 아우구스티누스의 말대로, 법적 제도가 불의하다면, "단지 강도들의 무리를 만드는데, 뭐가 위대한 제국인가?"[21]

그러나-이것이 요점이다-이러한 법적인 견해는 윤리적인 견해에 의해 직접 다스려져야 한다. 토지 사유자는 소유에 대한 의미, 즉 마땅히 소유해야 할 것이 무엇인지, 또한 실제로 합법적으로 허락된 것 중에서 무엇이 정당하지 않은지를 성찰해 봐야 한다. "법적으로 소유한 것은 다른 사람의 재산이 아니지만," (법적 견해에서는 매우 적법하지만) 법적으로 정당해야 하며, 정당함은 올바름을 의미해야 한다.

그래서 아우구스티누스에게 소유권의 참된 의미는 재산을 올바르게 사용함으로 발견되는 것이다. 소유자들이 재산을 부정하게 사용한다면, 예를 들어 다른 사람들은 가진 게 거의 없어 생계도 이어가지 못하고 있는데도 호화로운 생활로 낭비하고 있다면, 그들은 정말로 "다른 사람의 재산"을 소유하고 있는 것이다. 국가의 법, 즉 당연히 부와 권력을 잡은 자들의 법에 따르면, 그들의 재산을 오용하는 자들도 여전히 그것을 소유하게 된다. 그러나 윤리적으로 말하면, 실제로 그들은 "다른 사람의 물건을 반환하도록" 제한을 받는다. 소유의 권리는 (로마법의 절대적 소유권 개념처럼) 자신이 소유한 것을 남용할 권리를 함축하는 것이 아니고, 단지 그것을 알맞게 사용할 권리를 함축하는 것이다. "그러면 다른 사람의 물건을 반환해야 하는 자들이 얼마나 많은지를 보라."

유일한 절대적 소유자이신 창조주께서는 우리를 각자 다른 사람과 아무런 관계도 없이, 그렇게 많은 "외딴 섬들"로 지내도록 인간을 만들지 않으셨다. "동일한 흙에서 만들어", "동일한 땅에서" 사는 한 인류의 가족으로 만드신 것이다. 다른 곳에서, 아우구스티누스는 개인의 두드러진 사회적 특성을 더 체계적으로 고찰하며, 개인이 속한 세 부류의 사회를 구별한다. 즉 가족(domus), 국가(civitas) 그리고 인류다.[22] 그래서 현재의 본문에서 그는 다음과 같이 결론을 맺는다. 즉 인간의 법은 "이 토지는 내 것이며, 이 집도 내 것이다"라고 말하는 것을 용인할지 모르지만, 이러한 견해를 뛰어넘어, 모든 것은 존엄성 가운데 공동의 예정인 최고선을 향한 순례에 사용하기 위한 우리의 것이다.

3) 남는 재산은 다른 사람의 재산이다.

다음 구절들은 재산에 관한 가장 근본적인 **권리**에 대한 필요를 다루고 있으며, 재산에 관한 권리의 **확장**을 결정해야 할 필요도 다루고 있다.

   A. 너는 부자들과 함께 공동의 만물을 가지고 있다. 너는 그들과 공동의 집을
   가질 수는 없지만, 공동의 하늘과 공동의 햇빛을 가지고 있다. 충분하고도 풍족

히 얻었다면, 더는 구하지 말라…네가 여기에 함께 가지고 온 것이 있느냐? 없다. 네가 부자일지라도 아무것도 가지고 오지 않았다. 너는 여기에서 모든 것을 발견한 것이다. 가난한 자들과 함께, 너도 빈 몸으로 태어났다.[23]

B. 그러나 우리가 필수적인 것들을 보관하지만 않는다면, 남는 물건을 많이 소유하게 된다. 우리가 필요 없는 물건을 추구한다면, 어떤 것도 충분하지 않게 된다…생각해 보라. 너를 위한 물건도 충분치 않을 뿐만 아니라, 하나님께서도 친히 너에게 많은 물건을 채워주지 않으신다. 그분께서 너에게 공급해 주신 만큼 구하면, 거기에서 충분한 양을 취할 것이다. 다른 물건, 남는 물건은 다른 사람에게 필수적이다. 부유한 자들의 남는 물건은 가난한 자들에겐 필수적이다. 남는 물건을 소유한 것은, 다른 사람의 재물을 소유한 것이다.[24]

C. 가난한 자가 요구하는 양식과 의복을 제외하면 부자는 실질적으로 자신의 재물을 **소유한** 것이 아무것도 없다. 그러면 네가 소유하고 있는 모든 것 중에서, 네가 **소유한** 것은 무엇인가? 너는 양식과 필수적인 의복을 받았다(나는 필요 없거나 남는 것이 아닌, 필수적이라고 말한다). 왜 너는 네 재물이 있는데도 더 많은 것을 취하는가? 나에게 말해 보라! 분명히 너의 모든 소유물들은 남는 것들이다. 너는 가난한 자들에게 필수적인, 남는 물건을 가지고 있다.[25]

D. 그는 남는 물건과 아주 호화로운 잔치로 자신의 영혼을 만족시키고자 했으며 그렇게 수많은 가난한 자들의 굶주리는 위(胃)를 오만하게 멸시했다. 그는 가난한 자들의 위(胃)가 자신의 곳간보다 더 안전하다는 것을 알지 못했다. 자신의 곳간에 숨겨 놓은 것은 이제 도둑들에게 빼앗길 수 있기 때문이다. 하지만 가난한 자들의 배에 숨겨둔다면…그것은 천국에서 더욱 안전하게 보존될 것이다.[26]

크리소스톰과 암브로시우스처럼, 아우구스티누스는 A구절에서 하늘, 공기, 햇빛, 모든 만물과 같이 자연이 제공하는 것은 모두 공동으로 소유한 것임을 지적한다. 그러나 인간이 만든 물건은 공동소유가 아니다. 여기에서 누군가가 보관하고 있는 재산에 관한 규범은 자족이다.

그는 우리가 태어날 때부터 자연적으로 가난하다는 것을 인용한다. 우리가 가진 것이 무엇이든, 여기에서 발견한 것은 모두 이미 우리를 위한 것이다. 우리의 공동 본질과 자연조건은 우리에게 근본적으로 동일한 방법으로 지상의 부에 대한 권리를 부여한다. 부유한 상속을 받은 자가 몰락한 것이나, 어떤 사람이 빈궁한 상황에 부닥친 것이나 모두 본래 누구도 소유하지 않은, 지상의 물건에 대한 동일한 기본적 권리를 갖는다. 이 둘 다 소유권을 고찰하기 위한 가장 근본적인 규범은, 그 사람이 실제로 무엇을 요구하는가이기 때문이다. 그러므로 누군가 필요 이상으로 보관하고 있다면, 윤리적으로 말하자면 그 사람은 실제로 다른 사람의 재산을 보관하고 있는 것이다. 다른 사람들의 필요에 의해, 이러한 사람들이 그러한 물질적 재물에 대해 근본적으로 가장 중요한 권리를 지니고 있기 때문이다.

아우구스티누스가 여기에서 "필요"에 대해 언급할 때, 그가 엄격한 의미에서 그것을 언급한 것이 분명하다. "우리가 필요 없는 물건을 추구한다면, 아무것도 충분하지 않게 된다." 또한 "가난한 자가 요구하는 양식과 의복을 제외하면 부자는 실질적으로 자신의 재물을 가진 것이 아무것도 없다." 여기에서 아우구스티누스의 변증은 사용함(uti)과 즐김(frui)에 대한 그의 도덕철학과 일치한다. "필요 없는 물건을 추구하는" 것은 우리가 살펴본 대로, 아우구스티누스가 비윤리적인 것으로 간주하는, 창조된 재물을 즐기려는 태도임을 입증해 주는 것이다.

능력 있는 수사학자는 영적 실용주의에 대한 주석으로 결론을 맺는다. 그는 "가난한 자들의 위(胃)가 곳간보다 더 안전하다"고 말한다. 자신의 부를 가난한 자들과 함께 공유하는 것이 내세에 상급을 보장하기 때문이다.

종종 그랬던 것처럼, 여기서 아우구스티누스의 윤리적 가르침의 근원을 항상 완전하게 결정하기가 쉽지 않다. 그것은 대개 플라톤주의자들이나 스토아학파, 헬라 철학의 다른 학파들일 것이다. 토마스 아퀴나스의 말대로, 아우구스티누스는 거기서 "신앙과 일치하는 그들의 가르침을 발견할 때마다 그것을 채택했다. 그래서 그가 신앙에 적합하지 않은 자료들을 발견하면 그가 수정한 것이다."[27] 우리가 가진 "공동의 만물"과 공동의 자연을 공유하는 것에 대한 고찰들은 스토아사상의 영향을 받았을 것이다. 태어나고 죽을 때, 우리의 자연적 가난을 강조하는 가르침은 아마도 디모데전서 6:7-8에 기원을 둔 것이다. "우리가 이 세상에 가지고 온 것이 아무것도 없으며, 아무것도 가지고 갈 능력이 없다. 우리가 양식과 의복을 가지고 있다면 우리가 필요한 모든 것을 가진 것이다."

4) 네 것으로 나누어 준다고 생각하지 말라.

다음 구절들은 재산과 부에 대한 공공의 특징을 더 깊이 해설한다.

A. 하나님께서는 부자들과 가난한 자들에게도 세상을 주신다. 부자는 부유함을 채우기 위해 두 개의 위(胃)가 필요한가? 생각해 보라. 그리고 그것은 가난한 자들이 만족하며 잘 수 있도록 하나님께서 주신 선물임을 알아라. 너를 먹이시는 그분께서 너를 통해 그들도 먹이신다.[28]

B. 주님께서는 학개 선지자를 통해 "은도 내 것이요 금도 내 것"이라고 말씀하셨다(학 2:8). 그래서 그들이 가진 것을 궁핍한 자들과 함께 공유하기를 원치 않는 자들은…하나님께서 공유하라고 명하신 그들의 재산 중에서가 아닌, 주님 자신의 재산 중에서 공유하라고 명하신 것임을 이해해야만 한다. 가난한 자들에게 무엇인가를 제공하는 자들은 그들이 자신의 소유에서 그렇게 하고 있다고 생각해서는 안 된다.[29]

C. 그러므로 금과 은은 그것을 어떻게 사용해야 하는지를 아는 자들에게 속한 것이다. 심지어 인간 자신도, 각각의 사람이 그것을 잘 사용할 때에만 그것을 소유한 것이라고 불려야 한다. 사람이 정당하게 다루지 않는 것은 올바르게 소유하지 않기 때문이다. 누군가가 자신이 올바르게 소유하지 않은 것을 자기

소유라고 부른다면, 이것은 정당한 소유자의 목소리가 아닐 것이다.[30]

다시금 우리는 앞에서 유신론적 요소를 발견한다. 우리에게 모든 것을 주신 분이 바로 창조주 하나님이시다. 인간 소유자들은 이러한 베풂의 태도로 최고의 소유자를 본받아야 한다. 하나님께서 세상을 선물로 주심으로 절대적 주권을 나타내신 것처럼, 종속된 인간 소유자도 소유권의 본질적 기능이 필요한 자들—우선 자기 자신에게, 그리고 다른 사람들에게—에게 베풀어 주는 것임을 인식해야 한다. 인간 소유자는 하나님의 소유에 참여하는 것으로서 "가난한 자들에게 무엇인가 제공하는 자들은 그들이 자신의 소유로 그렇게 하고 있다고 생각해서는 안 된다."

C구절의 사상은 계속 이어지는 고찰들, 즉 아우구스티누스의 일반 도덕 이론의 문맥에서 나타나는 결론이다. 사람은 인간의 완전한 행복이신 하나님 외에 그 어느 것으로도 즐거운(frui) 마음을 가져서는 안 된다. 사람은 다른 모든 것들에 대해서 사용하는(uti) 마음을 가져야 한다. 다른 모든 것들은 하나님께 도달하기 위한 수단에 불과하기 때문이다. 사람이 어떤 물건을 수단으로 잘 사용할(uti) 때, 그러면 그 사람은 그 물건을 소유한 주인이라고 불린다. "각각의 사람이 그것을 잘 사용할 때 물건을 소유한 것이라고 불려야 한다." 반면에 물건과 뒤바뀌면, 소유물이 소유자를 소유하게 된다. 아우구스티누스의 관점에서, 참되고 진실한 소유자는 오직 재산을 올바르게 사용하는 자다. 누군가가 공의도 없이 법적 소유권을 실행한다면, 그 사람은 강도에 불과하다.[31] "그러므로 금과 은은 그것을 어떻게 사용해야 하는지를 아는 자들에게 속한 것이다." 합법적 차원에도 불구하고, 재산을 어떻게 **남용**하는지(사실은 도덕적 고찰에 의해)를 아는 자들만이 하나님의 참된 소유권에 대한 참여를 상실해 왔다.

5) 사유재산은 손해다.

이 구절들은 아우구스티누스의 사상을 다루고 있다. 그리고 그 내용은 인간의 연대책임이라는 정황에서 재산에 대한 현상이 자리매김되어야 한다는 것이다.

A. 가난의 부담이 무엇인가? 가진 게 없는 것이다. 부유함의 부담이 무엇인가? 필요 이상으로 너무 많이 가지는 것이다…가진 게 없는 가난한 자의 부담을 함께 지라. 또한 그로 하여금 네가 너무 많이 가지고 있는 부담을 덜게 하라. 그러면 너희의 부담은 동등해질 것이다…너희 둘은 이 세상의 순례에서 하나님의 방법으로 동행하고 있는 것이다. 너는 굉장히 남아도는 양식들을 가져다주지만, 다른 사람은 그 비용조차 없다…네가 가져다줄 것이 얼마나 많은지 모르느냐? 그러니 아무것도 없는 사람에게 그것을 주어라. 너는 동료를 도울 것이며, 너 자신의 부담을 덜 것이다.[32]

B. 자비를 베풀기를 원치 않는 부자들에게 듣게 하라. 우리는 모두 동일한 법에 따라 태어나, 동일한 햇빛으로 살아가며, 동일한 공기로 숨을 쉬며, 동일한 죽음으로 죽게 된다는 것을 그들로 하여금 듣게 하라. 만약 그것에 지장이 없으면, 가난한 자도 계속 가난하지 않을 것이다.[33]

C. "돈을 사랑함이 모든 악의 뿌리다"(딤전 6:10). 일반적 탐욕은 "돈을 사랑함"으로, 적당량을 초과해 무엇인가를 바라는 것을 의미한다. 자신의 유익을 위해, 그리고 자신의 재산에 대한 사랑 때문이다. 그것은 현명하게도 라틴어로 "사유하는"으로 불려왔는데, 그것은 증가보다 더 큰 손해를 내포하기 때문이다. 모든 결여는 줄어들기 때문이다.[34]

D. 도대체 왜 형제들끼리 일치하지 않는가?…모두가 모태에서 나오지 않았는가? 그들의 영혼이 갈취되는 한, 동일한 영혼이 아니지 않는가? 어째서 형제나 자매와 공유해야 할 것을 소유하고 있는 자들이 공유할 생각을 하지 않는가? 또한 어째서 부유해지려고 애쓰고, 그것을 증가시키며 그들의 소유물에 모든 것을 통합하려고 하는가?…또 다른 사람의 비참해지는 빈곤의 대가로 부를 증

대하는 것보다 더 불의한 게 뭐가 있겠는가?[35]

인류 구성원들은 모두 동일한 본질과 동일한 존엄성을 가지고 있다. 우리는 동일한 자연조건들을 누리고 있다. "동일한 법에 따라 태어나서, 동일한 햇빛에 의해 살아가며, 동일한 공기로 숨을 쉬며, 동일한 죽음으로 죽어간다." 이렇게 주어진 자연적 결속으로부터 아우구스티누스가 도출하고자 했던 결론은 우리가 다른 사람들의 부유함과 빈곤을 공유해야 한다는 것이다. 역사를 통해 함께 여행하고 있는 사람들은 부자와 가난한 자로 나뉘어 있다. 이것은 타인의 도움이 되기 위한 각각의 집단에 하나의 도전이다. 부유함과 가난함은 각각 다른 이의 "부담"-가진 게 없는 부담과 너무 많이 가지고 있는 부담-을 공유할 수 있다. 또한 이 둘은 그들의 순례의 길을 함께 구원해 줄 것이다. 물론, 거기에는 "안착하기" 위해 인간의 여정을 포기하는 것이 낫다고 여기는 사람도 있을 것이다. 그래서 오만한 자기기만의 희생에 불과한 것이다. 빠르든 늦든, 모든 인간은 위대한 최후의 죽음의 여정에 도달해야만 하기 때문이다. 우리가 동일한 목표를 향해 여행하고 있는 가족으로서, 인간의 소유권은 모든 가족의 이익을 위해 사용되는, 하나의 수단으로서의 특징을 취득한다.

C와 D구절에서, 아우구스티누스는 이런 순례의 가족이 일치하지 않는 원인이 자신들의 부를 축적하기 위해 다른 사람들을 빈곤케 하는 것에 있음을 주장한다. "다른 사람이 비참해지는 빈곤의 대가로 부를 증가시키고 있는 것"이다. 부자들은 다른 사람들이 필요한 것을 약탈하는 것이다. 공동체를 양육하기 위해 소유권이 사용되지 않고, 인간의 결속을 파괴하는 수단이 된다. 그래서 사유재산에 관한 로마법 개념에서, 수단은 목적이 되어 왔다. 그것은 상대적이며 포괄적인 것이 사라지고, 절대적이고 독점적인 것이 되었다.

이러한 구절들에서 아우구스티누스는 우리에게 소유권이 양적으로 절대적(사람이 얼마나 많이 소유할 수 있는지와 관련된)일 수 없음을 가르쳐주고 있다. 사람이 자신을 위해 축적할 수 있는 부의 한계가 없다면 다른 사람들을 강탈하는 출발점이 되기 때문이다. 또한 로마법이 인정하는 것처럼 소유권이 질적으로도 절대적일 수 없음을 가르쳐주고 있다. 즉 사람이 자신의 재산으로 자기가 원하는 대로 용인되어서는 안 되며, 우리 각자가 하나의 위대한 인류 가족의 한 구성원이기에, 마땅히 해야 할 바를 행해야 한다. 그러므로 "다른 사람이 비참해지는 빈곤의 대가로 부를 증가"시키고자 함은 "불의한" 것이다.

재산에 관한 이러한 원칙들을 선언하면서, 아우구스티누스는 마음속에 바울의 권면을 갖고 있다. "너희가 짐을 서로 지라. 그리하여 그리스도의 법을 성취하라"(갈 6:2). 그는 부자들이 필요 이상의 짐을 가지고 있는 것으로 생각했다. 그는 "부유해지려는 자들이 유혹과 올무에 빠진다"(딤전 6:9)는 것을 알았다. 다시금 여기에서도, 성경뿐만 아니라, 스토아학파 철학자들도 아우구스티누스에게 직접적인 영향을 준 것이다. "영원한 율법의 교리처럼 근본적인 개념들은…스토아학파 범주에서 분명히 있었다."[36]

6) 네 자녀가 너의 창조주보다 오히려 너의 세습재산을 의지하지 않게 하라.

다음 본문은 아우구스티누스의 십계명에 관한 긴 설교의 일부다.

너를 만드신 그분께서 친히 만드신 만물로부터 너를 먹이신다. 그분께서 네 자녀도 먹이신다. 네 자녀가 너의 창조주보다 너의 세습재산을 더 의지하지 않게 하라…왜 그러한 사람은 자선을 베풀지 않는가? 그는 자기 자녀를 위해 모으고 있기 때문이다. 그는 재물을 잃을 수도 있다. 그가 자기 자녀의 유익을 위해 모으고 있었다면, 그의 몫을 내놓게 하라!…그의 것이라고 하는 그것을 주고, 그를 위해 저장하고 있었던 것을 주라! "그가 죽었다"는 소식이 들려올 것이며, 그는 하나님께 곧바로 나아가지 않는가? 그의 몫은 가난한 자들에게 베풀어야 할 것이다.[37]

다시금 아우구스티누스는 창조주 하나님께서 절대적 주님이시라는, 또한 하나님께서 만물을 향해 아버지의 섭리를 행사하심으로 절대적 주권을 행사하신다는 매우 친숙한 원칙을 강조한다. 물론 지금 세대의 자녀를 배제하지 않으면서 행사하신다. 그는 하나님의 소유권에 제한된 방법으로 참여하는, 부자들이 자기 자녀가 자신의 재산보다 창조주를 의지하는 것이 더 안전하다고 생각해야 한다고 결론을 맺는다.

거기에는 부자들이 공유하지 않는 변명은 없다. 어디서든지 부는 하나님의 재산이 되는 것이 중단되어서는 안 되며, 가난한 자들은 하나님의 돌보심 아래 남아 있다. 그러므로 부자들은 가난한 자들을 위해 자신의 남는 재산을 함께 나누어야 할 의무가 있다.

7) 사적 소유권은 수많은 불행을 초래한다.

주관적인 입장에서 우리는 사유재산을 가져야 한다.

A. 그럼에도 불구하고 그리스도께서 너희에게 말씀하신다. 내가 너희에게 준 것으로 나에게 주라. 네가 여기에 왔을 때 네가 가져온 것이 무엇이 있느냐? 내가 창조한 모든 것은, 네가 창조되었을 때 여기서 발견한 것이다. 너는 아무 것도 가져오지 않았고, 아무것도 가지고 갈 수 없다. 그런데 너는 왜 나에게 나의 것을 주지 않느냐? 너는 풍성하고, 가난한 자는 텅텅 비어 있다. 네 기원을 생각해 보라. 너희는 모두 발가벗은 몸으로 태어났다. 그러므로 너도 발가벗은 몸으로 태어났다. 너는 많은 물건을 여기에서 발견했을 뿐이다. 네가 가지고 온 것이 무엇인가?[38]

B. 주님을 위한 여지를 만들기 원하는 자들은 사유재산에서가 아닌 공유재산에서 기쁨을 찾아야 한다…너의 사랑을 배가시켜라. 우리 각자가 혼자만 물건을 소유하기 때문에 전쟁, 미움, 불화, 인간들끼리의 투쟁, 폭동, 분쟁, 추문, 죄악, 불의, 살인이 존재하는 것이다. 무엇 때문에? 우리 각자가 혼자만 소유하고 있는 그러한 물건 때문이다. 우리는 공동으로 소유하고 있는 물건에 대해 싸우고

있지 않은가? 우리는 다른 사람들과 함께 공동으로 공기를 빨아들이며, 우리 모두는 태양을 공동으로 본다. 그러므로 사유재산으로 즐거워하지 않고, 주님을 위해 여지를 마련하는 자들이 복된 자들이다.[39]

C. 그러므로 사유재산의 소유물을 포기하자. 혹 우리가 소유물을 포기할 수 없다면, 사유재산의 소유물에 대한 사랑을 포기하자. 그리고 주님을 위한 여지를 마련하자…각자가 사적으로 소유한 재산으로, 각자는 필연적으로 거만하게 된다…마치 부자의 몸이 태어날 때 그것을 함께 가지고 온 것처럼, 혹은 죽을 때 그것을 함께 가지고 갈 것처럼, 부자의 몸이 가난한 자의 몸을 내치고 있다.[40]

D. 선한 주님께서는 율법의 계명들을 더욱 탁월한 온전함과 구별하셨다. 주님께서 "생명에 들어가려면, 계명들을 지키라…"(마 19:17)고 말씀하셨다. 하지만 여기서 주님께서는 "네가 온전하고자 한다면 가서 네 소유를 팔아 가난한 자들에게 주라"(마 19:21)고 말씀하셨다. 비록 그러한 온전함을 포기했지만, 부자들이 계명들을 지키고, 그들이 받은 만큼 주고, 그들이 용서받은 만큼 용서했다면, 부자들이 "생명에 들어갈" 수 있음을 우리가 왜 부정하겠는가(눅 6:37-38 참조)?[41]

사유재산 제도는 로마법에 따라 합법화되었고, 지상의 물건에 대한 사용을 위한 합법적인 접근이 사회적으로 수용되었다. 하지만 아우구스티누스는 이러한 제도를 바람직하지 않고 위험한 것으로 거부했다. 그의 관점에서, 사유재산은 평화의 주적이다. 전쟁과 불화, 불의와 살인은 사유재산에 기인한다. "우리는 공동으로 소유하고 있는 물건에 대해 싸우고 있지 않은가?"라고 질문한다.

아우구스티누스는 또한 사유재산이 자아에 대한 비현실적이며 오만한 자만을 일으킨다고 경고한다. "마치 부자의 몸이 태어날 때 그것을 함께 가지고 온 것처럼, 혹은 죽을 때 그것을 함께 가지고 갈 것처럼, 부자의 몸이 가난한 자의 몸을 내치고 있다."

사유재산은 사람의 의식을 세상 재물에 대해 인류 가족의 재물이라는 생각과 멀어지게 하는 경향이 있다. 그것들은 모두 일차적으로 하나님께 속한 것이며, 오직 우리에게 종속적인 방법으로 사용된다. "내가 너희에게 준 것으로 나에게 주라…너는 왜 나에게 나의 것을 주지 않는가?"

공동체를 보살피는 것과는 거리가 먼 사유재산은 공동체를 파괴하기가 쉽다. 공동체는 더 어려운 사람들 사이에 사랑의 관계를 만들기도 하지만, 물질적 재물이 공동의 것이라는 창조주의 태초의 의지를 필연적으로 헛되게 하면서, 혼자서만 과다한 부를 갖고자 고집을 부리는 개인주의가 조장되기도 한다. 그래서 아우구스티누스는 공동소유 제도들을 위해 여지를 만들기 위한 법적 제도로서 사유재산의 소멸을 분명히 지지한다.

그리고 여전히 사유재산을 그렇게 정죄하면서도, 아우구스티누스는 자신들의 재산에 대한 사적 소유권으로 다른 사람들을 회복시켜 주는 기회로 인식하고 있는 사유자들을 일괄적으로 정죄하며 문제 삼지 않는다. 그 회복은 최고의 소유자께서 최초의 장소에 모든 사람이 소유하도록 의도했던 것이다. 사유재산 제도들이 하룻밤 사이에 사라지길 기대할 수 없다는 분명한 자각에서 그의 자제심이 어느 정도 나온 것으로 보인다. 그래서 아우구스티누스는 "받은 만큼 주고, 그들이 용서받은 만큼 용서하는" 그러한 과도기적인 소유자들을 조화시킨다. 아우구스티누스에게 폐기해야 할 긴급한 일은 소유권에 관한 절대적이며 독점적인 로마법 사상이다. 그것이 재산에 대한 올바른 사용이 아니라 오히려 남용을 합법화하기 때문이다.

그래서 아우구스티누스는 물질적 재물이나 재산에 반하는 절대주의자의 입장을 취하지 않는다.

E. 일부 사람들은 이러한 물건을 악용하지만, 다른 사람들은 선용한다. 그래서 악용하는 사람은 사랑으로 그것들을 꼭 붙잡고 있으면서 그것들로 인해 곤란해진다. 즉 그에게 종속되어야 할 그러한 물건에 그가 종속되는 것이다. 또한 그는 자신을 위해 재물을 만드는데, 그 재물의 정당하고 올바른 사용은 그가 스

스로 선하다는 것이 요구된다…하지만 사람은 그것들을 소유하고 다스릴 준비가 되어 있어야 한다…그렇기 때문에 정말 그렇지 않은가? 탐욕스런 사람들 때문에 은과 금이, 혹은 폭식가들과 술고래들 때문에 음식과 포도주가, 혹은 간통하는 남자들과 간음자들 때문에 여성의 아름다움이 비난받아야 마땅하다고 생각하는가?[42]

널리 퍼져 있는 사적 소유권에 관한 로마법 사상과 실행에 의해 강화된 재산의 남용은 엄청난 자연적 부에 대한 감사를 방해하게 된다. 이제 부는 즐김(frui)의 대상이 되어, 결국 자아도취나 자만에 빠지게 된다. 사유재산을 통한 과다한 부의 축적으로 소유자들은 필요 없는 "요구들"을 만족시키려고 한다. 또한 이것이 그들을 새로운 의존에 빠뜨린다. 그래서 사적 소유권은 재산에 대한 올바른 소유와 통제인, 참된 소유권을 사라지게 했다. 결국 사유자들에 대한 일괄적인 정죄를 삼가면서도, 아우구스티누스는 분명히 그 자체를 부의 하나로 주장하지도 않았고, 본질적으로 사적 소유권을 위한 어떤 윤리적 기초도 주장하지 않았다.

2. 요약

아우구스티누스는 4세기 로마의 아프리카에서 살았는데, 그곳은 수많은 사람을 내쫓고 궁핍하게 한 대가로, 아주 당연히, 극소수의 사람이 대부분의 부를 소유하게 한, 사유재산에 관한 로마법의 이론과 실제가 있던 곳이다. 이러한 교부 시대의 신학적 거장은 그리스도를 폭행했던 것처럼, 널리 퍼져 있는 압제와 가난한 자들에게 행하는 뻔뻔스런 불의를 보았다. "그리스도께서 너희에게 말씀하신다. 내가 너희에게 준 것으로 나에게 돌려주라."

그는 모두에게 속해야 하는 부를 재산이 많은 소수에 의해 가난한 자들이 강탈당해 왔기에 그들이 가난하다는 것을 알았다. 그래서 그는 사적 소유권에 관한 절대적이고 독점적인 법적 권리를 주장하는 자들 앞에서 이러한 불의한 상황을 공명정대하게 책망한 것이다. 그는 이러한 합법화된 권리가 이론과 실제에서, 창조주의 절대적 주권과 아버지의 섭리에 대한 모욕임을 논증했다. 창조주께서는 모든 창조물이 만인을 위해 공존하도록 의도하신 것이다. 우리가 이 땅의 순례자의 삶으로 함께 여행할 때, 우리의 공동 목표이시며 최고의 행복이신, 하나님께 나아가는 수단으로서, 각 사람의 필요에 따라 만물이 공동으로 사용되는 것이다.

아우구스티누스는 그들이 모두 "동일한 흙에서 비롯되었음"과 "동일한 땅에서" 살아가며, 동일한 자연조건 아래에서, 동일한 본질을 갖고, 동일한 예정에 직면하는 존재임을 그의 청중들에게 상기시켰다.

그는 인간의 삶에 부적절한 것을 합법화한 상태에 대해 거부했다. 재산권에 관한 법적 제도들이 인류 기원에 있음을 주장하면서, 그는 제도들이 이론과 실제에서, 소유권의 참된 의미가 신앙에 입각한 윤리적 기초가 세워진 기능으로 변화되어야 한다고 주장했다.

지나친 개인주의는 인간 전체를 왜곡한다. 자연이 주는 부의 공동 목적은, 소수의 수중에 부를 축적함으로 대다수를 강탈하여, 불가피하게 미움, 분쟁, 살인, 전쟁 등으로 이끄는 사적 소유권을 무너뜨리려는 것이다. 아우구스티누스는 인간성이 적대시하는 집단으로 분열된 것으로 보았다. 그것은 소수가 만인에게 속한 것을 개인적 착복을 통해 다른 사람들의 자원을 사라지게 하는, 절대적 소유권 개념을 지닌 자들에 의한 것이다.

소유권 제도들은 재물에 대한 올바른 사용의 관점으로 만들어져야 하며 방종이나 남용을 못 하게 해야 한다. 필요에 따라 사용하고자 지상의 재물을 하나님께 받으면서, 하나님의 소유권에 참여하는 사람만이 소유자다. "금과 은은 그러므로 금과 은을 어떻게 사용하는지를 아는 자들에게 속한 것이다."

사실상, 아우구스티누스는 창조된 재물은 사용되어야지 우상으로 바꿔서는 안 된다고 반복해서 강조한다. 그것들은 온전하며 절대적으로 선하신 분께 나아가는 우리 여행의 수단에 불과하기 때문이다.

널리 퍼져 있는 착복 개념에 반대한 아우구스티누스는, 재산에 관한 이러한 철학을 지키면서, 수많은 수도원 나눔 공동체들을 설립했을 뿐만 아니라, 조직된 전달수단으로 재물을 공유하려고 수많은 구빈원도 세웠다.

  아우구스티누스가 소유권의 개념과 실제에서 옹호했던 변혁은 소수가 부를 착복함으로 강탈된, 가난한 자들의 물질적 조건에 대한 단순한 변혁이 아니었다. 이것은 확실히 그의 윤리관의 일부분이었다. 그러나 더욱 중요하게도, 그는 인간성의 운명으로 인식한 것과 일치하는, 사람들 각자의 생명의 존엄성에 대한 확신의 중요성을 강조했다. 인간성의 운명은 다양한 역사적 시대들의 하찮은 운명들의 매개가 아닌, 끊임없는 인간 본성에 영원히 새겨둔 것으로, 그것의 본향과 "쉼"을 지고의 선이신, 하나님과의 최종적 연합에서만 발견할 수 있다.

  그가 강조한 이러한 변혁은 창조된 재물을 올바르게 사용하기로 결단한, 능력 있고 도덕적인 사람들에 의해서만 성취될 수 있다. 결국 그것은 널리 퍼져 있는 절대주의자와 독점주의자의 사적 소유권에 대한 로마법 개념을 폐지함으로써만 성취될 수 있다고 결론짓는다.

Ownership: Early Christian Teaching

제8장

교부들의 답변:
이념에 대한 논박과 대안적 제안

> 우리 각자가 혼자만 물건을 소유하고 있기 때문에 전쟁, 미움, 불화, 인간들끼리의 투쟁, 폭동, 분쟁, 추문, 죄악, 불의, 살인이 존재하는 것이다.
>
> —아우구스티누스

> 이런 방식으로 행복한 때의 일들을 떠올려보자. 모든 사람이 공동 기금으로 가진 모든 것을 나누어 준다…재산의 분산이 막대한 소비의 원인이며 빈곤의 원인이다…그런데 아직도 사람들은 망망한 바다에 뛰어드는 것보다 이러한 생활방식을 더 두려워하고 있다. 우리가 만약 시도해서 담대하게 그 상황을 유지한다면! 그 결과로 얼마나 놀라운 축복이 임할지!
>
> —요한 크리소스톰

절대적이며 독점적인 자들의 소유권에 관한 로마법 개념이 확산되고 합법화됨으로, 로마 초창기에 시작된, 소수의 수중에 있는 사유재산의 집중은 황제들의 통치 때에 급속도로 퍼지게 되었다. 그 결과로 생기는 농민 대다수와 도시 빈민들의 강탈과 비참함은 소수 부유층의 호화로운 소비주의에 의해서만 가능한 것이었다. 천연자원을 소유함으로 대다수의 노력으로 인한 잉여생산물을 축적한 소수의 사람은, 이제 사회에서 자신들의 기능을 정말로 향락과 사치스런 낭비 가운에 있는 또 다른 사람과 함께 경쟁적으로 빈곤한 사람을 줄이는 데서 찾아야 한다. 극도의 향락은 때때로 가장 "사악한" 악덕과 복잡한 잔인함, 혹은 절망으로 죽고 싶은 심정, 곧 수치스러워 새롭고도 더 나은 삶에 대한 갈망을 가져왔다.

사실상, 결과적으로 아마도 전체 인구 중 적은 수만이 중산층이 되었다. 그 중산층은 매우 부유한 소수와 극도로 가난한 다수 사이의 중간층이었다. 일찍이 수많은 가노(家奴) 소유권에 의해, 심지어 가노의 몰락이 시작되어 농노 일꾼이 공급된 이후에도, 대토지소유자들의 호화롭고도 과시하는 생활방식이 조장되었다. 노예들이 요리사, 사무원, 음악가, 의사, 교사, 배우 그리고 철학자이기도 했다. 종종 그들은 주인의 생활양식을 공유했다. 결국 그들 중 대다수는 자유를 누릴 수 있었을 뿐만 아니라, 농민 대다수와, 도시 지역 사람들에게 재산을 빼앗긴 농촌 사람들보다 실제로 훨씬 나은 삶을 살았다.

하지만 시간이 흘러가면서 새로운 계층이 나오기 시작했다. 자신들의 고향에서 쫓겨나 정처 없이 떠도는 거지나 부랑 노동자나 하층민이 줄어들지 않았다. 물론 전체 인구에 비교할 때 분명히 아주 적은 수이지만, 존경받는 기술공들, 성공적인 상인들, 관료들 혹은 특정 분야에서의 전문가들의 수가 늘어나고 있었다. 그들 가운데에는 여성들도 있었다. 그것은 여성의 지위와 교육이 점진적으로 향상되었기 때문이다.[1]

하지만 두 계층 사이에 놓인, 도시 중산층의 전형적인 구성원은 가난한 대다수의 불안으로 괴로움을 당했고, 동시에 소수의 부유한 자의 사치를 즐기고 있었다. 대개 그런 사람은 적어도 다른 사람들처럼 절대적 소유권 이념에 매우 성실한 참여자였다. 적어도 이러한 이념은 일시적으로 그들에게 가진 자들과 못 가진 자들 사이를 어색하게 구분지어 주는, "뭔가 가지고 있는" 특권층이 되게 해주었다. 그들의 고향으로부터 쫓겨난, 이러한 새로운 "세계적 시민들"은 종종 그들의 새로운 세상이 고독하고도 비정한 장소임을 발견했다. 그들의 독특한 문제는 그들의 새로운 신분에 대한 두려움과 불확실성을 해결할 방법들을 궁리하는 것이었다.

반면 토지에 속박된 농노들로 구성되어 있으며, 농경 노예들이며 자작농들에게 무거운 빚을 지는 농민 대중은 그들의 고생과 고난이 계속되었다. 즉 그들은 원시적인 농기구들로 신음하거나 직기(織機)로 고생하면서, 또한 그들의 노동과 수고가 자신들을 위한 것이 아니라, 도시의 부자들을 위한 것임을 알고 있었다. 그들의 세계와 부자들의 세계와의 사회경제적 차이는 낮과 밤처럼 뚜렷했다. 하지만 두 세계는 연관되어 있었다. 즉 부자들은 착취당하는 자들의 착취자로서, 희생자들의 침략자로서 강제로 빼앗는 자들이었다. 이러한 대립된 세계들은 동일하게 본질적으로 사적 소유권에 관해 널리 퍼져 있는 로마법의 이론과 실제에 의해 제공된 것이었다. 부와 빈곤 간의 인과관계를 사람들에게 알리는 일은 결코 쉬운 일이 아니었으며, 그 일을 수행한 예언자들과 도덕적 지도자들이 종종 박해를 받은 것처럼, 교부들의 시대에도 예외는 아니었다.

1. 기독교 운동

후에 기독교로 알려진 운동은 1세기 말엽에 초기 로마 제국의 동방 속주 중의 하나에서 시작되었다. 갈릴리의 예수님에 의해 주도된 그 운동은 하나의 비전을 좇는 것으로서, 팔레스타인의 속주에서 공의와 평화의 "하나님 나라"를 실현하고자 했다. 갈릴리 사람들에게 실천적인 선언으로, 예수님은 자신의 목적이 과거 선지자들의 말씀을 요약한 것임을 밝히셨다. 즉 "가난한 자들에게 복음을 전하며, 포로된 자에게 자유를 선포하며, 눈먼 자에게 다시 보게 함을, 갇힌 자를 자유케 하고자 함"이었다. 하지만 그러한 사회역사적 정황에서 그분의 운동은 로마 제국의 권력에 직접적으로나 즉각적으로 대항하고자 한 것은 아니었다. 예수님의 관점에서 팔레스타인에서 공의와 평화의 하나님 나라를 실현함에 가장 시급하고 큰 걸림돌은 갈릴리의 바리새인들과 예루살렘의 제사장들이었다.[2] 이들은 로마 제국이 세워놓은 권세에 빌붙어 종속국에서의 특혜 속에서 이론을 제공하며 혜택을 누리고 있었다. 예수 운동은 근본적으로 갈릴리 농민운동이었고, 갈릴리 농민들의 착취와 그들의 잉여 노동의 착복은 제사장들에 의해 성전의 거래와 세금을 통해 자행되었다.

예수님의 십자가 처형 이후, 갈릴리의 사회역사적 현상으로서의 팔레스타인 운동은 그 여세를 잃게 되었고, 결과적으로 사라지게 되었다. 하지만 예수님의 이야기와 그분께서 공의와 평화의 하나님 나라를 어떻게 선포하셨는지는 끝나지 않았고, 단지 그것의 사회역사적 특징으로 변화되었다. 그것이 갈릴리 농민들의 운동으로 되는 것도 중단되었다. 그 대신 로마 제국의 도시들과 속국들을 통해, 부자와 중산층과 가난한 자들의 계급을 초월하는, 다른 성격의 세계적 운동이 되었다. 그 운동이 새롭고 다른 성격의 계층 구성과, 그 운동의 새로운 신자들의 다양한 역사적 열망에 순응하면서, 운동의 메시지도 이제 공동의 목적에 맞춘 역사적인 사명보다는 오히려 점점 더 "하늘에 소망을 둔 영적인 형태"로 나타났다.[3] 3세기 초 로마에서, 기독교 공동체는 "황제의 시종인, 권세 있는 자유민이 포함되었다. 기독교 공동체의 감독도 전에 노예였던 자유민이었다. 황후에 의해 보호받았고, 귀족 여성들이 후원했다."[4]

초기 기독교 공동체들은 늘 이론적으로 인류 평등주의를 추구했다. 그들 가운데 "유대인이나 헬라인이 다 차별이 없었고" 그들은 "모든 물건을 서로 통용했다. 즉 그들은 각 사람의 필요를 따라 모든 것을 나누어 주면서, 자신들의 재산과 소유를 팔았다."[5] 아마도 새로운 신앙에 대한 호소는 부분적으로 그 시대 다른 제의(祭儀)들에 대한 반발에 기인한 것이었다. 그러한 제의들은 종종 매우 배타적이었다. 그래서 내세의 구원을 위한 특별한 방법으로 제의(祭儀)를 했지만, 이 세상에서는 그들의 열성적인 신봉자들의 지위에 대해서는 거의 아무런 관심도 기울이지 않았다. 새로운 신앙은 가장 불안정한 사회의 지역 사람들에게 호소력이 있었다. 그들은 가지지 못한 자들이든, 적게 가진 자들이든, 심지어 가진 자들이든 새로운 삶을 갈망하며, 경제적으로나 윤리적으로 혹은 개인적으로 한계를 느낀 사람들이었다. 팽창하는 시기에, 그리스도인들은 그들의 돈을 죽어 있는 기념물에 놓지 않고, 살아 있는 사람들에게 주었다. 국가는 종종 몹시 가난한 속주 지방들과 관계를 끊기도 했다. 그 법률은 야만인들에 의해 노예가 된 로마 시민들조차 로마로 돌아온 후에도 여전히 노예들로 남아 있어야 한다고 선언했다. 그래서 로마 시민이 되는 것보다 그리스도인이 되는 것이 더 나은 보호—그것은 자신의 동료(socii 혹은 koinōnoi)와의 더 나은 결속력을 의미했기 때문에—를 받을 수 있다고 느끼는 사람들의 수가 능가한 것이다. 수많은 박해 자체가 로마 도시의 생활에서 뭔가 심각한 문제가 있음을 보여주었다. 그것은 채워줄 수 있는 새로운 코이노니아가 결여되어 있었던 것이다. 그래서 수세에 몰려 박해를 받고 있었음에도, 기독교는 사회 전체에 흡수되지 않고 생명력을 불어넣어 줄 수 있는 비전이자 운동이었다. 그것은 지중해의 모든 대도시들에 견고하게 뿌리를 내리고 있었고, 급속도로 그 시대의 가장 영향력 있는 운동이 되고 있었다.

하지만 점차 성장함에 따라, 기독교 역시 "잘 조직화되고" 제도화되었다. 주후 2세기 초에도 기독교는 가끔 로마 국가의 구조를 모방했으며, 때때로 로마의 국가의 이념적 가치들도 모방했다(로마의 소유권 이념에 대한 기독교의 수용이 하나의 예다). 기독교의 구성원이 수적으로 증가함에 따라, 기독교 자체가 지적 시류에 편승할 수 있음을 점차 보여줬다. 또한 평범한 사람들이 이교도 시민과 잘 지내기 위한 문화, 사고방식, 요구들과도 동일시하고 있음을 보여주었다. 알렉산드리아의 클레멘스가 신학교(didaskaleia)에서 가르칠 때, 이 세상에서 살아가는 새로운 방식을 위한 주제로서 그리스도를 칭했던 것처럼, 새로운 시대는 그리스도를 "신적 교장선생님"으로 전하고 있었다.

국제화된 기독교 운동의 사회학적 기초는 현저하게 도시에 있었다. 그 기초는 생산 공동체로서 진술하게 시작하는 코이노니아 사회를 방해하는 가장 중요한 요인이다.[6] 초기 그리스도인들의 실천적 코이노니아는 섬김과 소비의 코이노니아였지, 인근 도시산업이 없는 곳을 위한 조건인, 생산의 코이노니아가 아니었다. 농경에서, 생산의 코이노니아는 일찍이 에세네파와 후대의 수도원제도가 보여준 것처럼, 매우 실천 가능한 것이었다.

그리스도인의 섬김과 코이노니아의 특징은 긍휼(eleēmosunē)이었다. 원래 그 용어는 구제를 베푸는 행위로부터 나오는 감정을 의미했다. 하지만 그 시대에, 그 용어는 구제 그 자체를 의미했다. 교부시대에 그것은 자신의 소득이나 재산을, 빈곤한 자들과 사회적으로 무시당하는 자들이 절대적 빈곤이나 결핍으로 고통 받으며 살지 않도록 고안한 재원에 전폭적으로 양도하는 것을 의미했다. 코이노니아의 이상을 추구하던 열렬한 기독교 공동체는 가진 자들과 적게 가진 자들이 기부한 재물을 통용하며 공동으로 관리했다. 또한 모든 이들, 특별히 병자들, 과부들, 고아들, 노인들, 버림받은 자들 그리고 신앙으로 인해 쫓겨나고 정죄된 사람들의 필요로 충당되었다. 고정된 할당액은 없었지만, 월정헌금을 드렸으며 기부자의 소득에 비례했다. 그래서 부유한 사람들은 많이 낼 것으로 기대되었지만, 그들이 기부한 재원의 분배로 인해 더 많은 영향력을 갖지는 않았다. 그것은 공동재원을 관리하는 성직자들의 역할이었지, 기부자들의 역할이 아니었다. 공동재원은 결국 빈곤한 자들의 의식주뿐만 아니라, 예배의식, 예배장소 그리고 성직자들의 필요를 위한 자원이 되었다.

하지만 기독교 공동체가 계속 존재할수록, 널리 퍼진 대규모 사회의 이념과 실천을 공동체 자체적으로, 그리고 공동체의 조직으로 흡수하고 되풀이하는 기회가 더욱 많아졌다. 소유권에 관한 로마법의 이론과 실제가 이것의 한 예다. 그래서 그리스도인의 모임들에서 그것을 수용함으로 초기 기독교의 지상적 하나님 나라 개념이 천상적인 개념으로 변형되는 경향이 되었다. 즉 그 개념은 이 세상이 아닌, 이 세상 너머의 죽음 이후 혹은 천년왕국 이후 "하늘"에서, "영원한 생명"에서 실현된다는 것이다. 4세기의 로마 제국의 명백한 몰락이 기독교 공동체들의 종말론적 인식을 강화시키는 데 이바지했다. 최후의 심판이 이제 어느 순간에도 일어날 수 있기에, 4세기 말에서 5세기 초의 위대한 교회 지도자들인 바실리우스,

암브로시우스, 크리소스톰, 아우구스티누스는 그들의 무리가 함께 진지하게 준비할 책임이 있었다. 그들이 교화되어야 할 긴박성을 깨닫기란 어렵지 않았다. 예를 들어 우리가 살펴본 대로, 널리 퍼져 수용된 소유권 윤리에 대한 그들의 혹평에서, 그들은 죄악된 경제학으로서 매우 심각하게 보았다. 머지않아 이제, 모든 사람은 "그리스도의 두려운 심판대" 앞에 서게 될 것이다.

하지만 "최후의 사건"이란 의미는 지도자들의 신앙과 비전을 고통 받는 사람들을 위한 종교적 아편으로 타락시키고자 함이 아니었다. 종말론은 아편이 아니라, 오히려 소수의 부자와 다수의 가난한 자 사이의 "죄악된" 격차와 맞서 싸운 교부들처럼, 불의에 대항하는 새로운 이념적 원동력이 되었다. 옛 선지자들의 열정과 힘, 격려와 명백함으로, 그들은 "철저한" 자세를 취했다. 그들은 문제의 근원인 소유권과 부에 관한 로마법 개념을 파고들어, 상식과 그들의 신앙적 비전에 일치하는 대안을 제안했다.

2. 소유권에 관한 교부들의 철학

1) 부(富)는 본래 선하지만, 부유한 자들은 도둑들이다.

본질적으로, 절대적으로 취한 부-단지 재물이 풍성한 것은-를 얻는 것은 교부들에게 어떤 정죄도 받지 않는다. 알렉산드리아의 클레멘스는 "재물(Goods)이 재물(goods)로 불리는 것은 그것이 선하기 때문이며, 하나님께서 인간의 선을 위해 주셨기 때문"이라고 말한다.[7] 크리소스톰도 "하나님의 모든 피조물이 선하기에 악한 것은 부가 아니다"라고 말한다.[8] 대 바실리우스도 "이런 종류의 물건은 하나님께로부터 나온 것이다. 즉 비옥한 토지, 신선한 바람, 풍성한 씨앗, 황소의 노동 그리고 생산성과 부를 가져다주는 농장의 다른 모든 물건"이라고 한다.[9] 마찬가지로 밀라노의 암브로시우스도 "모든 것이 하나님께 속한 것이다. 즉 씨앗과 자라나는 묘목들, 인류가 사용하도록 배가된 것들이다. 이러한 물건을 주신 분이 하나님이시다"라고 말한다.[10] 아우구스티누스는 "하나님의 율법에 의하면 땅과 거기 충만한 것이 다 주님의 것이기에(시 24:1), 부는 본래 악하지 않다"고 말한다.[11] 또한 동일한 사상을 계속 펼친다. "그러면 너는 사람들이 탐욕스럽기에 은과 금이 잘못되었다고 생각하는가? 혹은 사람들이 폭식가들이며 술고래들이기에 음식과 포도주가 잘못되었다고 생각하는가? 혹은 사람들이 간통하며 간음하는 것으로 인해 여성의 아름다움이 잘못되었다고 생각하는가?"[12] 결국 부와 물질적 재물 그 자체를 정죄하는 그 시대의 지나친 금욕주의에 반대한 알렉산드리아의 클레멘스는 "목마른 자에게 마실 것과 굶주린 자에게 먹을 것을 주며, 집이 없는 자를 들이며 벗은 자를 입히라"고 우리에게 명령하신 분이 하나님이심을 언급하면서, 부조리에 대해 논박했다. "그런데 만약 재산이 없어서 이러한 필요들을 충족시킬 수 없다면, 주님께서 재산을 나누어 주라고 명령하신 것 말고 허락하신 것이 무엇인가? 공유해도 되고 공유하지 않아도 되는 것, 그것이야말로 불합리의 극치일 것이다."[13] 그래서 교부들은 절대적 부, 재산, 혹은 물질적 재물은 본래 선하다고 분명히 밝혔다. 그것들은 "공급자이신 하나님"께서 제공해 주신 "하나님의 선물"이다.

하지만 교부들의 사상은 절대적 부는 본래 선하며, 하나님의 창조물 모두가 선한 것처럼 선하다고 생각했지만, 상대적 부의 현상, 즉 부자와 가난한 자를 구분 짓는 독점적 부에 대해서는 비난했다. 착취자들과 착취당하는 자들, 착복자들과 재산을 빼앗긴 자들 사이의 관계에서만 부와 가난이란 분열이 생기기 때문이다.

요한 크리소스톰은 "그러면 네가 어떻게 부자가 되었는지 말해 보라"고 부유한 자들에게 질문한다.

> 너는 누구에게서 대토지를 받았으며, 너에게 그것을 물려준 사람은 누구한테 받은 것인가?…그것의 뿌리와 기원은 틀림없이 불의했을 것이다. 왜냐하면 하나님께서는 태초에 한 사람은 부유하게, 다른 사람은 가난하게 만

들지 않으셨기 때문이다…그분은 모두에게 동일하게 자유로운 땅을 주셨다. 그런데 왜, 그것이 공동의 것이라면 너는 그렇게 많은 토지를 소유하고 있고, 네 이웃은 한 평의 땅도 소유하지 못하고 있는가?…공동의 것을 너 혼자 즐기고 있다면, 그것이야말로 악하지 않은가?[14]

크리소스톰은 당시 토지소유자들에게 그들의 조상이 도둑질했음을 책망했다. 그럼에도 불구하고 그는 그들에게 현재에도 계속되는 도둑질에 대해 비난했다. "나는 네가 약탈한 것을 자비롭게 돌려주라고 요구하는 것이 아니라, 사기행위를 그만둘 것을 요구하는 것이다. 네가 강도행위를 중단하지 않는다면, 너는 실제로 자선을 베푸는 것이 아니다. 심지어 네가 궁핍한 자들에게 엄청난 돈을 줄지라도, 네가 사기행위와 도둑질을 그만두지 않는다면 하나님 앞에서 살인자들 중 하나로 헤아림을 받을 것이다."[15]

그 용어들이 강력해서 크리소스톰은 대토지사유자들에게 좋은 평판을 받지 못했다. 그래도 여전히 그는 다음과 같이 계속했다. "이런 것이 강도행위다. 즉 자신의 자원을 공유하지 않는 것이다. 아마도 내가 말한 것에 너는 깜짝 놀랄 것이다…다른 사람의 재산을 강탈하는 것뿐만 아니라, 네 소유를 다른 사람들과 함께 공유하지 않는 것도 강도행위이자 탐욕이며 도둑질이다…심지어 부자들이 상속받은 재산이나 다른 곳에서 돈을 모은 것일지라도, 부자들이 가난한 자들의 재산을 소유하고 있는 것이다."[16]

암브로시우스 역시 부와 가난의 인과관계를 강조했다. "너는 넓은 거실을 자랑하느냐? 그것들로 인해 너는 오히려 양심의 가책을 느껴야 한다. 많은 사람으로 거실을 채웠지만, 가난한 자들의 절규를 외면했기 때문이다…너는 벽을 화려하게 도배했지만, 사람들을 벌거벗게 만들었다…빵을 구걸하는 사람이 있어도, 네 집의 말 이빨 밑에는 황금으로 채웠다…사람들은 굶주리고 있는데도, 너는 곡식창고를 굳게 닫았다. 사람들이 비참하게 울부짖는데도, 너는 보석 반지를 장난감 삼아 놀고 있다."[17] 소수의 부자가 그들의 부를 재분배하지 않고 가지고 있었기 때문에, 이러한 부를 박탈당한 가난한 자들은 가난하고 비참해진 것이다.

바실리우스도 같은 입장을 취한다.

> 너의 끝없는 탐욕으로 모든 것을 가지려고 수많은 사람의 것을 빼앗고 있는데도 아무에게도 피해를 주지 않았다고 생각하느냐? 누가 탐욕스런 자인가? 자족할 만큼 충분한 물건을 가지고 있으면서도 만족하지 못하는 자다…너는 도둑이 아니냐? 너는 나누어 주라고 받은 것을 너 자신의 소유로 만드는 자가 아니냐?…네가 보관하고 있는 빵은 굶주린 자들의 것이다. 네 옷장 속에 보관하고 있는 코트는 헐벗은 자들의 것이다…네가 땅속에 감춰둔 황금도 궁핍한 자들의 것이다.[18]

교부들이 취한 소유권에 대한 접근은 무엇보다도 도덕적, 철학적 접근이었다. 교부들은 단지 순수한 실제적, 법률적 접근을 거부했다. 그렇게 소수의 사람만이 그렇게 많은 부를 축적함으로 수많은 빈곤을 가져오는 불의한 현실을 변화시키려면 그러한 접근이 부적절함을 알았기 때문이다. 그래서 아우구스티누스는 다음과 같이 말했다. "우리는 법적으로 취득한 이익을 누가 즐길 것인지에 대해서는 확인하지 않고, 실제로 타인의 재산을 착복한 그것들을 어떻게 사용하는지에 대해서도 알지 못한다…자신의 부를 악하게 사용하는 자는 그것을 부정하게 소유한 것이며, 부정한 소유는 그것이 또 다른 사람의 재산임을 의미한다…그러면 반환해야 할 다른 사람의 물건이 얼마나 많은지 보라."[19] 이러한 것들이 법적인 관점에서는 여전히 소유자들의 것이겠지만, 실제로 그들은 도둑들이다. "너는 음식과 필요한 옷을 받았다(나는 불필요하고 넘치지 않는, 필요한 것이라고 말했다). 왜 너는 네 재산보다 더 많은 것을 취하려고 하는가? 나에게 말해 보라! 분명히 네가 소유한 모든 것들은 철철 넘친다. 네가 철철 넘치게 소유하고 있는 물건들은 가난한 사람들의 필수품일 수 있다."[20]

아우구스티누스의 견해는 일찍이 대 바실리우스가 외친 것이었다. "너는 값비싼 옷을 입고 있는가? 너에겐 2규빗의 긴 옷이면 충분하지 않은가? 네 부를 더 사치스러운 생활에 사용하는가? 한 덩어리의 빵이면 너의 위를 채우기에 충분하다…"[21]

결국 기독교 교부들은 부와 빈곤을 분리해서 보지 않았다. 그들은 인과관계 속에서 부와 빈곤은 동전의 양면처럼 하나로 보았다. 소수가 계속해서 강탈하기 때문에 대다수가 가난하다.

수세기 동안 수많은 사람에게 부와 빈곤을 따로 분리해서 생각시키기 위해 "운명"의 현실을 믿게 해왔다. 부유함을 운명의 선물로 믿게 하면서, 소유권에 관한 로마법 개념을 전수하며 유지하고 합법화시킨 불의한 구조로, 부와 빈곤을 모두 지식적으로 받아들이게 한 것이다. 하지만 교부들의 사상은 단순한 합법화를 의식적으로 무시했다. 그들은 도덕적인 판단을 하며, 사물이 존재해야 하는 마땅한 당위로부터 사물이 어떻게 존재했었는지를 살펴봄으로 새로운 대안을 제시했다.

2) 공유물에 대한 개인적 소유는 강도행위다.

초기 기독교 도덕 철학자들에게 있어서 부와 빈곤의 관계는 굉장히 긴밀했다. 그것은 바로 부자와 가난한 자와의 관계였다. 주로 교부들의 사상에서 주장된 이러한 불평등하고 불의한 관계는 본질적으로 불의한 개념과 함께 실제로 폭로되었다. 즉 모든 사람이 공유해야 하는 물건인 공유물을 소수 특권층이 권리를 갖고 착복한 것이었다.

사람이 노동한 열매는 마땅히 그 노동자가 차지해야 한다. 요한 크리소스톰은 다음과 같이 말한다. "네가 부유하다면, 숙고해서 이해할 만한 이유를 제시해야 한다…네가 소비하는 것뿐만 아니라, 네가 재산을 어떻게 취득했는지를 숙고해 보라. 즉 네가 정당한 노동으로 돈을 벌었는지, 아니면 강탈과 탐욕으로 모았는지."[22] 바실리우스도 노동자들의 노동 생산물에 대한 노동자들의 확실한 권리를 인정했다. 그러나 대지주들에게는 무슨 권리로 방대한 토지에 대한 소유권을 행사하고 있는지를 물었다.

"어떤 것이 네 것이냐? 나에게 말해 보라. 그것들이 생기도록 네가 어디서 가지고 왔는가?" 네가 만든 것이나 네가 존재하도록 가져온 것이라면 그것이 무엇이든 간에 마땅히 네 것이다. 하지만 대지주들을 부유케 한 것은 토지이며, 토지는 그들이 존재하도록 가지고 온 것이 아니다. 말하자면, 그것들은 단순히 "처음부터 거기에 주어진" 것이었다.

> 그것은 마치 네가 모든 사람이 공동으로 사용하려고 만든 극장에서 한 자리를 차지하고 있으면서, 자기 혼자만의 것처럼 행세하며 다른 사람들이 들어오지 못하도록 막는 것이나 다름없다…만약 각자가 궁핍한 사람들을 위해 여분으로 남겨두면서 자신의 필요에 맞게 가져간다면, 아무도 부유하거나 가난해지지는 않을 것이다. 너는 모태에서 빈 몸으로 나오지 않았는가? 다시 빈 몸으로 흙 속에 돌아갈 것이 아닌가?[23]

바실리우스는 자신의 것(ta idia)과 공동의 것(ta koina)을 구분했다. 자신의 것은 자신의 노동 생산물처럼 자신이 그것을 존재하게 한 사유재산을 말하며, 공동의 것은 모든 사람의 사용을 위해 하나님께서 창조하신, 단지 "거기에" 있는 것을 말한다. 자연적 생산 요소들은 누군가의 공로나 노동에 의해 "거기에" 있는 것이 아니다. 즉 그것들은 어떠한 조건에서도 자신의 것으로 정당하게 다루어질 수 없다. 일부 개인이 그것들을 그렇게 다룰 때, 그들의 행동은, 바실리우스의 견해에서는, 강탈행위에 지나지 않는다. "첫 번째 선점"이나 강제적인 정복에 의해 취득한 사적 소유권은 모든 사람의 사용을 위해 공유물로 여겨야 한다. 그래서 그들은 다른 사람들의 공유재산을 강탈한 것이다.

알렉산드리아의 클레멘스는 음식과 의복, 그리고 집을 짓는 자원들은 만인을 위한 하나님의 선물이기에 그것들의 생산물들은 "궁핍한 사람을 위해 공동창고에 갖다 놓아야 한다"고 지적했다. 누구도 이러한 자원들을 만들지 않았다고 그는 말했다. "그것들은 모든 사람의 선을 위해 하나님께서 공급하신 것이다. 실제로 그것들은 처음부터 단지 거기에 놓여 있었고, 잘 사용될 수 있게끔 일부 형태의 물질이나 도구로서 우리가 처분할 수 있도록 주어진 것이다."[24]

밀라노의 위대한 암브로시우스는 설교단에서 맹렬히 호통을 쳤다. "토지 강탈의 이야기는 시간상으로는 오래되었지만 실제로는 매일 진행되고 있다. 부자들 가운데 어떤 이들은 다른 사람들의 재물을 매일 탐내고 있지 않은가?" 단순한 토지소유권은 이미 다른 사람의 재산을 불의한 소유물로 만드는 것이다. "왜 너는 자연의 동료 공유자들을 내쫓고, 그것을 모두 너 자신만을 위한 것이라고 주장하는가? 땅은 모든 사람을 위해 공유하도록 만들어진 것이다…부유한 너는 왜 토양에 대한 독점적 권리로 너 자신의 것이라고 사칭하느냐?"[25]

요한 크리소스톰은 다음과 같이 말한다. "하나님께서는 자비롭게 만물을 주셨는데, 공기, 물, 불, 태양처럼, 재물보다 훨씬 더 풍성하게 주신다…우리가 안전하게 살 수 있는 것은, 우리에게 공동으로 주어진 것에 기인한다."[26] 크리소스톰의 관점에서는, 대다수의 서민이 "안전하게 살지" 못하는 이유는 "삶의 원천"이 빼앗겼기 때문이다. 그 삶의 원천은 곧 하나님께서 모든 사람이 사용하도록 주신 자연의 혜택이나 자연 자체다. 아우구스티누스도 이렇게 말했다. "너는 부자들과 함께 공동의 만물을 가지고 있다…너는 정말 공동의 하늘과 공동의 빛을 가지고 있다…네가 여기에 가지고 온 것이 무엇이 있느냐? 전혀 없다. 아무리 부유한 사람들이라도 가져올 수 있는 것은 아무것도 없다. 너는 모든 것을 여기에서 단지 발견했을 뿐이다. 가난한 사람들과 함께 너도 빈 몸으로 태어났다."[27] 아우구스티누스는 다른 곳에서 이렇게 기록했다. "하나님께서 이 세상을 부유한 사람들뿐만 아니라 가난한 사람들에게도 주셨다. 부자들은 부유함을 채우기 위한 위(胃)가 두 개나 있느냐?[28]

3) 상속: 훔친 재물의 양도와 축재

우리의 교부 저술가들은 동시대적인 상황을 주목하였고 과거에 대해서도 살펴보았다. 그들은 로마의 전통적 절대주의자들과 독점주의자들의 소유권 개념을 고찰하면서, 상속법이 소수의 수중에서 양도되고 축적된 **훔친 공유물**에 대한 전달 수단을 제공한다고 보았다. 그들은 가난한 자들이 일하지 않기 때문에 가난하다는 부자들의 식상한 입장을 거부했다. 요한 크리소스톰은 더 솔직하게 말한다. "우리는 가난한 사람들의 게으름을 비난한다. 이 비난은 종종 받을 만하다. 우리 자신도 종종 더 악한 나태를 죄악시한다. 그러나 너는 '나는 아버지의 상속을 가지고 있다!'고 말한다. 내게 말해 보라. 그가 단지 가난하고 가진 것이 없는 가난한 가정에 태어났기 때문에, 그는 마땅히 죽어야 할 자인가?…너 역시 종종 게으르다…그런데도 너는 일평생을 간청과 눈물과 수천 가지의 역경 속에서 지내는 이런 가난하고 비참한 사람을 정죄하느냐?"29)

요한은 계속해서 말한다. "네가 가진 것은 네가 일을 해서 소유한 것인가? 너는 아버지로부터 상속을 받아 소유한 것이 아닌가?…가난한 자들 모두가 게을러서 가난한가? 약탈당한 것은 아닌가? 재난으로 된 것은 아닌가? 질병으로 인한 것은 아닌가? 어떤 다른 역경들로 인한 것은 아닌가?"30)

교부들이 가난한 자들에 대해서 변호하자, 후기 로마 제국의 고위층들은 불쾌히 여기며 분노했다. 교부들은 소유자들이 자신들의 부정축재와 사치스런 소비를 위해 소작농들과 노예들의 잉여생산물을 취했기 때문에 게으른 사치를 하고 있다고 선언했다. 반면 재산을 빼앗긴 사람들은 소수의 부자에 의해 (물론 법적으로) 착복되어 그들의 재능과 노력으로는 자연적이며 사회적인 부에 도저히 이를 수가 없어서 게으른 수치를 지녔다고 한 것이다.

크리소스톰은 조심스럽게 윤리적인 일까지 함께 거부하지는 않았다. 사실상, 교부들의 사상은 일반적으로 사람들이 하나님과 "협력해서 만드는 자들"임을 강조했다. 그래서 크리소스톰에게 있어서 부자들의 자녀도 자신들과 다른 사람들을 위해 생산할 수 있도록, 즉 협력해서 만들 기회가 필요하다는 점을 인상적으로 지적했다. 또한 사적 소유권 제도로 인해

그들이 물려받은 부에 빠져 정죄받지 않도록 주의해야 한다고 지적했다.[31]

아우구스티누스도 요한 크리소스톰처럼 쉬운 재산상속에 대한 맹렬한 비난에 동참한다. "네 자녀가 창조주 하나님보다 세습재산을 더 의지하게 하지 말라…왜 그러한 사람은 구제를 베풀지 않는가? 그는 자기 자녀를 위해 모아두고 있기 때문이다."[32]

4) 반환

교부들의 사상은 착취하는 대토지소유자들에게 결코 "단순한 보상"을 요구하지 않았다. 그것은 결코 "보상"되어야 하는 것이 아니다. 그것은 단지 공의의 문제였다. 암브로시우스는 이렇게 말했다. "네가 가난한 자에게 주어야 할 것은 네가 직접 일해서 얻은 것이 아니라, 그 사람의 것을 돌려주는 것이다. 만인이 사용하기 위해 공동으로 주어진 것인데도, 너는 혼자 독차지하고 있다. 땅은 만인에게 속한 것이지 부자에게 속한 것이 아니다…그러므로 너는 빚을 갚는 것이다."[33] "그것이 어떠한 형태를 취하든, 이러한 반환은 정당한 요구다. 하나님께서 만민을 위해 만물을 공동으로 주신 것임을 알기 때문이다…그러므로 만물이 만인을 위해 주어진 것임을 알면서, 자기들만을 위해서 보유하지 않는 사람들이 공의로운 자들이다."[34] 동로마 제국의 요한 크리소스톰도 같은 진술을 했다. "너는 가난한 자들에게 나누어 주는가? 네가 주는 것은 네 것이 아니라, 네 주님의 것이며, 너뿐만 아니라 너와 함께 사는 종들 모두의 것이다."[35] 아프리카에서 아우구스티누스도 히포의 사람들에게 이렇게 말했다. "하나님께서는 세상을 부자들뿐만 아니라 가난한 자들에게도 주신 것이다…가난한 자들에게 무엇인가를 공급하는 자들은 자신의 소유에서 그렇게 행한 것으로 생각해서는 안된다."[36]

합법이 문제가 아니다. 공의가 문제다. 초기 기독교 도덕 철학자들은 착복하고 있는 부자들이 가난한 자들로부터 그들이 훔친 공유물들을 되돌려 주지 않는다면, 사유재산의 문제에 관한 한 절대로 공의가 있을 수 없다고 주장했다.

5) 사적 소유에 대한 정죄

오늘날 우리에게는 매우 놀랄 만한 것이겠지만, 다음의 사실은 피할 수 없다. 초기 기독교 도덕 철학자들은 결코 사유재산이 부를 생산하고, 사용하고, 처분하는 이상적인 방법이라고 여기지 않았다. 그들의 외침은 그들이 서 있는 종교적 전통 가운데 구약 선지자들의 외침처럼 울려 퍼진다. 즉 소유물들은 구원에는 도움이 되지 않는다.

그 이유는 분명하다. 상대적 부는 불의이다. 실제로 우리가 그들의 입장에서 더욱 자세히 연구해 본다면, 엄청난 재산의 사적 소유뿐만 아니라, 사적 소유 자체가 비난받을 만하며 인권을 박탈하는 것임을 알게 된다. 사적 소유가 빈곤을 가져오기에(그것이 유일한 원인은 아니었을지는 모르지만, 분명히 하나의 원인이었다), 그것은 "강탈", "폭력", "탐욕", "탈취", "약탈" 그리고 "불의"를 통해 빈곤을 가져왔다. 결국 토지는 모든 사람의 부의 원천이지, 단지 소수를 위한 것이 아니다. 그것은 하나님께서 모든 사람을 위해 공동으로 소유하도록 주신 것이기 때문이다.

교부들은 그 당시 사회경제적 정황을 잘 알고 있었다. 그들은 개인적으로 (표면적으로) 토지를 소유한 자는 누구나 반드시 그 생산물의 혜택을 누릴 것을 알았다. 하지만 토지를 소유하지 못한 경작자는 그들의 부의 원천을 누려야 했음에도 불구하고, 그들이 수고한 만큼의 생산물도 받지 못한다는 것을 알았다. 정말로 누구나 알 수 있었던 것처럼, 종종 육체적으로 계속 경작하며 근근이 살아갈 수 있을 만큼만 주어진 것이다. 다시 말해, 불의한 빈부격차가 토지와 토지를 경작하는 일꾼들의 노동력 사이의 착취에서 발생했던 것이다.

그래서 사적 소유의 뿌리 속에서 필연적으로 악이 존재했다. 그러나 악은 사적 소유의 열매이기도 했다. 소유자들은 전쟁이나 다른 토지 약탈사업을 통해 그들의 착취 영역을 끊임없이 늘리고자 했다. 예를 들어, 아우구스티누스는 사적 소유는 모든 "불화"의 근원이라고 가르쳤다.[37] 수세기를 거쳐, 소유와 지배를 둘러싼 "내 것"과 "네 것"을 둘러싼 갈등-그것들이 전쟁들과 혁명들, 혹은 개인들 간의 사적 분쟁들이 되었던-이 있었다. "우리 중에서 혼자서만 소유한 물건들 때문에, 전쟁, 미움, 불화, 인간들끼리의 투쟁, 폭동, 분쟁, 추문, 죄악, 불의, 살인이 존재하는 것이다…그러므로 사유재산의 소유물을 그만두자…" 그리고 그는 현대적 표현으로 "소유권의 자만"이라고 설명하면서 다음과 같이 덧붙인다. "우리 각자가 개인적으로 소유하고 있는 재산으로, 각자가 필연적으로 자만하게 된다…부자의 육신이 가난한 자의 육신을 밖으로 내몰고 있다."[38]

요한 크리소스톰의 관점에서 사적 소유는 당치도 않은 것이었다. "누군가가 어떤 물건에 대해 자신의 것으로 만들고자 자기가 소유하려고 하면, 마치 자연 자체가 분개했던 것처럼, 싸움이 시작된다."[39] 암브로시우스는 다른 교부들처럼 "탐욕은 우리의 필요에 기인함에 틀림없다"고 하면서 "우리가 자기 자신의 것으로 주장할 때 공동의 물건은 사라지게 된다"고 설명한다.[40] 아우구스티누스도 사적 소유물로 인해 소유자가 "줄어드는", 부담으로 여겼다. "라틴어에서 (누군가가 소유한 재산을) 현명하게도 '사적'이라 부른 것은, 그것이 더 이상의 증가가 아닌 감소를 의미하기 때문이다. 모든 사유화는 감소다."[41]

암브로시우스에게 재산에 관한 문제에서 사유권 개념은 공의에 근거해 볼 때 아주 부당한 것이었다. 그는 "손해를 끼치지 않으면 누군가에게 해가 되지 않는다"는 것이라고 너무 쉽게 생각하는 전통적인 스토아주의의 "공의에 대한 첫 번째 의무"와 논쟁했다. 암브로시우스는 누가복음 9:55을 인용하면서, 복음서에서는 결코 그렇지 않다고 주장하며, 이러한 사상을 철폐했다. 즉 예수님은 그들을 환영하지 않았던 사마리아인들에 대해 하늘의 불을 명해서 멸망시키길 원했던 제자들을 질책하신 것이다. 그래서 그는 계속해서 전통적인 스토아주의의 "공유재산을 공유물로 여기며,

사유재산을 사적인 것으로 여기는 공의의 의무"라는 주장도 거부했다. 그렇지 않다고 주장한 암브로시우스는 사유재산의 소유가 "자연의 순리가 아니라고 했다. 자연은 만민을 위해 만물을 선사했기 때문이다…그러므로 자연은 공유권의 모체이며, (개인적 착복의 의미에서의) 사유권은 강탈이다."[42] 그래서 아우구스티누스가 언급한 대로 사적 분배는 "인간의 법과 황제들의 법으로 만든"[43] 것이며, 하나의 남용일 뿐이다.

6) 우상숭배로서의 사적 소유

20여 년 전만 해도 대규모 사회를 위해 하나의 재산 공동체 삶을 주장했던 사람들이 대부분 그들의 입장을 은연중에 무신론적, 혹은 적어도 논쟁적이라고 당연히 여기는 것(물론 그들의 반대자들이 했던 것처럼)이 얼마나 역설적인가! 결국 그것은 분명히 제도적 종교와 싸우고 있었던 것이다. 천오백 년 전에 살았던 초기 기독교 철학자들이 정확하게 반대로 주장했다는 것을 이러한 사람들이 알았다면 얼마나 놀라겠는가! 교부들의 관점에서 사적 소유는 "무신론적"이거나 "우상숭배적"이었다. 이러한 초기 사회비평가들은 예수님께서 제자들에게 하신 완전한 선언을 결코 잊지 않았다. 즉 "너희가 하나님과 재물을 겸하여 섬길 수 없느니라"(눅 16:13). 재산은 "헛된 신"이다. 재산과 재물은 토지소유주와 토지를 빼앗긴 자들 모두를 노예로 만드는, 숭배의 대상이 되어버렸다. 부를 축재하는 것은 만족할 줄 모르는 열정으로 변해, 새롭게 취득하고자 항상 더 많은 요구를 끊임없이 하게 된다. 이러한 철학자들은 축재자를 토지 불법 점유자, 고리 대금업자, 상인, 정치적 권력층과 동일시했다. 그리고 그들은 이렇게 새롭게 세운 신과 돈의 제단 위에서, 또한 절대적 소유의 이념과 실제를 참된 종교로 여기게 하며 자연과 사람 모두를 희생시키는 축재자들을 비난했다. 교부들은 그것이 하나님의 창조물을 재산으로 전락시킨다는 것을 발견했다. 그들은 배금주의(Mammon)를 인간 실존의 최고의 현존으로 만드는 것을 거부했다.

첫 2세기 동안에, 기독교라 불리는 새로운 종교가 처음 국제적 운동이 되었을 때, 그리스도인들은 우상숭배의 죄와 타협하는 대신에 종종 고문과 죽음, 혹은 지하 생활을 선택했다. 그래서 교부들은 하나님만이 절대적이시며, 절대적인 주권자 혹은 통치자시라는 기독교 신앙관점을 직접적으로 모욕하는, 소유권에 대해 절대적이며 독점적인 로마법의 이상을 직시하도록 사람들을 도전했다. 하나님 한 분만이 만물에 대한 유일한 절대적 주권자 혹은 통치자이시다.

크리소스톰은 소유에 관한 인간의 절대적 권리 사상은 그를 웃게 하는 것이라고 우리에게 말한다.[44] 우리가 살펴본 대로, 그에게 있어 그 개념 자체는 무의미한 것이었다.[45] 만물은 하나님의 것이다. 오직 하나님의 소유다. 우리는 모두 함께 그분의 청지기들로서, 함께 살아가는 종들이다. 그분은 자신의 소유물에 대해서 우리의 청지기 역할에 대한 책임을 물으실 것이다.[46] "생명, 호흡, 빛, 공기 그리고 토지처럼 스스로 존재하는 것은 그분을 통해 우리가 가진 것이다."[47] "거기에 있으면서 충만한 것은 지상의 것이 아니라 하나님의 것이기 때문이다. 그래서 우리의 소유물이 한 분이신 공동의 주님께 속한 것이라면, 그것들은 또한 우리와 함께 사는 종들에게도 속한 것이다. 한 분이신 주님의 소유물은 모두 공동의 것이다."[48] 아우구스티누스도 동의했다. "하나님께서 공유하라고 명하신 것은 그들의 재산 중에서가 아니라, 바로 주님 자신의 재산 중에서 나누라는 것이다."[49]

그러니 주님의 자리를 강탈하는 소지품을 허락하는 것이 얼마나 어리석은가! 또한 얼마나 교활한가! 암브로시우스는 이렇게 주장했다. "한 분이신 하나님의 영광을 강탈하고자 하는 우상숭배처럼, 하나님의 물건에까지 취하려고 하는 탐욕은, 그분의 피조물을 독점적으로 자기 소유로 주장하는 것이다…"[50] 바실리우스는 재산에 대해 독점적이며 절대적인 관점으로 여기는 자들을 사실상 그들의 실제 생활에서 하나님을 몰아낸, 무신론자들, 혹은 불경한 자들이라고 가르쳤다.[51]

7) 인류 평등의 확증: 공동 기원, 공동 자연, 공동 운명

천연적 부에 대한 소수의 사적 소유는 다수의 노동에 의한 유용한 생산물을 단지 물건만 만드는 비소유노동자들로 전락시켜 버렸다. 그들은 소수 특권층을 위해 일하는 기계가 되어버렸다. 예를 들어, 토지에서 일하는 노동자들은 실제로는 소유지의 일부분이 되었다. 즉 소수의 지주를 위해 부를 생산하는 도구가 되었다. 그처럼 가난한 자들은 최악의 경우에 인간 실존으로서 주도면밀하게 착취당했으며 완전히 무시당했다. 혹은 최상의 경우일지라도 그들 자신과 협력하여 창조적 행위를 하는 잠재적 주체들, 즉 천부인권을 지닌 사람들로 취급받기보다는 오히려 동정의 **대상들**로 취급받았다. 소수 재력가의 새로운 우상으로 인해 인간을 배금주의(Mammon)-돈이나 재산에 대한 끝없는 추구-의 제단 위에 희생 제물로 만들었다. 그래서 재산은 사람들의 존엄성과 일치되었던 반면, 사람들은 재산의 상태에 따라 격하되었다.

폭로된 인간성의 그러한 전통이 확실히 유지되고 있음에도, 기독교 교부들의 사상은 그것의 결과들과 함께 기본적 인간평등의 진리를 분명하게 단언하면서, 근본적으로 불의하고 비인간적인 이러한 반전을 공공연히 비난했다. 일부 사람들이 다른 사람들보다 더 큰 생존권을 가지고 있다면 토지에 대한 사유재산은 정당화될 수 있을 것이다. 그러나 이러한 도덕 지도자들이 오래전에 말한 것처럼, 우리는 모두 창조주의 평등한 허용으로 여기에 존재하고 있다. 그래서 우리 모두는 숨을 쉬며 토지를 사용하며 공평한 인간 생존을 위한 필수적인 기타 생산 요소들에 대한 평등권을 갖고 여기에 있는 것이다. 그러한 권리들은 우리가 존재한다는 사실에 의해 보장되고 선언되는, 우리의 생득권으로 간주되어야 한다. 공유물을 사용할 우리의 권리는 세상에 태어난 각각의 인간에 귀속되는 권리로 간주되어야 한다. 그리고 다른 사람들의 평등한 권리들에 의해서만 제한되는 권리로 간주되어야 한다.

암브로시우스에 의하면, 우리는 모두 "자연의 동료 공유자들"이다. 그러나 "모든 가난한 자들을 품은 자연은 부자들을 구별하지 않는다."[52] 더 나아가 우리 모두는 한 분이신 성부의 자녀다. 그래서 가난한 자들은 우리의 형제들이요 자매들이다.[53] 선지자 바룩(3:24-25)처럼 암브로시우스에게 만물은 "하나님의 집"이기에 하나님의 자녀인 우리 모두에게 속한 것이다. "그러므로 가난한 사람도 너와 평등하기에 그의 동료 인간들을 도와주지 않는 것은 불의한 것이다. 특히 주 우리의 하나님께서는 이 땅의 모든 것들을 공동으로 소유하도록 의도하셨고, 그 땅의 소산으로 모든 사람을 부양하도록 의도하셨기 때문이다."[54] 요한 크리소스톰도 "가난한 사람은 너처럼 동일한 고귀함으로 태어났기에, 너와 함께 모든 물건을 나누며 공동으로 소유해야 함에도, 그는 종종 너의 집에 있는 개들만도 못한 수준으로 지내고 있다"[55]고 강력하게 비판했다.

북아프리카의 아우구스티누스는 그 당시 사람들에게 이렇게 말했다. "하나님께서 가난한 자들과 부자들을 동일한 흙에서 만드셨고, 그분께서 가난한 자들과 부자들을 동일한 땅에서 보존하고 계신다." 그래서 사유재산으로서의 자기 토지, 자기 집, 자기 종이라고 주장하는 것은 하나님의 법이나 자연법이 아닌, "인간이 만든, 황제들의 법이다."[56] 그래서 그는 익숙한 교부들의 기록에 다음과 같이 덧붙였다. "너의 출생을 생각해 보라. 부유하고 가난한 너희는 모두 빈 몸으로 태어났다…너는 여기에서 많은 혜택을 누리고 있는데, 네가 함께 가지고 온 것이 있느냐?"[57]

결국 교부들의 견해에서, 사적 소유의 개념은 인류애의 공동 기원과 공동 본성에 어긋나는 것이었다. 그러나 인류애는 공동 운명을 가지고 있으며, 인류애는 로마 제국의 운명이 몰락을 감지할 수 있는 시대를 산 수많은 그리스도인의 종말론적 의미를 강화시켰을 것이다. 그 당시 목회자들은 인류애의 운명에 대한 종말론적 의미를 강조했다. 그렇기에 그러한 인간 본성의 운명과 역사적으로 확고하지 않은 인류애는 특별한 역사적 시대나 역사적 생산 방식의 생활 태도에 의해 바뀌었다. 결국 교부들은 종종 인류애에 대해 하나님의 절대적인 도덕적 설교들로 다루었다. 다른 사람을 돌보고, 함께 살아가며, 공동체를 세워가도록 설교했다. "우리는 나그네들이며 순례자들이다"라고 요한 크리소스톰은 말했다.[58] "그래서 결국 무엇이 부유한 것인가? '헛된 그림자, 사라지는 연기, 풀밭의 꽃 혹은 꽃보다 좀 더 나은 무엇이다.'"[59] 그것은 지속적인 것이 아니며, 전심으로 추구할 만한 가치도 없다. 그것은 단지 유용한 것일 뿐이며, 공동의 인류애를 분리시키거나 파괴하지 않고, 그것을 돕도록 사용되어야 한다. 즉 우리 각자의 인류애로 함께 사는 순례자들로서, 우리는 공동의 인간 존엄성의 가치를 누리며, 이러한 역사적 여행의 과정에 있는 자들이다.

그러므로 우리는 재산에 "집착하는 것"을 피해야만 하며, 우리가 순례하고 있는 상황에 맞게 그것을 **사용**하는 법을 배워야 한다고 아우구스티누스는 주장했다. 그것을 좋아하든 싫어하든 우리는 모두 함께 가야 하기 때문이다. 부와 빈곤은 평등하게 부담 지워진 것이기에, 양쪽의 부담은 모두가 평등하게 공유해야 한다.[60]

결국 고난 받는 사람들이 현재 상황을 견딜 수 있도록 도와주며 격려하는 하나의 진정제로서 종말론을 사용하는 것과 달리, 교부들은 현재 상황을 변화시킬 필요를 도출하는 전제로서 종말론을 사용했다. 물론 다른 사람의 부담을 지기 위한 명령은, 우리가 여러 본문에서 수없이 살펴본 대로, 소유권에서 독점에 대한 거부와 코이노니아에 대한 승인을 의미했다. 그래서 그것은 부유한 소수의 부에 대해서 단순히 약간의 감소나 **공유물**에 대한 독점적인 지배의 약화를 의미하지 않았다. 즉 가난한 자들의 부담에 대한 약간의 완화나 이러한 **공유물**에 대한 가난한 자들의 접근이 일부 회복되는 것을 의미하지 않는다. 그것은 대다수의 가난한 자들이 궁핍한 상황으로부터의 총체적인 해방을 의미하며, 부와 소유의 부담으로부터 공동 운명을 향해 함께 순례하는 모든 인류, 즉 사회 전체의 총괄적인 해방을 의미한다. 요컨대 그것이 바로 코이노니아기 때문이다.

우리가 참으로 착취하는 분열을 극복하여 인간의 온전함을 성취할 수 있다면, "하나님의 복이 전 배나 더 풍성하게 임하지 않겠는가?"라고 요한 크리소스톰은 질문했다. "우리는 땅 위에 천국을 만들지 않을 것인가?"[61]

이것은 다른 세상에서 해방되는 이원론적 종말론이 아니다. 이것은 지금 여기에서 요청되는 실제적인 유토피아다.

8) 소유의 이중 목적: 자족과 코이노니아

초기 기독교 철학자들은, 소유자들이 일꾼들의 노동의 열매와 자연의 혜택을 독점함으로 점점 더 부를 축적했으며 그들의 지배력을 강화시켰다고 보았다. 또한 그러한 지배력은 일꾼들과 소유자들 모두를 노예화했다고 보았다. 소유자들은 자신이 소유하고 것으로 인해, 그리고 더욱더 소유하고자 하는 욕망으로 인해 물질의 노예가 되었다. 분명히 이것은 물건에 대한 올바른 태도가 될 수 없었다. 크리소스톰은 이렇게 말한다. "재물은 우리가 그것을 사용하는 것이지, 그것이 우리를 사용하는 것이 아니기에 크레마타(chrēmata; '내가 사용한다' 는 어원 chraomai에서 옴)라고 불린다. 그러므로 소유물들은 우리가 그것들을 소유할 수 있지, 그것들이 우리를 소유할 수 있는 것이 아니다. 너는 왜 그 질서를 뒤집느냐?"[62] 아우구스티누스도 재물과 재산의 소유주가 그것을 사랑하게 되면, 물론 마땅히 소유주들이 그것들을 종속시켜야 함에도, 그것에 빠져들어 실제로 그것에 종속된다고 주장했다.[63]

그래서 소유자들이 자신의 소유물에 대해서 가져야 할 첫 번째 자질은 그것들을 자발적으로 분배할 가능성, 즉 나눌 수 있는 능력이다. 그러나 소유자들은 이러한 능력을 상실했다.

> 너는 황금과 함께 땅속에 너의 마음마저 묻어버렸다…그러므로 자신이 상속받은 소유물을 사용하지 않고, 가난한 자들에게 어떻게 베풀고 분배해 주어야 할지를 모르는 자는, 자기 재산의 주인이 아니라 종이다…그 사람이 자기 재물에 속한 것이지, 재물이 그 사람에게 속한 것이 아니다.[64]

교부들의 사상은 기존의 소유권 개념과 대항하면서 그것과는 정반대를 표명하는 엄청난 역할을 했다. 그것은 독점과 분리의 도구에서 아우름과 공동체 건설의 도구가 되었다. 그것은 무제한적이고 절대적인 권력 대신, 진정한 인간의 가치를 존중하는 제한된 권력이 되었다. 그것은 그 자체가 목적으로 간주되는 대신, 어떠한 목적의 도구로 간주되었다.

암브로시우스는 "자연의 법칙은 사람이 필요한 만큼만 구해야 한다"고 선언한다.[65] 약 150년 전의 알렉산드리아의 클레멘스도 이미 이러한 최종적 제한을 위한 명칭을 부여했다. 그는 그것을 자족(autarkeia)이라고 칭했다. "모든 재산은 우리가 사용하려는 것이며, 모든 소유물도 자급자족을 위한 것이다. 그래서 누구나 필요한 만큼은 획득할 수 있다"고 클레멘스는 주장했다.[66] 재산은 다른 사람들을 위해 계속하여 갖는 부담으로부터 자신을 지키기 위한, 자급자족과 자립의 적절한 목적을 위한 도구에 불과하다. 사람은 자기가 결정하는 단계를 거치게 된다. 말하자면 다른 사람을 위한 봉사를 자유롭게 하듯이, 사람은 비교적 자기 확증을 하면서 도덕적으로 독립하게 된다. 자족이 의미하는 것은 사람이 인간의 존엄성과 일치하는 삶을 살 수 있게 하는 삶의 기준이다.

클레멘스가 언급한 대로, 자족은 검약을 의미할 수 있다. 역설적으로 "그것은 물건이 필요할 때 돈을 전혀 억지로 지출하지 않으며, 필요가 있을 때에는 언제든지 지출할 수 있기 때문이다."[67] 그럼에도 불구하고 "마치 발이 신발의 척도인 것처럼, 각 사람의 물질적 필요가 사람이 소유해야 하는 것의 척도다."[68] 자족의 범위를 벗어나는 재산 보유는 교부들의 관점에서는 비정상적이다. 자족은 사용하려고 재산을 소유하고 있는 것이지, "보유"나 "보관" 혹은 자랑하려고 존재하는 것이 아님을 함축한다. 클레멘스는 다음과 같이 말한다. "물건의 목적이 유용함이지 사치스러움이 될 수 없다. 식탁용 칼이 은으로 입혀지거나 상아 손잡이가 아니면 잘라지지 않느냐? 나에게 말해 보라."[69] 그래서 아우구스티누스도 이렇게 말한다. "충분하게 필요한 것을 구하라. 그리고 더는 구하지 말라."[70] 정말로 "우리가 불필요한 물건을 추구한다면, 충분한 것은 하나도 없을 것이다."[71]

하지만 재산과 부의 목적은 개개인의 **자족**을 성취하는 것뿐만 아니라, 클레멘스의 말대로 "빈곤 가운데 노동하는 대다수"와 호화롭게 사는 소수의 부자와의 차별을 철폐하는 평등한 사귐, 즉 **코이노니아**를 이루는 것이기도 하다. 교부들은 개개인의 사람을 근본적으로 사회적인 존재로 간주했다. 사회에서 비상식적으로 사는 개인은 결코 참된 삶을 사는 것이 아니다. 근본적인 의미에서, 그것은 우리를 인간답게 만드는 다른 사람과의 관계다. "하나님께서 친히, 자신을 나누어 주심으로 우리 인류에게 코이노니아를 이루셨다"고 클레멘스는 말한다. 즉 "무엇보다도 그분의 말씀을 우리 모두에게 동일하게 보내주셨고, 모든 사람을 위해 만물을 만들어 주셨다. 그러므로 만물은 공동의 것이며, 부자들이라고 더 많은 공유물을 움켜쥐어서는 안 된다."[72] 아우구스티누스가 그 후에 언급한 것처럼, 부유한 자들은 다른 사람들이 빈곤에 처해 있을 때에는 결코 사치를 부려서는 안 된다. 그의 견해로는 그것보다 더 불의하고, 불화를 일으키는 것은 없다. 그래서 결국에는 **코이노니아**를 파괴시키는 것이다.

이것이 바로 교부들이 사유재산을 반대하는 근본적인 이유다. 그것은 본질적으로 인간의 사회적 본성과 사회적 관계에서의 인격주의적 특성을 침해했다. 교부들은 물질적 사물을 살아 있는 공동체를 세워가는 본질적인 수단으로 여겼다. 하지만 사유재산은 사회적 관계에서 사물 자체에 대한 비인격적 특성을 강요했을 뿐이다. 특히 소유자들과 소유자들이 자신들의 부에서 배제한 사람들과의 관계가 그러했다. 그래서 확고한 코이노니아를 위해서, 이제 천연자원들에 대해서 사람들이 사적 소유권을 포기해야만 한다. 그래야 모든 사람이 공동으로 천연자원들을 공유할 수 있다. 그들의 독점은 더는 용인되어서는 안 된다. 소유자들이 의지가 있다면, 그들은 한 분이신 절대적 소유자이시며 주님이신 하나님 아래에서, 소유권의 참된 본질을 회복하는 데 도움을 줄 수 있었을 것이다.

그러나 실질적으로, 사유재산에 대한 유혹이 너무나 많았다. 사실상, 고위층 대토지사유자들뿐만 아니라, 더 많이 가지려고 하는 자들까지도 그러한 소유권의 "새로운" 형식, 즉 코이노니아를 싫어했을 것이다. 이것은 모든 사람이 동등하게 요구하는 부를 사용하고 생산하는 새로운 방식이었다.

9) 크리소스톰의 실천 프로그램

콘스탄티노플의 사람들에게 선포한 크리소스톰의 사도행전의 주요 설교에서 볼 수 있듯이, 사람들이 코이노니아에 대한 부분을 탐탁하게 여기지 않았음을 그들의 목회자들은 잘 알았다. 사도행전 4장 주석에서 요한 크리소스톰은 이렇게 말했다. "그들 중에 궁핍한 사람은 아무도 없었다. 재산과 집을 소유한 모든 사람이 그것들을 팔아 그 수익금을 헌금했기 때문이다." 그것이 초기 기독교 운동의 공동 소유의 삶의 일면이었다. 요한은 이렇게 말했다.

결핍으로 고통 받는 사람이 아무도 없었다. 즉…그들은 가난하게 남아 있는 사람이 아무도 없게끔 기꺼이 나누어 주었다. 그들은 자신들을 위해 한편으로 챙겨놓고, 어느 일부만을 나누어 준 것이 아니었다. 그들은 소유물의 전부를 나누어 주었다. 그들에게 불평등은 사라졌고, 굉장한 풍요로움 가운데 살았다. 그래서 그들이 바로 이것을 최고로 칭송했던 것이다.

그러면서 크리소스톰은 초기 기독교의 코이노니아 실천을 깊이 있게 설명하면서, 다음과 같이 덧붙였다. "오늘날에도 우리가 그렇게 행했다면, 우리는 부자와 가난한 자 모두 더욱 행복하게 살았을 것이다. 또한 가난한 자는 부자보다 더 받기만 하지도 않았을 것이다." 아마도 크리소스톰이 끈기 있는 미소를 머금고 계속 설명한 것이 그것이었다.

너의 행동에서는 그것을 위한 생각조차 없지만, 네가 괜찮다면, 이제 우리가 그것을 잠시라도 말로 설명할 수 있게 하고, 그것으로부터 적어도 이러한 기쁨을 누리게 하라…우리가 이런 일이 일어날 수 있음을 상상하게 하라. 즉 모든 사람은 공동기금으로, 가진 모든 것을 나누어 주었다. 누구도 그 것에 대해 자기 것이라고 하지 않았으며, 부자도 가난한 자도 없었다. 너는 얼마나 많은 돈이 모였을 것으로 생각하는가? 내가 추론하기에…백만 파운드의 황금이나 그것의 2~3배 정도의 황금이 모였을 것이다.

크리소스톰은 계속해서 "재산의 분산이 막대한 비용과 빈곤을 가져온다"고 주장했다.

남편과 아내, 그리고 10명의 자녀가 있는 가정을 생각해 보라…그들이 한 집에서 사는 것과 따로 떨어져 사는 것 중에서 어느 것이 더 많이 필요하겠는가? 당연히 따로 떨어져 살 때다. 만약 10명의 아들이 각기 자신의 방식대로 살아간다면, 10채의 집과 10개의 식탁, 10명의 하인 그리고 다른 모든 것도 그러한 비율로 필요할 것이다…분산은 각자에게 경제적일지 모르지만, 모두에게는 그만큼 낭비를 가져온다. 수도원에 사는 사람들이 현재 어떻게 사는지, 또 신실한 사람들이 어떻게 살았는지 이것을 통해 알 수 있다. 그래서 굶어 죽은 사람이 누구인가? 온전히 만족하지 않은 사람이 누구인가?

그러나 크리소스톰은 그것에 대한 저항을 느꼈다.

그런데 아직도 사람들은 망망대해에 뛰어드는 것보다 이러한 생활방식을 더 두려워하고 있다. 만약 우리가 시도해서 담대하게 그 상황을 유지한다면! 그 당시에는 그렇게 신실한 사람들이 단지 3~5천 명에 불과했던 것이다. 그 당시에도 세상 모든 사람이 적대적이었고, 어느 곳에서도 안전하지 못했지만, 이러한 방식으로 살기로 굳게 결심한 우리의 선조가 있었던 것이다. 하나님의 은총으로 신실한 자들이 곳곳에 살고 있기에, 오늘날 우리는 얼마나 더 큰 확신을 할 수 있는가!

크리소스톰은 물론 이러한 대안이 본질적으로 보통의 열정으로는 접할 수 없는, 얼마나 실제적이고 현실적인가를 잘 알고 있었다. "그러나 아직, 우리가 공명정대하게 일을 진행한다면, 나는 하나님께서 이것도 실현하실 분임을 신뢰한다"고 크리소스톰은 긍정적으로 말했다. "내가 말한 대로만 행하라, 그러면 우리는 물건의 규정된 질서 속에서 성공적으로 이룰 것이다. 하나님께서 생명을 부여하셨기에, 나는 우리가 이러한 생명의 길로 이내 전진하게 될 것임을 신뢰한다."[73]

10) 기독교의 "사회적 탈피" 운동

우리가 위에서 살펴본 대로, 교부들의 소유권 철학은 일반적인 기독교의 실천과 연관해서는 상당히 동떨어졌을 수도 있다. 그럼에도 불구하고 그것은 분명히 그 주제에 관한 전통적인 가르침으로서 의문시되지 않았다. 사람들은 본래 이것이 기독교가 가르치고 실천해야 한다는 데에 의심의 여지가 없었다. 기독교 시대의 초기 수세기 동안, 유명한 그리스도인들 가운데 이러한 코이노니아에 관한 비전을 의심한 경우는 한 번도 없었다. 이러한 비전은 그들의 신앙과 이상을 온전히 실천하게 하는 빠뜨릴 수 없는 것으로 간주되었고, 자연히 삶에서의 완성이 요구되었다. 그러한 진리는 **이미 성취되어야만 했던** 비전이었다. 그러나 콘스탄티누스(Constantine) 이전까지도 국가교회 안의 기독교 운동 속에 있는 제도적 요소가 강탈되었었다. 3세기 중엽에서처럼 교회는 스스로 "생활수준을 검소하게 했다."[74] 코이노니아의 실천은 사라지지는 않았으나, 점점 멀어져만 갔다. 그것은 불변의 것이었다가 점차 불확실해지면서 연기가 되고 있었다. 제도적 교회를 부유하게 했던 대외적 문화 기관이 우상숭배의 새롭고도 더욱 교활한 형태에 대한 교회의 저항을 약화시키기 시작했다. 그러한 것들은 나중에 밀라노의 암브로시우스에 의해 폭로되었다.

3세기에 기독교의 코이노니아 실천을 손상하는 또 다른 요인은 사회학적 특징에서 기독교의 운동이 굉장히 이질적이었다는 점이다. 중요한 기독교적 요소들이 로마의 사회제도 속에 스며들었고 헬라 철학과의 대화에 참여하기 시작했다. 기독교인들은 아주 다양한 면의 생활과 사상 속에서 점차 사물을 인정하고 타협하는 경향을 지니게 되었다.

그러나 이러한 모든 것에도 긍정적인 면이 있었다. 그 구성원들의 이질성에 적응하면서, 기독교 운동은 코이노니아를 하는 다른 삶의 양식을 열어갔다. 그들은 그러한 코이노니아를 그들의 신앙 비전에 포함된 것으로 간주했다. 심지어 학문적으로 비유적으로 해석하는 알렉산드리아에서도 보통 사람들이 복음을 문자적으로 받아들이는 것을 막지 못했다. 그래서 공교롭게도 이집트인들이 살던 압제와 불황의 시대 속에 "탈피"한 거주자들을 위한 독특한 용어가 있었다. 즉 그들은 "은둔 수도사들" 혹은 "추방된 사람들"로 불렸다. 그들은 사회에서 벗어나고자, 스스로 다른 곳으로 옮긴 은둔자들(anachōrēsis)이었다. 그들은 고향을 떠나 사막에서 살았다. 그래서 갑자기 그들은 기독교 사상으로 알고 있었던 것들을 위해 동일하게 행동하기 시작했다. 안토니우스(Anthony)라고 불리는 주목할 만한 이집트인은 복음의 가르침들을 묵상하면서, 그리스도인이 기독교적 삶을 살려면 이제는 "탈피"해야만 한다고 결론지었다. 다른 사람들도 동의하였고, 기독교 신앙과 이상에 의해 기독교적 "탈피" 운동이 전반적으로 시작되었고 퍼져 나갔다. 이 운동이 결국 기독교 수도원 생활이 되었다. 그 사상은 "물신숭배"를 거부하는 실제로 유일하고도 효과적인 방법의 토대가 되었다. 또한 로마 제국의 "문명화된" 삶을 탈피한 참된 코이노니아를 포함함으로 새롭게 시작하게 하는 효과적인 방법의 토대가 되었다.

우리가 묘사하고 있는 그 운동은 인간 역사 가운데 아주 획기적인 시대가 사라져가고 있다는 보편적인 시대인식과 일치했다. 로마 제국은 쇠퇴하고 있었다. 4세기의 위대한 도덕적 지도자들 가운데 대 바실리우스와 히포의 아우구스티누스, 그리고 요한 크리소스톰은 그들 스스로 이러한

"탈피 운동"을 적극적으로 장려했다. 그래서 수천 명의 사람의 공동생활을 이끌며 사유재산을 포기했다. 그래서 기독교 코이노니아의 이상과 그와 같은 인류의 사회적 특성에 대한 대중 의식이 뚜렷해지도록 수도원들은 이바지했다. 수도원들은 대규모 공동체의 섬김 가운데 일할 기회를 제공했을 뿐만 아니라, 실업자와 만성적인 불완전 취업자를 모집했고 그들에게 묵상과 코이노니아의 삶을 제공했다. 즉 병원, 식량보급 그리고 장례지원 등을 통해 "수도사들과 수녀들"이라고 불리게 된, 일반대중들이 모든 노동 생산물을 만들었다. 야만족의 침략 시기에 응급구호를 조직한 것도 그들이었다. 그들은 전쟁터에서 부상병들을 후송했고 최선을 다해 그들의 상처가 치유되도록 간호했다.[75] 예를 들어, 우리가 살펴본 대로 대 바실리우스는 사회봉사를 위한 두드러진 사업을 위해 도시들 내부나 그 인근에 공동체들을 설립했다. 그는 또한 자신의 수도원들 주변에 평신도들을 위한 시설들을 설립했다. 그곳은 모집자들을 훈련하고 대규모 공동체에서 활동적인 사역을 할 수 있도록 가르치기 위한 학교들로 사용되었다. 다른 수많은 목회자와 신실한 평신도 그리스도인처럼 바실리우스에게 있어서, 로마 사회에서의 "탈피"가 자신의 일을 대체하는 것은 아니었다. 바실리우스는 실제로 사람이 경작하고, 직물을 엮고, 신발을 제조하고, 벌목하고, 금속을 제조하고, 건축 등의 일을 하면서도 기도할 수 있다고 가르쳤다.[76]

시간이 점점 지나면서, 수도사들과 수녀들의 노력이 확대되었다. 그들은 산림을 개간하며, 사막을 비옥한 땅으로 변화시키기 시작했다. 심지어 "이교" 시인들과 역사가들, 그리고 철학자들까지 연구하기 시작했다. 정착에 정착을 거듭하면서 모든 지방마다 기쁨이 넘치는 그리스도인의 삶의 중심이 되었다.[77]

소규모의 일부 사회가 채택하길 제한했으며 독신생활에나 어울릴 만한 수도원 운동은 역사 속에서 강력한 영향력을 끼쳤다. 실제로 그 시대에는 수도원 운동이 정말로 인구의 대다수 소수 무리를 포함했었다. 그러나 우리의 목적을 위해 가장 중요한 그것은 코이노니아적 이상의 실천 가능성을 나타내는 한 가지 방법이 되었다. 분명히, 그러한 시도는 마치 사회 안의 소수 특권층에서 발생하는 엘리트의식처럼, 결국에는 권위주의에 따라 손상을 입게 되었다. 여전히 그것은 교부들의 소유권 철학에 대한 하나의 획기적인 실천적 표현이었다. 그것은 또한 획기적 시대를 아주 오래 지속시킨 하나의 표현이었다. 대부분의 기독교 사회가 교부들이 요구한 자족과 코이노니아의 삶을 거절했을지라도, 적어도 그 사회의 일부분은 거절하지 않았다.

Ownership: Early Christian Teaching

결론

> 그들은 자신들이 지은 집에 살 것이며, 자신들이 심은 포도원의 열매를 먹을 것이다.
> 그들이 지은 집에 다른 사람이 들어가 살지 않을 것이며, 그들이 심은 열매를 다른 사람이 먹지 않을 것이다.
> —이사야 65:21-22

주후 4세기에는 인간의 수명이 고작 25세에 불과했다. 그러나 25년간 인간은 물질적 생활에 대한 생산과 재생산이라는 수많은 형태와 단계를 경험해 왔다. 이것은 곧 수많은 방식으로 변화되었음을 의미한다. 즉 황소와 원시적인 쟁기로부터 트랙터와 콤바인으로, 손수레와 마차로부터 기차와 비행기와 우주 왕복선으로, 망가지기 쉬운 양피지로부터 정교한 컴퓨터로, 수공업으로부터 조립 라인과 기계화, 그리고 인공두뇌학으로 변화되었다.

하지만 거의 예외 없이, 이러한 엄청난 생산력에 기초한 생산관계는 근본적으로 로마 제국의 교부시대와 동일하게 유지되었다. 바꾸어 말하면 모든 생산수단에서 눈부신 변화가 있었지만 소유권의 본질은 변하지 않았다. 대부분에 있어서 사실상, 20세기 말을 사는 우리도 여전히 소유권에 관한 고대 로마법의 이론과 실제라는 수렁에 빠져 있다.

원시적인 축적에서부터 산업자본의 발전에 이르기까지, 사적 소유권

자체의 변화는 굉장한 진전이 있었다. 로마의 대규모사유제에서부터 다국적(多國籍) 기업들의 세계적 장악력 속에서 확장된 오늘날의 독점자본에 이르기까지 그 진전은 끊임없이 이루어졌다. 첫째로, 토지를 소유하지 못한 노동생산자들은 공유물에 자유로운 접근조차 거부되었기에, 자신들의 정신과 육체노동을 통한 소출을 얻을 수 없었다. 또한 자신들의 장사를 위해서 연장을 사용할 수도 없었다. 수세기 동안, 토지에서 나오는 지대인, 수익의 가장 근본적인 형태는 토지를 소유하지 못한 노동자들로부터 잉여생산물의 착취라는 다른 형태들로 형성되었다. 이전 노동자들이 축적한 노동은 이전 소유주들의 유산, 즉 그들의 재산이나 자본이 되었다. 천연자원의 독점과 함께, '죽은 노동'은 하나의 사물이자 재산으로 전락하여, 일하며 생계를 유지하는 사람들의 잉여 노동력까지도 착취하는 주요 수단이 되었다. 빈털터리 소유자들인 노동자들은 물질적 생계유지의 대가로만 자신들의 노동력을 팔 수 있었다. 결국 토지소유자들에 의해 재산축적은 증가되었다. 소유자들에게는 토지를 소유하지 못한 생산자들에 대한 지배력까지도 부여되었다. 이 주제는 18, 19, 20세기 정치경제학자들에 의해 논문대상이 되었다.

이러한 재산이나 자본의 축적은 히포의 아우구스티누스가 정확히 지적했던 대로, 필연적으로 폭행, 노예화, 강도, 살인 등의 폭력을 수반했다. 암브로시우스의 견해처럼 그것은 소수의 사람이 온 세상을 다 소유하려는 것을 의미했다. 그래서 수많은 사람이 염려했던 것처럼, 재산이나 자본을 최고로 여기는 새로운 우상숭배가 사람과 사람의 관계를 사람과 물건의 관계로 바꿔놓은 것이다. 만족할 줄 모르는 탐욕으로 부를 갈취하는 소유자들에 의해 자연은 점점 소모되고 남용되고 끊임없이 파괴되는 재산으로 변해 버렸다. 요한 크리소스톰의 말대로, 자연 그 자체는 분개하고 있었다. 자연의 한계에 대한 소유자들의 완전 무시는 바로 생태계의 삶, 실제로 지구 자체에 위협이 되었다.

그래서 로마법이 제공한 절대적이고 독점적인 이념적 소유권 개념에 대한 공박이 시작되었다. 초기 기독교 운동의 정치적이며 사회적인 형태가 실제로는 공동체주의 혹은 사회주의였다. 라틴어 코뮤니스(communis)와 헬라어 코이노스(koinos) 어원에서 온 공동체주의(communism)는 재산의 공유성을 강조한 단어다. 라틴어 소치우스(socius), 헬라어 코이노노스(koinōnos)에서 온 사회주의(socialism)는 공동소유권이 심화된 교제나 공동체를 강조하는 단어다. 20세기 이전부터 오랫동안 기독교가 실제로 무신론이나 우상숭배로 간주한 사회주의를 "무신론적 유물론"이란 구실로 공격했는데, 그것은 엄밀하게는 코이노니아, 혹은 사회주의를 거절한 것이었다. 하지만 초기 그리스도인들이 살던 사회경제체제 전부를 변화시킬 만큼 많은 수가 아니었기에, 초기 기독교의 코이노니아 시도는 지속되지 못했다.

하지만 4세기에 이르러 요한 크리소스톰이 콘스탄티노플에서 사회주의의 실현을 위한 실제적 지침을 알려줄 만큼 기독교 인구가 성장하였다. 그러면서 동시에 로마 권력과 로마 조직, 그리고 로마법을 뒤바꿀 만한 기독교 운동의 제도적인 면이 비로소 시작되었다. 3세기까지 고문과 추방 등의 간헐적인 박해로 교회 지도자들은 대개 지하에 살면서 지도하는 것이 약화되었기에, 기독교 운동의 제도권 지도자들은 로마 제국의 권력과 타협하기로 했다. 이러한 비극적인 결정은 역설적으로 그리스도께서 산 자와 죽은 자를 심판하러 다시 오신다는 이전의 사상보다는 더 많은 시간이 걸린다는 교황 실베스터(Sylvester)의 의심에 기초한 것이었다. 분명히, 그리스도의 재림에 대한 믿음은 언제나 신앙의 일부였다. 그래서 어떤 상황에서는 일부 그리스도인들을 위해서 그러한 신앙의 요소들 가운데 형성한 천년왕국설 신봉자를 왜곡된 신앙으로 간주했다. 그럼에도 불구하고 실리주의적인 교회지도자들은 이러한 불경건한 타협을 쉽게 거절할 수 없었다. 아마도 기독교 신앙의 신속한 전파라는 "가장 신성한" 이유 때문이었을 것이다. 그러나 그 당시, 교회 재산은 축적되었고 정치력과 심지어 군사력까지 교회 지도자들에게 부여되었기에, 그들의 신앙 비전인, 본래 사회주의 취지들은 불가피하게 사라질 수밖에 없었다.

그래서 소유권에 관한 초기교회의 가르침과 교부들의 철학은 모두 제도적 교회의 책략에 부딪혀, 점차 사장되거나 잊혔다. 또는 정죄할 수 없는 원칙의 세계나 고상한 영적 실재(實在)로 치부해 버렸다. 아무튼 이제 초대 기독교 사회주의 교리는 제도적 기독교에서 가장 잘 숨겨온 비밀 중의 하나가 되었다.

그러나 예수님께서 말씀하신 대로 성령님께서는 뜻하신 곳에 생명력을 불어넣으신다. 그 말씀은 다른 시대와 장소에서 다른 선지자들을 통해 계속해서 선포되었다. 토마스 모어와 칼 마르크스처럼, 선지자들은 제도적 교회들에 의해 별종으로 취급되었다. 참으로 20세기 말에 이르는 인류 역사처럼, 그것은 더욱더 위협으로 다가왔다. 즉 사유재산의 논리가 인류와 지구에 총체적 파멸을 가져온다는 위험을 알아야 한다. 결국 인간의 **존재**의 풍요로움이 인간의 **소유**에 대한 공의에 달렸다는 지난 수세기에 걸친 선각자들의 경고를 피할 길이 없다.

그러한 징조들은 이제 분명하다. 제3세계의 농민들은 지주제와 협동농장으로부터의 해방을 갈망하고 있다. 도시 공장노동자들은 생산수단에 직접 관련된 사람이 다루길 원한다. 이러한 영역에 대해서 대중들은 모두 자연의 한계나 자연의 조화를 존중하는 수단들을 요구한다. 사람들은 사물이 점점 줄어드는 것을 염려하고 있다. 또한 사람들은 모든 형태의 노예 신분, 심지어 황금 줄을 지닌 노예라 할지라도 해방을 원한다. 산업도시의 근로자들은 인도의 속박된 노동자들이나 필리핀의 이주노동자들과 다른 점은 형태와 신분의 차이일 뿐, 자신들도 노예화되고 있음을 안다. 모든 나라들은 제국주의와 신식민주의의 모든 형태의 가혹한 지배로부터의 해방을 갈망한다. 요컨대, 소유권에 관한 로마법의 이론과 실제는 노예 소유, 봉건제, 개인자본주의 그리고 국가자본주의 경제체제의 근거를 끊임없이 제공해 온 것으로, 오늘날에는 점점 단호히 거부되고 있다. 재산을 자족과 코이노니아의 목적을 위한 수단으로 보는 관점에 근거한 대안적인 새로운 분배 개념이 여러 국민들과 나라들 그리고 세계의 모든 지역에서 빠르게 수용되고 있다. 농업, 임업, 수산업, 산업, 상업, 서비스업, 유형의 상품과 교육 및 건강과 같은 무형의 상품을 모두 생산하는 제조업 그리고 탐욕으로 인해 근본적으로 뒤틀리고 왜곡된 제도 전반에 걸친 모든 영역에, 불의하고 낡은 사유재산개념이 문제시되고 있고 명확한 대안들이 확산되고 있다.

상대적 불변의 새로운 경제를 세우고자 외치는 사람들이 이전보다 더욱 크고 분명하게 생겨나고 있다. 즉 경제의 기초와 목적은 인간생활을 열악하게 하는 소비성 상품의 생산이나 최악의 경우에 생명을 파멸에 이르게 하는 것에 있지 않고, 오히려 인간의 존엄성을 기반으로 한 상품과 용역을 창출하는 활동에 근거한 것이다. 생계를 유지시키는 생산성과 함께 총체적으로 관련된 그런 새로운 경제야말로 안정적인 경제다. 사실, 그것은 더욱더 위대한 생명과 자유를 위해 모든 남녀에게 부인할 수 없는 영감을 주는 건전하고도 강력한 것이 될 것이다.

실제로 물질적이고 영적인 상품과 용역이 단순한 유행보다 훨씬 더 삶에 필수적이라는 인식이 점점 더 확산되고 있다. 그래서 결국 모든 억압과 흥망성쇠 그리고 자연재해와 비참한 전쟁의 어리석음으로 발생하는 것들까지도 초월하는 긴박성이 지속되고 있다. 결국 그러한 경제만이 생계유지 생산성을 위한 공급에 기초하여 상대적 불변을 만끽할 것이다. 이러한 경제는 개인의 자족을 성취하게 하며, 사회 전체가 코이노니아가 이루어지게 한다. 다시 말해 이러한 코이노니아는 어떤 희생을 치르더라도 무한 성장을 하겠다며 재산이나 자본을 착복하는 미친 질주에 의해 단순하게 결정되는 것이라기보다는, 궁극적으로 인간 스스로의 존엄성을 보호하는 공동체들의 공동생활이다.

인류가 재산에 대한 우상숭배를 효과적으로 거부할 때에 비로소 공의는 실현될 것이다. 또한 공의와 더불어 자유와 평화의 흥미로운 계획이 실제적인 변화를 가져올 수 있다.

교부시대의 기독교 철학자들이 그랬던 것처럼, 구약성경의 "심판의 예언자들"은 흥미롭게도 낙관적이었다. 어쩌면 정말로 사람들이 "자신들이 지은 집에서 살 것이며, 자신들이 심은 포도원의 열매를 먹을 것"(사 65:21)이기에, 그들의 말에 귀를 기울일 만한 가치가 있다.

미주

제1장

1) Ugo Vigilino, I. M. C., "The Social Function of Property and Its Metaphysical Foundation," *Theology Digest* 1-2 (1953-1954): 164.
2) *Encyclopedia Americana* (New York: American, 1963), 21:67.
3) Austin Fagothey, *Right and Reason* (Saint Louis: Mosley, 1953), 334.
4) Ibid., 334.
5) *Encyclopedia Americana*, 22:660.
6) Henry George, *Progress and Poverty* (New York: Schalkenbach Foundation, 1954)를 참조하라. 이 기념비적 작품은 "산업불황의 원인과 부의 증가에 따라 빈곤도 증가하는 원인에 대한 탐구 및 그 해결책"이란 부제로 1880년 1월에 처음 출판되었다. 유럽의 주요 언어로 번역되어 그동안 500백만 부 이상 팔렸다. 그러나 지난 30여 년간 일부 전문 정치경제학자들에게 비법처럼 사용된 것을 제외하면 거의 알려지지 않았다. 약 20년 전, 토지소유권이란 주제에 대한 4세기 기독교 사회의 철학자들에 대한 연구를 위해 이 책의 연구를 진행하면서 Henry George의 책을 처음 읽었을 때, 나는 그의 논지와 비유의 간결함에 굉장한 충격을 받았다.
7) Stephen Fuchs, *Social Origins* (Bombay: Gyaneyatan, 1957), 94ff를 참조하라.
8) Emile de Laveleye, *Primitive Property*, in George, *Progress and Poverty*, 370에서 인용함.
9) Hilaire Belloc, "Land Tenure in the Christian Era," in *The Catholic Encyclopedia* (New York: Universal Knowledge Foundation, 1913), 8:775.
10) De Laveleye, *Primitive Property*.
11) John C. H. Wu, *Fountain of Justice* (New York: Sheed and Ward, 1955), 4.
12) Benjamin Cardozo, *The Growth of the Law* (New Haven, Conn.: Yale University Press, 1924), 23-26.
13) George, *Progress and Poverty*, 364-367를 참조하라.

14) Bertrand Russell, *A History of Western Philosophy* (New York: Simon and Schuster, 1965), 335.
15) Berthold Altaner, *Patrology*, translated by Hilda C. Graef (Frreibrug: Herder and Herder, 1960), 1.
16) "철학이란 무엇인가? 철학은 단일하고 구별된 학문 분야처럼 쉽게 정의되지 않기에, 철학자들은 스스로 그들의 주제에 대한 어떤 명확한 정의에 절대로 동의하지 않았다. 대신 '철학이란 무엇인가?'라는 질문은, 다른 사상학파에 속하는 철학자들에 의해 다른 방법으로 무엇인가를 답변하는 것처럼, 그 자체가 철학적 질문이다." C. I. Lewis, "Philosophy," in *Encyclopedia Americana*, 21:67.
17) Ryan은 서언에서 Bebel의 『여성론』(*Die Frau*), de Laveleye의 『현대사회주의』(*Le socialisme contemporain*) 그리고 Nitti의 『가톨릭 사회주의』(*Catholic Socialism*)를 언급했다. John A. Ryan, *Alleged Socialism of the Church Fathers* (Saint Louis: Herder, 1913).
18) Ibid.
19) F. Klueber, *Eigentumstheorie und Eigentumspolitik* (Osnabruck: Fromm, 1963), 86.
20) L. W. Countryman, *The Rich Christian in the Church of the Early Empire* (New York, Toronto: Mellen, 1980).
21) Case는 신앙과 역사가 이분법일 수 없기에 초대 기독교 신앙은 사회문화적 요소들과의 관련 속에서 연구되어야 한다고 주장하는, 사회역사학 학문의 소위 시카고학파에 속한다.
22) 이에 대한 연구는 순서대로 다음과 같다. Michael Rostovtzeff, *The Social and Economic History of the Roman Empire* (London: Oxford University Press, 1957); A. H. M. Jones, *The Later Roman Empire, 284-602: A Social Economic and Administrative Survey*, 2 vols. (Norman, Oklahoma: University of Oklahoma Press, 1964); Ramsay MacMullen, *Roman Social Relationships: 50 B. C. to A. D. 284* (New Haven, Conn.: Yale University Press, 1974); John B. Bury, *A History of the Later Roman Empire* (London, New York: Macmillan, 1889); Peter Brown, *The World of Late Antiquity: A. D. 150-750* (London: Thames and Hudson; New York: Harcourt Brace Jovanovich, 1971); Abraham J. Malherbe, *Social Aspects of Early Christianity* (Baton Rouge: Louisiana State University Press, 1977).

제2장

1) Justinian 황제의 법관들은 법전을 준비하면서, "약 40여 명의 저자들에 의해 쓰인 특별한 주제들에 관한 짧은 논문들로부터 법률 전체부분을 망라하는 방대한 주석들을 정리하면서 약 2,000권의 분산된 저술들을 읽었다. 그들이 참조한 모든 자료는 3백만 줄 혹은 법전 길이의 20배가 넘는 분량이었다." (Jones, *Later Roman Empire*, 1:470).

2) Alan Watson, *The Law of the Ancient Romans* (Dallas: Southern Methodist University Press, 1970), 3.

3) Ibid.

4) H. F. Jolowicz and Barry Nicholas, *Historical Introduction to the Study of Roman Law*, 3rd ed. (Cambridge: Cambridge University Press, 1972), 139.

5) Ibid. 또한 George, *Progress and Poverty*, 여러 부분을 참조하라.

6) Jolowicz and Nicholas, *Roman Law*, 여러 부분을 참조하라.

7) Ibid., 140.

8) Fritz Schulz, *Classical Roman Law* (Oxford: Clarendon, 1954), 339.

9) W. W. Buckland and Peter Stein, *A Textbook of Roman Law from Augustus to Justinian* (Cambridge: Cambridge University Press, 1966), 188.

10) Ibid.

11) Watson, *Law of the Ancient Romans*, 여러 부분을 참조하라.

12) Ibid.

13) Jolowicz and Nicholas, *Roman Law*, 138.

14) Ibid., 138.

15 탁월한 Karl Kautsky의 *Der Ursprung des Chrisientums: Eine historische Untersuchung*을 참조하라. 영역본 Henry F. Mins, *Foundations of Christianity* (New York: Russell and Russell, 1953).

16) Ibid.

17) 이러한 소유권의 방식에서도 권리에 대한 제한은 거의 없었다. 로마의 전설적인 건국자인 Romulus는 최소한 5명의 이웃이 확인한, 기형아로 태어난 3세 미만의 신생아들을 제외한 어떤 자녀도 가장(*paterfamilias*)이 죽일 수 없다는 법령을 정했다. 그래서 이 금령은 여전히 유효했다. 반면 로마법은 가장에게 자신의 자녀와 그들의 후손들에 대해서 죽이고 살릴 수 있는 절대 권력을 부여했다. 가장은 그들을 노예로

팔 수 있었고, 결혼을 명하거나 거부할 수 있었고, 이혼을 요구할 수도 있었다. 자녀의 모든 재산은 가장이 죽을 때까지 그들의 가장에게 속했다. 이러한 부권(父權; patria potestas)은 친자식이나 입양된 자녀 모두에게 행사되었고, 심지어 아들이 국가의 최고 관직에 이르더라도 그는 여전히 그의 아버지의 절대 권력에 속에 있었다. 이 권력은 오직 죽음이나 해방을 통해서만 끝날 수 있었다. 부권에서의 해방은 동의하는 친구에게 아들을 세 번 팔아넘기면서 그를 각각 판 후에 자유로운 몸으로 인정해 줌으로 이루어졌다. 마지막으로 다시 살 때에—아버지는 매번 "그를 다시 사들여야만" 했다—아버지는 노예를 해방하듯이 아들을 "해방시켜" 주었고, 아들도 자신의 권리에 가장(paterfamilias)이 되었다는 권력을 부여해 주었다. 딸들과 다른 자손들은 관습적으로 팔고 되사는 일이 단 한 번만 요구되었다. Watson, Law of the Ancient Romans를 참조하라.

Merlin Stone, When God Was a Woman (New York: Harcourt Brace Jovanovich, 1978)에 의하면, 로마법에서 가장의 특징은 주전 2,300년경부터의 초기 농경민족들의 경제사회와 현저하게 상반되었다. 20세기 근동과 중동에서 광범위한 고고학 발굴에 의해 출토된 유물들은, 재산에 대한 현상의 발전된 진보에 있어서 모계성이 특별한 계기였다는 Johan Bachofen, Robert Briffault 그리고 Edward Hartland와 같은 19세기 후반과 20세기 초반의 학자들에 의해 발전된 이론을 확증해 준다. 많은 초기 사회에서, 일처다부(一妻多夫)인 자녀출산과 식량과 집을 만들어낸, 어머니나 여성 일가 구조는 당연히 자손들에게 이름과 재산이 모계법으로 이루어졌다.

18) Kautsky, Foundations, 36-44를 참조하라.
19) Bury, Later Roman Empire, 1:25-28을 참조하라.
20) Ibid.
21) Jones, Roman Empire, 2:769-770.
22) Ibid.
23) Ibid., 2:781.
24) Ibid., 2:772.
25) Ibid, 2:797에서 Codex Justiniani, XI, lviii, 1, 371로부터 재인용함.
26) Bury, Later Roman Empire, 1:27.
27) Jones, Roman Empire, 1:358.
28) Ibid, 1:802.
29) John Chrysostom, In Matthaeum Homilia, 61-63, PG 58:591의 글을 Jones,

Roman Empire, 2:805에서 재인용함. 이 책의 원서인 Charles Avila, Ownership: Early christian Teaching의 부록, 186-187에 수록된 원전을 참조하라.

30) Libanius의 글을 Jones, Roman Empire, 1:811에서 재인용함.

31) E. Thompson, Past and Present, 2:18-19의 글을 Jones, Roman Empire, 2:812에서 재인용함.

32) Ambrose, De Officiis Ministrorum, 3, 7, PL 16:158-159.

제3장

1) Johannes Quasten, Patrology (Westminister, Md.: Newman, 1950), 2:6.

2) F. Cayré, Manual of Patrology and History of Theology (Tournai: Desclee, 1936), 178.

3) Igino Giordani, The Social Message of the Early Church Fathers (Paterson, N. J.: St. Anthony, 1957), 285ff.

4) Quasten, Patrology, 2:7.

5) Rostovtzeff, Roman Empire, 285.

6) Giordani, Social Message, 266.

7) Ibid.

8) "The Educator," 2, 3, PG 8:437 (in S. P. Wood, Clement of Alexandria [New York: Fathers of the Church, 1954], 128).

9) Wood, Clement of Alexandria, xvi을 참조하라. 또한 Eduard Zeller, Outlines of the History of Greek Philosophy (New York: Meridian, 1955), 237ff도 참조하라.

10) Wood, Clement of Alexandria, xvii; C.P.Parker, "Musonius in Clement," Harvard Studies in Classical Philosophy 12 (1901): 191-200; Emile Bréhier, The Hellenistic and Roman Age (Chicago: University of Chicago Press, 1965), 236-238을 참조하라. "Clement는 그리스 철학적 가르침의 형식에서 완전히 기독교와는 차이점이 있다…그래서 우리는 그의 가르침을 자세히 연구할 때, 그의 저술 『교육자』(Paedogogus)가 스토아학파 윤리학 작품처럼 구성되었다는 것을 알게 된다." (Bréhier, Roman Age, 237).

11) "The Educator," 2, 3, PG 8:436 (Wood, Clement of Alexandria, 128-우리가 강조한 부분이다).

12) Ibid., 2, 13, *PG* 8:541 (Wood, *Clement*, 191).
13) Ibid., cols. 541-544 (Wood, *Clement*, 192-193).
14) Jolowicz and Nicholas, *Roman Law*, 142-143, 158. 공공의 편의를 위해 약간의 긍정적인 제한이 필요할 때, 소유권은 외부적으로 조건지어질 수 있었다. 예를 들어 길에 대한 권리, 물을 끌어 쓰거나 다른 사람의 땅을 지나가는 권리, 목축의 권리, 이웃의 집을 높게 짓거나 일조권을 방해하는 것을 막을 권리와 같은 소위 타물권 (*iura in re aliena*)이 있었다. 그러나 대다수가 재산에 대해 일반적인 생각과 받아들인 윤리는 Clement의 본문 2B에 자세히 표현되어 있다.
15) *Meditations*, 5, 1 (in Whitney J. Oates, ed., *The Stoic and Epicurean Philosophers* [New York: Random House, 1940], 517).
16) Anthony N. Fuerst가 번역한 Johannes Hirschberger, *The History of Philosophy*, (Milwaukee: Bruce, 1958), 1:237을 참조하라.
17) Ibid., 225-226.
18) Epictetus, *Discourses*, 1, 13 (in Oates, *Stoic and Epicurean Philosophers*, 249-250).
19) *On the Gospel of John*, 13, 21 (in Bréhier, *Hellenistic and Roman Age*, 53).
20) "The Educator," 2, 12, *PG* 8:540 (in Wood, *Clement*, 191).
21) E. Bréhier, 63; Zeller, *Outlines*, 237ff을 참조하라.
22) "The Educator," 3, 7, *PG* 8:609 (in Wood, *Clement*, 231).
23) Ibid., 3, 8, *PG* 8:612 (in Wood, *Clement*, 233).
24) G. W. Butterworth, tr., *Clement of Alexandria: The Exhortation to the Greeks; The Rich* Man's *Salvation; To the Newly Baptized* (London: Heinemann, 1953), 267.
25) Ibid., 271.
26) "The Rich Man's Salvation," 12-13, *PG* 9:616-617 (in Butterworth, *Clement*, 295).
27) Ibid., 13, *PG* 9:617 (Butterworth, 297).
28) Ibid., 14, *PG* 9:617 (Butterworth, 299).
29) Ibid., 16, *PG* 9:620 (Butterworth, 303).
30) Ibid., 31, *PG* 9:637 (Butterworth, 337).
31) Giordani, *Social Message*, 271.
32) Ibid., 여러 부분을 참조하라.

제4장

1) Cayré, *Patrology*, 409.
2) Ryan, *Alleged Socialism*, 23.
3) Cayré, *Patrology*, 410.
4) Altaner, *Patrology*, 337.
5) Cayré, *Patrology*, 409와 여러 부분을 참조하라.
6) Jolowicz and Nicholas, *Roman Law*, 455.
7) *Homilia in illud Lucae, "Destrum…,"* 7, *PG* 31:276 (Ryan, *Alleged Socialism*, 8-9에서 번역되었다).
8) Ibid., cols. 276-277 (Ryan, *Alleged Socialism*, 9에서 번역함). 같은 줄의 일부는 *Sermo IV de Eleemosyna*, 3, *PG* 32:1158에서 발견된다.
9) *Homilia in Divites*, 8, *PG* 31:281 (Ryan, *Alleged Socialism*, 7에서 번역함).
10) *Homilia in illud Lucae, "Destrum…,"* 1, *PG* 31:261-264.
11) 예를 들어 서문에서 Ryan은 다음과 같이 기록한다. "어떤 사회주의자들은 교부들이 사유재산권을 부인했고 공동소유를 옹호했다고 주장하길 좋아한다. 그러한 주장의 근거는 Bebel과 de Laveleye 그리고 Nitti가 지적한 약간의 문장에서 인용한 것뿐이다."
12) 예를 들어 적절한 분석을 전제하는 하나의 구절을 고려해 보라. "교부들 중 누구도 명백하게 혹은 암묵적으로 사유재산권을 부인하지 않았다. 첫 번째로, 모든 의심스러운 문장은 사적 소유권에 대한 신뢰와 일치하는 의미에서 설명될 수 있고 설명되어야 한다. 두 번째로, 거기에는 교부들이 신뢰한 그러한 의심의 여지가 없는, 교부들의 저술에 나타나는 다른 문장들이 존재한다." (*Alleged Socialism*, 18).
13) W. F. Arndt and F. W. Gingrich, trs., *A Greek-English Lexicon of the New Testament and Other Early Christian Literature* (Chicago: University of Chicago Press, 1957). Walter Bauer의 독일어 원서를 번역한 책이다.
14) "부자들과 가난한 자들을 구별하기는 쉽다. 부자들은 생활필수품들을 과도하게 소유하고 있고, 가난한 자들은 생필품마저도 부족하기 때문이다." (*Homilia in Psalmum XLVIII*, *PG* 29:433).
15) Arndt and Gingrich, *Lexicon*.
16) George, *Progress and Poverty*, 여러 부분을 참조하라.
17) Ibid., 344.

18) "Homily 2 on Psalm 14," 1, in Agnes C. Way, tr., *Exegetical Homilies* (Washington: Fathers of the Church, 1963), 183 PG 29:268.
19) *Sermo IV de Eleemosyna*, 1, PG 32:1153-1156.

제5장

*) 역주: Ambrose의 탄생 연도나 서임 연도에 관해 여러 의견이 있으나 Altaner, Drobner, Dassmann 등 주요 교부학자들은 Ambrose의 출생연도를 339년으로 보고 있다. 특히 저자가 1장 15번과 4장 4번의 각주에서도 언급한 바 있는, Altaner의 『교부학』을 중심으로 Ambrose의 생애를 인용하고 있는데, Altaner 역시 339년으로 보고 있다. Berthold Altaner, *Patrology*, tr., Hilda C. Graef (New York: Herder and Herder, 1961), Hubertus R. Drobner, *Lehrbuch der Patrologie* (Freiburg im Breisgau: Verlag Herder, 1994)을 참조하라.
1) 지방총독(친위대장)들은 황제를 지원하는 참모들의 단순한 수장이 아니었다. 반대로 그들은 원칙적으로 황제와 함께한 것이 아니라, 황제의 대리자로서 활동했다. Jolowicz and Nicholas, *Roman Law*, 439.
2) 이 직함은 실제적으로 집정관직을 수행하는 것이 아니라, 단순한 통치자를 의미한다. Cf. Ibid.
3) Augustine, *Confessions*, 6, 3.
4) Rostovtzeff는 솔직하게 그들을 자본가들이라고 칭했다(*Roman Empire*, 174, 205, 293, 536-539, 543 등 참조, 그의 색인 767면을 보라). 이 시점에서는 시대착오로 들릴지 모르지만, 그것은 사실이다. 비록 로마 제국에서의 생산방식이 자본주의적인 것으로 간주될 수는 없겠지만, 그럼에도 그러한 생산양식을 조사해 보면 실제로는 자본주의적이었다. 처음에 자본주의적 발흥은 노예 노동이 활용된 광산과 채석장에서 시작되었다. 누구도 자신의 개인적 필요를 위해 물건을 얻고자 하는 목적으로 광업을 유지한 사람은 없다. 단지 이러한 것을 위해서라면 소수의 광부의 작업으로도 충분했을 것이다. 이후 자본주의자의 작업형태인 대토지사유제는 단순히 소유자들 자신의 소비를 위한 물건을 생산하기 위해서가 아니라, 이익을 남겨 돈을 벌기 위해 유지되며 경작되었다.
5) Martin R. P. McGuire, *S. Ambrosii De Nabuthe Jezraelia: A Commentary with an Introduction and Translation* (Washington, DC: Catholic University of America Press, 1927), 2-3.

6) Ibid. McGuire는 특별히 Schenkle을 언급하는데, 비엔나 전집판에서 거의 Schenkle의 문장을 인용하였고, Ambrose가 특별히 Sallust, Cicero, Virgil 등과 같은 고전 작가들의 영향을 받았다고 보는 Forster, Ihm, Kellner와 같은 학자들의 문장도 언급한다. 즉 "그의 교육 배경에서…전혀 놀라운 것이 아니다." (Ibid.,6). Ryan, *Alleged Socialism*, 62는 Ambrose와 Basil의 견해의 유사성을 보여준다.

7) *De Nabuthe*, 1, *PL* 14:731 (in McGuire, *De Nabuthe*, 47).

8) Ibid., col. 732 (McGuire, Ibid.).

9) Hirschberger, *History of Philosophy*, 234.

10) Ibid., 233.

11) 스토아학파에서 "자연"은 우주이자 동시에 특별히 인간 본성을 의미했다. 두 가지 의미에서 동일한 용어가 표현된 것이다. Frederick Mayer, *A History of Ancient and Medieval Philosophy* (New York: Americana, 1950), 238.

12) *Haxaemeron*, 5, 26, *PL* 14:217.

13) *De Nabuthe*, 5, *PL* 14:738 (McGuire, 63).

14) Ibid., 11, col. 748 (McGuire, 190).

15) McGuire, *De Nabuthe*, 189.

16) Ibid.

17) *De Nabuthe*, 3, *PL* 14:734 (McGuire, 53).

18) Ibid.

19) Ibid., 11, *PL* 14:747 (McGuire, 83).

20) Ibid., 14, *PL* 14:749 (McGuire, 87-89).

21) Ibid., 15, *PL* 14:751 (McGuire, 93).

22) Ibid., 7, *PL* 14:741 (McGuire, 69-70).

23) Ibid., cols. 741-742 (McGuire, 71).

24) *De Officiis Ministrorum*, 1, 11, *PL* 16:34.

25) Hirschberger, *History of Philosophy*, 231-233.

26) *De Officiis Ministrorum*, 1, 11, *PL* 16:34-35.

27) *Hexaemeron*, 5, 26, *PL* 14:217 (in John J. Savage, *St. Ambrose: Hexaemeron, Paradise and Cain and Abel* [New York: Fathers of the Church, 1961], 181).

28) Ibid., 6, 52, *PL* 14:263 (in Savage, 265).

29) *Expositio Evangelii secundum Lucam*, 7, 124, *PL* 15:1731.
30) Hirschberger, *History of Philosophy*, 233ff를 참조하라.
31) Marcus Aurelius, *Meditations*, 5, 1 (in Oates, *Stoic and Epicurean Philosophers*, 517).
32) *In Psalmum CXVIII Expositio*, 8, 22, *PL* 15:1303 (Ryan, *Alleged Socialism*, 15에서 번역함).
33) *De Officiis Ministrorum*, 1, 28, *PL* 16:61-62.
34) Cassell's Latin *Dictionary*, revised by J. R. V. Marchant and J. F. Charles (New York: Funk & Wagnall, 1959)에서 "usurpo"와 "usurpatio"를 보라.
35) 그러므로 어느 개인이 물질적 재물에 대해, 자연의 혜택에 대한 동일한 기본적 권리를 누리는 다른 사람들을 배제하면서 소유권을 주장한다면, 그 사람은 소유권의 본질을 왜곡하는 것이다. 그것은 단지 목적을 위한 수단에 불과하다. "이 세상이 공동의 것인데도, 너는 왜 이 세상에 있는 것을 너 혼자만의 것으로 생각하는가? 이 땅이 공동의 것인데도, 너는 왜 땅의 소산들을 사유하려고 하는가? *De Viduis*, 1, *PL* 16:236.
36) *Commentarium in Epistolam II as Corinthios*, 9, 9, *PL* 17:313-314.
37) Ibid.
38) 이것이 Cicero가 사용한 *retribuere*의 의미이다. Ambrose도 이런 의미로 많이 사용했다. *Cassell's Latin Dictionary*를 참조하라.
39) *Commentarium in Epistolam ad Colossenses*, 3, 5, *PL* 17:435.

제6장

1) Bury, *Later Roman Empire*, 95. 다른 상세한 전기 자료는 이 책들을 참조하라. Cayré, *Patrology*, 461ff.; Quasten, *Patrology*, 2:424ff.; Altaner, *Patrology*, 373ff.
2) *De Lazaro Concio*, 2, 4, *PG* 48:987-988.
3) Ibid., col. 988.
4) *In Ioannem Homilia*, 63, 1, *PG* 59:349를 참조하라.
5) *De Virginitate*, 68, *PG* 48:584-585.
6) *Ad Populum Antiochenum Homilia* 2, 6-7, *PG* 49:43.
7) *In Dictum Pauli*, "Oportet Haereses Esse," 2, *PG* 51:255.

8) *Peccata Fratrum Non Evulganda*, 2, *PG* 51:355.
9) *In Inscriptionem Altaris et in Principium Actorum*, 1, 2, *PG* 51:69. *In Ioannem Homilia* 19, 3, *PG* 59:123-124를 참조하라.
10) Gerhart Kittel, *Theological Dictionary of the New Testament* (Ann Arbor, Mich.: Eerdmans, 1964-1976), 9:261을 참조하라.
11) *In Epistolam ad Romanos*, 7, 9, *PG* 60:453.
12) *De Eleemosyna*, 6, *PG* 51:269.
13) Ibid.
14) *In Epistolam ad Hebraeos*, 11, 3, *PG* 63:94 (Philip Schaff, ed., *A Select Library of the Nicene and Post-Nicene Fathers of the Christian Church* [New York: Scribner's, n.d.], 421에서 번역함).
15) Ibid.
16) *In Matthaeum*, 77, 4, *PG* 58:707 (Schaff, 466).
17) *De Lazaro Concio*, 2, 5, *PG* 48:988. *In Epistolam I ad Corinthios*, 10, 2, *PG* 61:84를 참조하라.
18) *Ad Populum Antiochenum*, 2, 6, *PG* 49:42.
19) *De Poenitentia*, 7, 7, *PG* 49:336.
20) *In Capitulum XV Genesis*, 37, 5, *PG* 53:348.
21) *De Decem Millium Talentorum Debitore*, 4, *PG* 51:22.
22) *De Verbis Apostoli*, "Habentem Eumdem Spiritum," 3, 11, *PG* 51:299.
23) *In Epistolam I ad Timotheum*, 12, 4, *PG* 62:562-563 (in Schaff, *Nicene Fathers*, 447-448).
24) Ibid, *PG* 62:563-564.
25) Jolowicz and Nicholas, *Roman Law*, 142를 참조하라.
26) *In Epistolam I ad Corinthios*, 10, 3, *PG* 61:85 (in Schaff, *Nicene Fathers*, 57).
27) *In Epistolam ad Hebraeos*, 11, 3, *PG* 63:93-94 (Schaff, 420).
28) *In Joannem*, 33, 3, *PG* 59:192 (Schaff, 118).
29) *In Acta Apostolorum*, 25, 4, *PG* 60:196 (Schaff, 166).
30) Ibid, 11, 3, *PG* 60:96-98. Kautsky, *Foundations*, 357-359; Way, *Exegetical Homilies*, 161-163을 참조하라.

제7장

1) *Confessions*, 3, 4, PL 32:685.
2) Ibid, 9, 8, PL 32:771.
3) *Epistola CXXVI*, 7, PL 33:479-480.
4) Rostovzeff, *Roman Empire*, 311-342.
5) Eugene Portalie, *A Guide to the Thought of Saint Augustine* (London: Burnes and Oates, 1960), 241.
6) 예, *De Beata Visione*, PL 32:959-976; *De Moribus Ecclesiae*, 1, 3-15, PL 32:1312-1322.
7) *Confessions* 2, 6; 4, 12; 5, 4; 10, 1-43 (PL 32:680, 700-701, 708-709, 779-810).
8) *On the Trinity*, 12, 4-7, PL 42:1000-1005.
9) *City of God*, 14, PL 41:403-436; 19, PL 41:621-658.
10) 예, *In Psalmum CXVIII Enarratio*, 1, 12, 13-14, 19 (PL 37:1501-1504, 1531-1535, 1538, 1556).
11) *De Doctrina Christina*, 1, 3-4, PL 34:20-21 (John Gavigan, *Saint Augustine: Christian Instruction* [New York: CINA, 1947] 29-30에서 번역함).
12) Hirschberger, *History of Philosophy*, 333.
13) *De Libero Arbitrio*, 1, 15, 32, PL 32:1238. Cassell's Latin Dictionary를 참조하라. 여기에서 *pecunia*의 첫 번째 의미는 "재산"이다. 결국 분명히 그 단어의 가장 평범한 의미는 "돈"이다.
14) *Sermo de Disciplina Christiana*, 6, 6, PL 40:672.
15) A와 B 구절은 *Epistola CLIII*, 26, PL 33:665에서 발췌한 것이다. A구절은 Migne edition에 의하면, 그것의 출발점이 70인역, 잠언 17:6에서 발견되는 것으로서 성서 본문을 포함하고 있다. 또한 Jerome과 Cassian과 Bernard도 인용을 했다.
16) *In Ioannis Evangelium*, 6, 25, PL 35:1437.
17) John Wycliff, *De Civili Dominio* (London: 1885), 5.
18) "Hoc dat bonis et malis" (*Sermo CCCXVII*, 1, PL 38:1435). *Sermo CCCXI*, 13-16, PL 38:1418-1419를 참조하라.
19) "Sed ne putentur mala, dantur et bonis: ne putentur magna vel summa bona, dantur et malis"(*Epistola CCXX*, PL 33:996).

20) Portalie, *Thought of Saint Augustine*, 281.
21) *City of God*, 4, 4 PL 41:115.
22) *Enarratio in Psalmum LXXXVIII*, 2, PL 37:1134.
23) *Sermo LXXXV*, 5, 6, PL 38:522-523.
24) *Enarratio in Psalmum CXLVII*, 12, PL 37:1922.
25) *Sermo LXI*, 11, 12, PL 38:413.
26) *Sermo XXXVI*, 9, 9, PL 38:219.
27) *Summa Theologiae*, Prima Pars, 84, 5.
28) *Sermo XXXIX*, 2, PL 38:242.
29) *Sermo L*, 1, PL 38:326.
30) Ibid., 2와 4, 327 등.
31) Ibid., *City of God*, 4, 4, PL 41:115를 참조하라. 여기에서 Augustine은 공의가 없다면 "위대한 제국은 강도들의 피로 가득 차는 것 말고 뭐가 되겠는가?"라고 반문했다.
32) *Sermo CXLIV*, 7, 9, PL 38:899.
33) *Sermo CCLXVII*, 11, PL 39:1651.
34) *De Genesi*, 11, 15, PL 34:436.
35) *Sermo CCCLIX*, 2, PL 39:1591.
36) Hirschberger, *History of Philosophy*, 330을 참조하라. "이것은 스토아학파의 용어다…그럼에도 불구하고, 그 배경에서 우리는 Heraclitus의 우주적 법칙뿐만 아니라, Aristotle과 Plato를 발견할 수 있다."
37) *Sermo IX*, 12, 20, PL 38:89-90.
38) *Sermo CXXIV*, 5, 5, PL 38:686.
39) *Enarratio in Psalmum CXXXI*, 5, PL 37:1718.
40) Ibid., 6-7, 1718-1719 등.
41) *Epistoloa CLVII*, 25, PL 33:687.
42) *On Free Choice of the Will*, A. S. Benjamin and L. H. Hackstaff (Indianapolis: Bobbs-Merrill, 1964), 1, 15, 33 (*PL* 32:1239)에서 번역함.

제8장

1) Brown, *Late Antiquity*, 34-45.
2) "하나님의 나라" 의미에 관한 최근의 성서연구는 하나의 획기적인 사건이다. George

V. Pixley, *God's Kingdom* (Maryknoll, N. Y.: Orbis, 1981). 다음을 참조하라. José Miranda's *Marxism and the Bible*(1974), *Being and the Messiah*(1977), *Communism in the Bible*(1982)(Maryknoll: Orbis); Fernando Belo, *A Materialist Reading of the Gospel of Mark* (Maryknoll: Orbis, 1981).

3) Pixley, *God's Kingdom*, 89.
4) Brown, *Late Antiquity*, 66.
5) 로마서 10:12; 사도행전 2:44-45.
6) Kautsky, *Foundations*, 351ff를 참조하라. Friedrich Engels, "On the History of Early Christianity," in Karl Marx and Friedrich Engels, *On Religion* (New York: Schocken, 1974), 316-323도 참조하라.
7) "The Rich Man's Salvation," 14, *PG* 9:617 (in Butterworth, *Clement*, 299).
8) *In Inscriptionem Altaris et in Principium Actorum*, 1, 2, *PG* 51:69. *In Ioannem Homilia* 19, 3, *PG* 59:123-124를 참조하라.
9) *Homilia in illud Lucae, "Destruam…,"* 1, *PG* 31:261-264.
10) *Commentarium in Epistolam II ad Corinthios*, 9, *PL* 17:331-332.
11) *In Ioannis Evangelium*, 6, 25, *PL* 35:1437.
12) *On Free Choice of the Will*, 1, 15, *PL* 32:1238.
13) "The Rich Man's Salvation," 13, *PG* 9:616 (in Butterworth, *Clement*, 297).
14) *In Epistolam ad Timotheum*, 12, 4, *PG* 62:562-563.
15) *De Verbis Apostoli, "Habentem Eumdem Spiritum,"* 3, 11, *PG* 51:299.
16) *De Lazaro Concio*, 2, 4, *PL* 48:988.
17) *De Nabuthe*, 11, *PL* 14:747 (in McGuire, *De Nabuthe*, 190).
18) *Homilia in illud Lucae, "Destrum…,"* 7, *PG* 31:276-277. *Sermo IV de Eleemosyna*, 3, *PG* 32:1158을 참조하라.
19) *Epistola CLIII*, 26, *PL* 33:665.
20) *Sermo LXI*, 11, 12, *PL* 38:413.
21) *Sermo IV de Eleemosyna*, 1, *PG* 32:1153-1158.
22) *De Decem Millium Talentorum Debitore*, 4, *PG* 51:22.
23) *Homilia in illud Lucae, "Destrum…,"* 7, *PG* 31:276-277.
24) "The Rich Man's Salvation," 14, *PG* 9:617 (in Butterworth, *Clement*, 299).
25) *De Nabuthe Jezraelita*, 1, *PL* 14:741 (in McGuire, *De Nabuthe*, 47).
26) *Ad Populum Antiochenum Homilia* 2, 6-7, *PG* 49:43.
27) *Sermo LXXXV*, 5, 6, *PL* 38:522-523.

28) *Sermo XXXIX*, 2, *PL* 38:242.
29) *De Eleemosyna*, 6, *PG* 51:269.
30) *In Epistolam ad Hebraeos*, 6, *PG* 63:94(in Schaff, *Nicene Fathers*, 421).
31) *In Epistolam ad Romanos*, 7, 9, *PG* 6:453.
32) *Sermo IX*, 12, 20 *PL* 38:90.
33) *De Nab. Jez.*, 11, *PL* 14:747 (in McGuire, *De Nabuthe*, 83).
34) *Commentarium in Epistolam II ad Corinthios*, 9, 9, *PL* 17:313-314.
35) *In Ioannem*, 23, *PG* 59:192 (in Schaff, *Nicene Fathers*, 118).
36) *Sermo L*, 1, *PL* 38:327.
37) *Sermo CCCLIX*, 2, *PL* 39:1591.
38) *Enarratio in Psalmum CXXXI*, 5, *PL* 37:1718.
39) *In Epistolam ad Timotheum*, 12, 4, *PG* 62:563-564 (in Schaff, *Nicene Fathers*, 447-448).
40) *Expositio Evangelii secundum Lucam*, 7, 124, *PL* 15:1731.
41) *De Genesi*, 11, 15, *PL* 34:436.
42) *De Officiis Ministrorum*, 1, 28, *PL* 16:61-62.
43) *In Ioannis Evangelium*, 6, 25, *PL* 35:1437.
44) *Ad Populum Antiochenum*, 2, 6, *PG* 49:42.
45) *De Virginitate*, 68, *PG* 48:584-585.
46) *In Matthaeum*, 77, *PG* 58:707.
47) *In Epistolam I ad Corinthios*, 10, 3, *PG* 61:85 (in Schaff, *Nicene Fathers*, 57).
48) *In Epistolam ad Timotheum*, 12, 4, *PG* 62:562-563.
49) *Sermo L*, 1, *PL* 38:226.
50) *Commentarium in Epistolam ad Colossenses*, 3, 5, *PL* 17:435.
51) *In illud Lucae, "Destruam…,"* 7, *PG* 31:276.
52) *De Nab. Jez.*, 2, *PL* 14:742 (in McGuire, *De Nabuthe*, 47).
53) *De Officiis Ministrorum*, 1, 11, *PL* 16:34.
54) *In Psalmum CXVIII Expositio*, 22, *PL* 15:1303.
55) *In Epistolam ad Hebraeos*, 11, 6, *PG* 63:93-94.
56) *In Ioannis Evangelium*, 6, 25, *PL* 35:1437.
57) *Sermo CXXIV*, 5, 5, *PL* 38:686.
58) *In Epistolam I ad Corinthios*, 10, 3, *PG* 61:85 (in Schaff, *Nicene Fathers*, 57).

59) *In Ioannem*, 23, *PG* 59:192 (Schaff, 118).
60) *Sermo CXLIV*, 7, 9, *PL* 38:899.
61) *In Acta Apostolorum*, 11, 3, *PG* 60:96-98.
62) *In Inscriptionem Altaris et in Principium Actorum*, 1, 2, *PG* 51:69. *In Ioannem Homilia* 19, 3, *PG* 59:123-124를 참조하라.
63) *On Free Choice of the Will*, 1, 15, *PL* 32:1238.
64) *De Nab. Jez.*, 14-15, *PL* 14:747, 751 (in McGuire, *De Nabuthe*, 83, 87-89).
65) *Hexaemeron*, 5, 26, *PL* 14:217 (in Savage, *Ambrose*, 181).
66) "The Educator," 2, 3, *PG* 8:436 (in Wood, *Clement*, 128).
67) Ibid., 3, 8, *PG* 8:612 (Wood, *Clement*, 233).
68) Ibid., 3, 7, *PG* 8:609 (Wood, *Clement*, 231).
69) Ibid., 2, 3, *PG* 8:437 (Wood, *Clement*, 128).
70) *Sermo LXXXV*, 5, 6, *PL* 38:522-523.
71) *Enarratio in Psalmum CXLVII*, 12, *PL* 37:1922.
72) "The Educator," 2, 12, *PG* 8:541 (in Wood, *Clement*, 191, 192).
73) *In Acta Apostolorum Homilia IX*, *PG* 60:96-98. 우리는 Migne 본문을 사용하면서 다음의 두 가지 번역본을 함께 사용했다. (1) *The Homilies of S. John Chrysostom on the Acts of the Apostles*, Library of Fathers of the Holy Catholic Church, Anterior to the Division of the East and West (Oxford: Parker; London: Rivington; 1851), 161-163. (2) Kautsky, *Foundations*, 357-359.
74) Adolf von Harnack, *Monasticism: Its Ideals and History* (London, Oxford: Williams and Norgate, 1901), 32를 참조하라.
75) Brown, *Late Antiquity*, 110.
76) Ian C. Hannah, *Christian Monasticism, a Great Force in History* (New York: Macmillan, 1925), 39-55를 참조하라.
77) Harnack, *Monasticism*, 96-97을 참조하라.

주제색인

12표법 56, 59

가공(specificatio) 58
가난한 대중들
(humiliores) 106
가이사랴 50, 89-91
가장(paterfamilias) 61
가족(domus) 166
가족(familia) 60-61
갈릴리 183-184
강탈 46, 57, 59
강탈(usurpatio) 123
거주나 행동(locatio-
conductio) 90
계급 간의 결혼 56
고리대금 99-100, 115-117
공동소유자(conformis)
117, 120, 127
공유 74, 78, 80-88
공유물(ta koina) 96
공유함(metadidonai) 133
공의 50, 71, 86

관여자(metochos) 80
국가(civitas) 166
권한(exousia) 83
귀족 53-56, 67
그라티아누스 황제
(Gratian) 104
그레고리 1세 교황(Gregory I) 65
긍휼(eleēmosunē) 186

노동 40, 42-44
노예제 38, 44, 52
농민 간부들
(conductores) 160
농민집단(Bacaudae) 69

대 바실리우스(Basil, 가이사
랴의 감독) 89-102
- 고리대금 99-100
- 공유물(ta koina) 96, 192
- 누가복음 12:18 주석 91-93
- 수도원주의 210-211
- 사유물(ta idia) 96, 192

- 선(good)으로서의 부 187
- 수여자이시며 공급자이신
  하나님 92-99, 101-102
- 스토아주의 영향 100-101
- 시편 14편 주석 99-100
- 자연의 공동체성 91-99
- 자족(autarkeia) 89-91
- 재분배 89-99
- 재산과 부에 관한 소유권
  92-93
- 종말론 186-187
- 탐욕 99-100
대토지사유제
(latifundia) 159
동료들(socii) 185
두드러진 토지소유권 45
드 라블리
(De Laveleye, Emile) 42
디오클레티아누스
(Diocletian) 66

라로스(Laros, Matthias) 49

라이언(Ryan, John A.) 93
락탄티우스(Lactantius) 71
러셀(Russell, Bertrand) 47
로마 원로원 159
로마법
 -12표법 56, 59
 -로마법과 노예 56-59
 -로마법과 루이지애나 정부 52
 -로마법과 리키니우스
  (Licinian)법 56
 -현대 법적 제도에의 영향
  51-53
롱기누스(Longinus) 74
리바니우스(Libanius) 68
리키니우스(Licinian) 법안 56

마르쿠스 아우렐리우스 황제
 (Marcus Aurelius) 79, 119
마르크스(Marx, Karl) 216
마케도니우스
 (Macedonius) 163
모니카(Monica) 157
모어
 (More, Saint Thomas) 216
무소니우스(Musonius) 77
무장한 사병들(bucellarii) 69
물법(ius rerum) 57

미뉴(Migne, Abbé J.P.) 106
밀(Mill, John Stuart) 46

바로(Varro) 108
바리새인 184
바실리데스(Basilides) 74
바울 81, 108, 124
반환 112-113, 124
발레리우스(Valerius, 히포
 의 감독) 158
발렌티누스(Valentinus) 74
발렌티니안 황제
 (Valentinian) 66
법정 양도(in iure cessio) 58
베리(Bury, J.B.) 130
베족의 정복 54
벨록(Belloc, Hilaire) 43
보편적 이성(Koinos Logos) 81
부랑노동자
 (Lumpenproletariat) 61

사물(res)
 -공유물(res communes) 57
 -비수중물
  (res nec mancipi) 58-59
 -수중물(res mancipi) 58-59
사용(chreis) 87, 143

사용(uti) 57
사용취득(usucapio) 58
사회경제적 상황
 -3세기 이집트의 사회경제
  적 상황 73-75
 -4세기 소아시아의 사회경
  제적 상황 90-91
 -4세기 이탈리아의 사회경
  제적 상황 104-105
 -4세기 카르타고의 사회경
  제적 상황 131
 -교부시대의 사회경제적 상황
  63-68
 -로마 정부의 사회경제적
  상황 53-56
 -초기 로마제국의 사회경
  제적 상황 56-63
선점(occupatio) 58
성직자 64, 120
세네카(Seneca)
 107-108, 116
세습지(heredium) 53
소유권(despoteia) 143
소유하다(possessio) 107
소작농(coloni) 66
소작농들
 -법적으로 제한된 신분 66-68

－소작농들에 의한 저항 68-71
수도원주의 208-211
쉴링(Schilling, Otto) 49
스펜서(Spencer, Herbert) 46
신적 로고스 75
신정 공동체주의 163-166
실베스터 1세 교황
 (Sylves-ter I) 215

아데오다투스
 (Adeodatus) 158
아만두스(Amandus) 69
아우구스티누스(Augustine,
 히포의 감독) 157-179
 －고백록 161
 －기독교 교리(On- Christian
  Doctrine) 161
 －마케도니우스(Macedonius)
  에게 보낸 서신 163-166
 －빈곤의 원인으로서의 부 171
 －사람의 사회적 특성 166
 －사유재산에 관한 로마법
  을 거절함 174-175
 －삼위일체론(On the Trinity)
  161
 －선(good)으로서의 부 161
 －세습 재산과 부 173-174

－스토아주의 영향 197
－신국론 161
－신정 공동체주의 163-166
－십계명 설교 173-174
－수도원주의 158-159,
 179, 209-210
－요한복음(In Ioannis Ev-
 angelium) 163
－인간의 연대책임 171
－자선 173
－재산과 부에 관한 소유권
 －공동체적 특징 176
 －도덕적이며 철학적인 면
  163-166
 －사유재산 170-173
 －파괴적인 면 174
 －필요에 근거 174-176
－종말론 201
－즐김, 사용, 재산 161-163
－창조주 하나님 166, 170,
 173-174, 178
－최고의 선이신 하나님
 161, 179
－최고의 소유자이신 하나님
 170
－탐욕 171
－플라톤주의 영향 161, 168

아퀴나스
 (Aquinas,Thomas) 168
안디옥 129
안토니우스(Anthony) 209
안투사(Anthusa) 129
알렉산드리아 73
알렉산드리아의 교리문답학교
 73-74
암모니우스 사카스
 (Ammonius Saccas) 74
암브로시우스(Ambrose, 밀
 라노의 감독) 103-127
 －6일간의 천지창조(Hexa-
  emeron) 118
 －가난한 자들 103-105
 －고린도후서 주석 124-125
 －공의 117
 －바실리우스의 영향 117
 －반환과 재분배 113
 －부유한 자들 114
 －빈곤의 원인으로서의 부 111
 －사적소유권 120
 －소작농들 지지 114
 －스토아주의 영향 113
 －아우구스티누스에게 세례
  를 줌 158
 －우리의 채무자이신 하나님

115-116
- 이스라엘인 나봇(De Nabuthe Jeraelita) 105-106
- 자비 117
- 자연의 공동체성 120
- 종말론 186-187
- 직무론(De Officiis Ministrorum) 116
- 탐욕 106
앨리아누스(Aelianus) 69
에세네파(Essenism) 186
에픽테투스(Epictetus) 77, 108
엠멜리아(Emmelia) 89
영미법 52
영지주의 74
예수 183
오리게네스(Origen) 82
오크(Oak) 총회 130
완전한 의무 (kathēkon teleion) 83
유게라(iugera) 53
유독시아 여제(Eudoxia, Empress) 130
유산 140, 214
유세비우스(Eusebius, 가이사랴의 감독) 89

유스티니아누스 황제 (Just-inian) 220
유용한(chrēsima) 87
율리우스 카이사르 (Julius Caesar) 59
은둔자들(anachorēsis) 209
이탈리아 51, 73

자급자족 60-61, 88
자비 50, 116-118, 120
자선 48, 50, 88
자연의 공유자들 (consors naturae) 108
자족(autarkeia) 76, 204
- 정의 76
장악행위(mancipatio) 58
재산(chrēmata) 87, 203
재산(pecunia) 162-163
재산(proprietas) 57
정당한 행동 (katorthōma) 83
정당화(vindicatio) 56
조세 46, 66, 70
조세(vectigal) 159
조지(George, Henry) 43
종(doulos) 137
종말론 186-187, 201-202

주인(dominus) 115
중산층 182, 184
즐김(frui) 56, 161
지대 46, 53-54, 63
지배권(dominium) 57
지원권(auxilium) 56
지주들에 대한 보상 46
지주로서의 교회 63-65

천연자원의 공동 소유권 155
첨부(accessio) 58
초기 기독교 183-187
촌락(baranggay) 41

카도조(Cardozo, Benjamin) 45
카르타고 157-159
카르포크라테스 (Carpocrates) 74
카파도키아 73
컨츄리맨 (Countryman, L.W.) 49-50
케이스(Case, Shirley Jackson) 50
코이노니아(koinonia) 80
콘스탄티노플 89, 129
콘스탄티누스(Constantine)

주제색인 237

208

크리소스톰(John Chryso-
stom, 콘스탄티노플의 감독)
129-155
　-가난한 자들 131-150
　-게으름 138-141
　-공동체적 삶 150-153
　-공유 131-133, 143
　-반환과 재분배 141-153
　-빈곤의 원인으로서의 부
　　130-133, 139-146
　-선(good)으로서의 부
　　136-137, 141-144
　-세습 재산과 부 132,
　　138-144, 146
　-소유물 135-136
　-수도원주의 150-151
　-수여자이시며 공급자이신
　　하나님 133-134, 138-139
　-인류의 연대책임 130,
　　148-155, 201-202
　-자선 132-133, 141-144,
　　148-151
　-자연의 공동체성 134-
　　135, 145-149
　-재산과 부에 관한 소유권
　　37-39, 131-137, 141-155
　-소유권과 로마법 143,
　　145-148
　-소유권과 토지 144-148
　-소유권과 파괴적인 면
　　132-135, 139-144
　-소유권의 목적과 의미
　　134-136
　-재산의 분산 150-153,
　　207-208
　-절대적 소유주로서의 하나님
　　135-136, 141-148
　-종말론 148-150, 186-187
　-주석과 설교
　　-누가복음 16장 131-133,
　　　136-137, 144-148
　　-데살로니가후서 138-140
　　-디모데전서 144-147
　　-로마서 138-139
　　-마태복음 24장 68,
　　　140-141
　　-사도행전 4장 134-135,
　　　150-153, 206-208
　　-시편 41편 148-150
　　-히브리서 148-149
　-지주들에 대한 혹평 68
　-책임 138-139, 141-144,
　　191-193
　-최고의 주님으로서 하나님
　　133
　-탐욕 134-135, 141-142,
　　155, 191
클레멘스(Clement, 알렉산
드리아) 73-88
　-교육자(Paidagogos) 74-
　　75, 77, 84
　-권면(Protreptikos) 74-75
　-문집(Stormata) 74
　-보편적 이성
　　(Koinos Logos) 81
　-부와 부의 한계 84
　-삼위일체(triadology) 82
　-선(good)으로서의 부
　　85-87
　-수여자로서의 하나님
　　86-87, 187
　-스토아주의 영향 77
　-신적 로고스 75
　-어떤 부자가 구원받을 것
　　인가?(Quis Dives Salve-
　　tur?) 85
　-인류의 연대책임 80-82,
　　204-205
　-자연의 공동체성 77-80,
　　192-193

-자족(autarkeia) 76
-재산과 부에 관한 소유권 75-87
-코이노니아(koinōnia) 80-81
-학교(Didaskaleion) 75
클뤼베르
(Klueber, Franz) 49
키케로(Cicero)
108, 120, 123, 157
타가스테 157-158
타사다이족 40
타키투스(Tacitus) 59
테오도시우스 황제
(Theodosius) 66, 104
토지(ktēmata) 96
토지소유권
 -3세기 이집트의 토지소유권 74-75
 -4세기 소아시아의 토지소유권 89-91, 96, 131
 -4세기 카르타고의 토지소유권 159-160
 -공동소유권 40-45, 51-53
 -교부시대의 토지소유권 63-71
 -로마정부의 토지소유권 53-56
 -부재지주 70, 105
 -사적토지소유권 40-47
 -초기 로마제국의 토지소유권 60-63
토지에 대한 착복 53
티베리우스 그라쿠스
(Tiberius Gracchus) 51

파내티우스(Panaetius) 120
파트리키우스(Patricius) 157
판테누스(Pantaenus) 73
팔레스타인 운동 184
페넬롱
(Fēnelon, Françios) 94
평민들 53-56, 59
평민회
(concilium plebis) 54
평민회의 첫 번째 회기 55-56
플리니우스(Pliny) 51
필로(Philo) 74
필리핀 41-42, 52
필수품(anankaion)과 동족 79-83, 134-136

하나님
 -수여자이시며 공급자이신 하나님 86-87, 92-99, 101-102, 133-134
 -절대적 소유자로서의 하나님 87-88, 135-136, 141-148
 -창조주 하나님 94-95, 166, 170, 173-174, 178
 -채무자로서의 하나님 115-116
 -최고의 선이신 하나님 161, 179
 -최고의 주님이신 하나님 133
하나님의 나라 183-187
학교(didaskaleion) 75
함께 사는 종들
(sundouloi) 133, 154, 199
호르텐시우스
(Hortensius) 157
호민관(tribuni) 55
흑인 64
히포 158

소유권
초대 교부들의 경제사상
Ownership: Early Christian Teaching

2008년 5월 20일 초판 발행
2015년 8월 15일 초판 2쇄 발행

지은이 ǀ 찰스 아빌라
옮긴이 ǀ 김 유 준

펴낸곳 ǀ 사) 기독교문서선교회
등 록 ǀ 제 16~25호(1980. 1. 18)
주 소 ǀ 서울시 서초구 방배로 68
전 화 ǀ 02)586-8761~3(본사) 031)942-8761(영업부)
팩 스 ǀ 02)523-0131(본사) 031)942-8763(영업부)
홈페이지 ǀ www.clcbook.com
이메일 ǀ clckor@gmail.com
온라인 ǀ 기업은행 073-000308-04-020, 국민은행 043-01-0379-646
　　　　예금주: 사)기독교문서선교회

ISBN 978-89-341-1002-6 (93230)

* 낙장 · 파본은 교환해 드립니다.